语文基础模块下册　每课一练

中职语文编写组　编

北京理工大学出版社
BEIJING INSTITUTE OF TECHNOLOGY PRESS

版权专有　侵权必究

图书在版编目（CIP）数据

语文基础模块下册每课一练／中职语文编写组编. -- 北京：北京理工大学出版社，2024.1
ISBN 978-7-5763-3601-6

Ⅰ.①语… Ⅱ.①中… Ⅲ.①语文课-中等专业学校-教学参考资料 Ⅳ.①G634.303

中国国家版本馆 CIP 数据核字(2024)第 023818 号

责任编辑：李慧智	**文案编辑**：李慧智
责任校对：周瑞红	**责任印制**：边心超

出版发行 /	北京理工大学出版社有限责任公司
社　　址 /	北京市丰台区四合庄路 6 号
邮　　编 /	100070
电　　话 /	（010）68914026（教材售后服务热线）
	（010）68944437（课件资源服务热线）
网　　址 /	http://www.bitpress.com.cn

版 印 次 /	2024 年 1 月第 1 版第 1 次印刷
印　　刷 /	定州市新华印刷有限公司
开　　本 /	787 mm×1092 mm　1/16
印　　张 /	15.5
字　　数 /	354 千字
定　　价 /	46.50 元

图书出现印装质量问题，请拨打售后服务热线，负责调换

前　言

　　《语文基础模块下册 每课一练》依据教育部2020年颁布的《中等职业学校语文课程标准》中专题学习内容及学业质量水平的具体要求编写。

　　本书旨在帮助学生掌握教材中的语文知识，训练语文能力，提升语文核心素养，以更好地适应新时代培养德才兼备技术技能人才的新需求。书中各单元按照课文篇目或语文活动的编排顺序，依次编写同步练习内容，并各自安排若干训练栏目。其中的"内容结构""写作特点""相关链接"等栏目意在帮助学生精要梳理教材文本的主要内容、文章结构及写作特色，补充写作背景、作家作品及相关文化知识；"基础知识""阅读理解""写作表达"等栏目，主要进行字词、标点、成语、修辞等基础知识的训练巩固，强化对课文内容及拓展文本的阅读分析，通过微写作等练习提高表达与思维的能力；"语用提升""诗词赏析"等栏目适当增加题目的难度与深度，以满足学有余力同学的发展需求；"轻松一刻"栏目提供较富有趣味性和启发性的阅读材料，以开拓阅读视野，激发阅读兴趣。对这些训练栏目的具体内容，教师和学生可根据实际情况灵活选用。书中还编排了四套综合测试题，可用于期中及期末等阶段性的学习检测。

　　本书的主要特色，一是与统编语文教材同步，将专题学习与练习测评有机结合，力求符合教学实际和学生需求；二是精心编排练习题目，适当选取职教高考以及普通高考的部分真题，尽量体现训练内容的有序性与训练难度的进阶性；三是习题的内容及形式注重体现基础性与实用性，并对接职教高考的命题特点及命题要求，做到学、练、考相统一，是广大中职生学习语文课程的必备参考读物。

编　者

目　录

第一单元 ……………………………………………………………………… 1
- 一　中国人民站起来了 ………………………………………………… 1
- 二　在庆祝中国共产党成立 100 周年大会上的讲话 ………………… 8
- 三　长征胜利万岁 ……………………………………………………… 14
  - ＊百合花 …………………………………………………………… 14

第二单元 ……………………………………………………………………… 23
- 一　国殇 ………………………………………………………………… 23
- 二　烛之武退秦师 ……………………………………………………… 30
- 三　廉颇蔺相如列传（节选） ………………………………………… 37
- 四　永遇乐·京口北固亭怀古 ………………………………………… 43
  - ＊声声慢（寻寻觅觅） …………………………………………… 43

第三单元 ……………………………………………………………………… 52
- 一　祝福 ………………………………………………………………… 52
- 二　群英会蒋干中计 …………………………………………………… 61
  - ＊套中人 …………………………………………………………… 61
- 三　雷雨（节选） ……………………………………………………… 71
  - ＊项链 ……………………………………………………………… 71

第四单元 ……………………………………………………………………… 81
- 整本书阅读——乡土中国 …………………………………………… 81

期中检测试题（一） ………………………………………………………… 98

期中检测试题（二） ………………………………………………………… 107

第五单元 ·· 117

一 在马克思墓前的讲话 ·· 117
　　＊世间最感人的坟墓 ·· 117
二 飞向太空的航程 ·· 126
三 景泰蓝的制作 ·· 133
　　＊画里阴晴 ·· 133

第六单元 ·· 142

一 青蒿素：人类征服疾病的一小步 ·· 142
二 青纱帐——甘蔗林 ·· 149
　　＊晨昏诺日朗 ·· 149
三 哦，香雪 ·· 155

第七单元 ·· 164

一 归园田居（其一） ·· 164
二 唐诗二首 ·· 170
　　将进酒
　　登高
三 赤壁赋 ·· 177
　　＊项脊轩志 ·· 182

第八单元 ·· 189

一 了解多媒介 ·· 189
二 跨媒介阅读 ·· 200
三 跨媒介表达与交流 ·· 211

期末检测试题（一） ·· 221

期末检测试题（二） ·· 231

第一单元

一　中国人民站起来了

【内容结构】

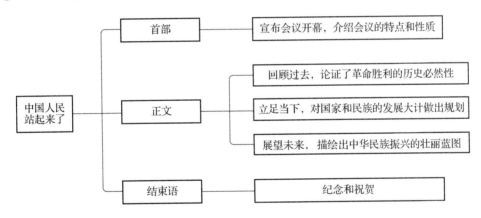

【写作特点】

1. 条理清晰，逻辑严密。本文作为开幕词，高度凝练、层层深入，按照回顾历史—立足当下—展望未来的脉络线索，既揭示了"中国人民站起来了"的内涵和意义，又指出中国面临的新形势、新危机，强调需要继续坚持人民解放战争和人民革命运动向前发展，使得"中国人民站起来了"的主旨更为深刻和丰富。

2. 情理交融，情感充沛。为了达到宣告、引导、鼓舞和号召的目的，毛泽东使用了极富理性又饱含感情的语句，如在分析政治协商会议的恢复过程时，用"即使……也……，一……就……，并……""或者……或者"等极富逻辑性的语句，告诫人民要放弃一切幻想，坚定同敌人斗争到底的决心，立场鲜明，掷地有声。"英勇的世界上少有的中国人民解放军""中国人从来就是一个伟大的勇敢的勤劳的民族"等句子则充满感情，洋溢着无比的自豪感和自信心，激励人心，感染力强。

【相关链接】

1949年9月，第一届中国人民政治协商会议在北平召开。此次会议是在中国人民解放战争已基本取得胜利、中华人民共和国即将成立的背景下召开的。毛泽东致开幕词，发表了这篇著名的讲话，向全世界庄严宣告："中国人民站起来了！"参加这次会议的有各民主党派、各人民团体、无党派民主人士和特邀代表662人。大会经过充分的民主讨论，一致通过了《中国人民政治协商会议共同纲领》《中华人民共和国中央人民政府组织法》和《中国人民政治协商会议组织法》。

【基础知识】

1. 下列词语中加点字的注音完全正确的一组是（　　）。
   A. 松懈（xiè）　挣扎（zhēng）　不屈不挠（náo）
   B. 复辟（pì）　模样（mú）　辛亥革命（hài）
   C. 勉强（qiáng）　企图（qǐ）　英勇事迹（yīng）
   D. 警惕（cì）　侮辱（wǔ）　大肆屠杀（sì）

2. 下列各组词语中，没有错别字的一组是（　　）。
   A. 赏赐　撕毁　撕杀　不可磨灭
   B. 妥协　捣乱　图钉　繁荣昌盛
   C. 松懈　阴谋　落伍　毫无疑意
   D. 姿态　决议　抉择　坚苦奋斗

3. 依次填入下列各句横线处的词语，恰当的一组是（　　）。
   （1）我们的人民民主专政的国家制度是保障人民革命的胜利成果和反对内外敌人的复辟阴谋的有力的武器，我们必须牢牢地_____这个武器。
   （2）幸福的感觉总被思念_____，因为思念有时候是苦的。
   （3）有的地方的"政绩工程"尽管看起来规模宏大，但是由于脱离了实际，弄得劳民伤财，_____没有使群众受益，_____加重了群众的负担。
   A. 掌握　湮没　不但/而且
   B. 把握　淹没　不但/而且
   C. 掌握　淹没　不仅/反而
   D. 把握　湮没　不仅/反而

4. 下列语句中，没有语病的一项是（　　）。
   A. 从上海石库门到嘉兴南湖，一艘小小红船承载着人民的重托、民族的希望，越过急流险滩，穿过惊涛骇浪，成为领航中国行稳致远的巍巍巨轮。
   B. 现在最重要的是如何治理并重视环境问题，因为"美丽中国"必然是一个山清水秀的中国，而不是一个"迷雾重重"的中国。

C. 中国共产党第十七届六中全会通过《中共中央关于深化文化体制改革、推动社会主义文化大发展大繁荣若干重大问题的决定》今日公布。

D. 中国人民的团结坚韧让世人惊叹，中华民族迸发出的不畏艰难、百折不挠令世界瞩目；灾难撼不动人民的意志，压不垮民族的脊梁。

5. 依次填入下面一段文字横线处的语句，衔接最恰当的一组是（　　）。

近几十年来，_____，_____，_____，_____，_____，_____。随着中国国力的增强，关于中国的国际地位、作用和责任的讨论方兴未艾。

①也高于同时期世界的平均水平

②中国日益成为世界关注的焦点

③现代化建设取得了举世瞩目的成就

④中国的综合实力大幅度提升

⑤尽管对增长的原因有不同的看法，然而谁也无法否认增长的事实

⑥中国经济的增长速度远远高于发达国家

A. ②④③⑥①⑤　　B. ②⑤⑥③④①　　C. ⑥⑤④②③①　　D. ⑥①②④⑤③

6. 下列标点符号没有错误的一项是（　　）。

A. 什么叫社会主义？什么叫马克思主义？我们过去对这个问题的认识不是完全清醒的。

B. 据克鲁普斯卡娅说，列宁"从不凭记忆'大致不差地'来叙述事实，他叙述事实是极确切的。"

C. "没有调查研究就没有发言权，"这句话虽然曾经被人讥为"狭隘经验论"的，我却至今不悔。

D. 如果我们的先人和我们自己能够渡过长期的极端艰难的岁月，战胜了强大的内外反动派，为什么不能在胜利以后建设一个繁荣昌盛的国家呢？

【阅读理解】

(一)

诸位代表先生们，我们有一个共同的感觉，这就是我们的工作将写在人类的历史上，它将表明：占人类总数四分之一的中国人从此站立起来了。中国人从来就是一个伟大的勇敢的勤劳的民族，只是在近代是落伍了。这种落伍，完全是被外国帝国主义和本国反动政府所压迫和剥削的结果。一百多年以来，我们的先人以不屈不挠的斗争反对内外压迫者，从来没有停止过，其中包括伟大的中国革命先行者孙中山先生所领导的辛亥革命在内。我们的先人指示我们，叫我们完成他们的遗志。我们现在是这样做了。我们团结起来，以人民解放战争和人民大革命打倒了内外压迫者，宣布中华人民共和国的成立了。我们的民族

将从此列入爱好和平自由的世界各民族的大家庭，以勇敢而勤劳的姿态工作着，创造自己的文明和幸福，同时也促进世界的和平和自由。我们的民族将再也不是一个被人侮辱的民族了，我们已经站起来了。我们的革命已经获得全世界广大人民的同情和欢呼，我们的朋友遍于全世界。

我们的革命工作还没有完结，人民解放战争和人民革命运动还在向前发展，我们还要继续努力。帝国主义者和国内反动派决不甘心于他们的失败，他们还要作最后的挣扎。在全国平定以后，他们也还会以各种方式从事破坏和捣乱，他们将每日每时企图在中国复辟。这是必然的，毫无疑义的，我们务必不要松懈自己的警惕性。

我们的人民民主专政的国家制度是保障人民革命的胜利成果和反对内外敌人的复辟阴谋的有力的武器，我们必须牢牢地掌握这个武器。在国际上，我们必须和一切爱好和平自由的国家和人民团结在一起，首先是和苏联及各新民主国家团结在一起，使我们的保障人民革命胜利成果和反对内外敌人复辟阴谋的斗争不致处于孤立地位。只要我们坚持人民民主专政和团结国际友人，我们就会是永远胜利的。

人民民主专政和团结国际友人，将使我们的建设工作获得迅速的成功。全国规模的经济建设工作业已摆在我们面前。我们的极好条件是有四万万七千五百万的人口和九百六十万平方公里的国土。我们面前的困难是有的，而且是很多的，但是我们确信：一切困难都将被全国人民的英勇奋斗所战胜。中国人民已经具有战胜困难的极其丰富的经验。如果我们的先人和我们自己能够渡过长期的极端艰难的岁月，战胜了强大的内外反动派，为什么不能在胜利以后建设一个繁荣昌盛的国家呢？只要我们仍然保持艰苦奋斗的作风，只要我们团结一致，只要我们坚持人民民主专政和团结国际友人，我们就能在经济战线上迅速地获得胜利。

随着经济建设的高潮的到来，不可避免地将要出现一个文化建设的高潮。中国人被人认为不文明的时代已经过去了，我们将以一个具有高度文化的民族出现于世界。

我们的国防将获得巩固，不允许任何帝国主义者再来侵略我们的国土。在英勇的经过了考验的人民解放军的基础上，我们的人民武装力量必须保存和发展起来。我们将不但有一个强大的陆军，而且有一个强大的空军和一个强大的海军。

让那些内外反动派在我们面前发抖罢，让他们去说我们这也不行那也不行罢，中国人民的不屈不挠的努力必将稳步地达到自己的目的。

在人民解放战争和人民革命中牺牲的人民英雄们永垂不朽！

庆贺人民解放战争和人民革命的胜利！

庆贺中华人民共和国的成立！

庆贺中国人民政治协商会议的成功！

1. 根据文本内容，下列说法不正确的一项是（　　）。

A. 中国人民打倒了内外压迫者，宣布中华人民共和国的成立，是因为接受了伟大的中国革命先行者孙中山先生的指示。

B. 我们在看到人民解放战争和人民革命即将取得胜利的同时，还应认识到目前所存在的危险，必须提高自己的警惕性。

C. 为了保障人民革命的胜利成果和国家建设工作获得迅速的成功，我们必须建立人民民主专政的国家制度和团结国际友人。

D. 随着经济建设高潮的到来必然出现文化建设的高潮，我们有信心有能力向世界展示一个文明民族高度文化的面貌。

2. 请简要分析选文的行文脉络。

_____

3. 本文是毛泽东1949年9月21日在中国人民政治协商会议第一届全体会议上的讲话稿，次日在《人民日报》上刊登时，标题为《中国人民政协第一届会议上毛主席开幕词》。后来《毛泽东选集》出版时，标题改为《中国人民站起来了》，如此修改好在哪里？请结合文本内容简要分析。

_____

(二)

　　<u>社会主义建设在全面开展的过程中，毛泽东同志提出把我国建设成为社会主义现代化的一个强国。</u>这期间，我们党带领人民在十分艰苦的条件下展开大规模的社会主义建设，____①____。我国建立起独立完整的工业体系和国民经济体系，主要工业产品产量在世界上的排名明显(　　)；推进了农田水利建设，农业生产条件获得改善；发展了教育、科学、文化事业，不仅培养了大批专业人才，而且成功发射"两弹一星"。中国的国际(　　)明显提高，人民生活水平迈上了(　　)，人民的文化素质和健康水平也有了明显提高。毛泽东同志还提出"找出在中国怎样建设社会主义的道路"的问题，在探索过程中，____②____，但党在社会主义革命和建设中取得的(　　)理论成果，为在新的历史时期开创中国特色社会主义提供了与其他社会主义国家不同的独特的理论准备。

(节选自人民网：《中华民族伟大复兴展现出无比光明的前景》)

1. 文中画横线的句子有语病，下列修改最恰当的一项是(　　)。

A. 社会主义建设在全面开展的过程中，毛泽东同志提出把我国建设成为一个社会主义现代化强国的宏伟目标。

B. 在全面开展社会主义建设的过程中，毛泽东同志提出把我国建设成为一个社会主义现代化的强国。

C. 在全面开展社会主义建设的过程中，毛泽东同志提出把我国建设成为一个社会主义现代化强国的宏伟目标。

D. 在全面开展社会主义建设的过程中，毛泽东同志提出把我国建设成为社会主义现代化的一个强国的宏伟目标。

2. 依次填入文中括号内的词语,全都恰当的一项是(　　)。

A. 提升　地位　新台阶　独创性　　　B. 提升　影响　新纪元　建设性

C. 增强　影响　新台阶　独创性　　　D. 增强　地位　新纪元　建设性

3. 请在文中画横线处补写恰当的语句,使整段文字语意完整连贯,内容贴切,逻辑严密,每处不超过10字。

_____

_____

【写作表达】

每年学校运动会都会有开幕式,请你从主持人的角度构思本年度秋季运动会的开幕词。

_____

_____

_____

_____

_____

_____

【语用提升】

阅读下面的文字,完成1~3题。

新学期到来,我校推出一门全新的通识课"家常菜",受到广大师生的关注和好评。过去,学校的劳动教育课程非常少,而且多是_____,很难培养学生的劳动意识和习惯。"家常菜"这门课找到了学生们感兴趣的切入点,学习难度不大,门槛不高,却能让学生_____。

(　　　　　　　　)。择菜,洗菜,切菜,准备配料并着手烹饪。通过_____,学生们不仅能够提升厨艺,还能真正体会到做菜的辛苦和乐趣,增加对食物的敬畏和感情,从而减少食物浪费,进一步养成_____的生活作风。期末考核时,学生的"作品"会摆在食堂的专门窗口,供师生们品鉴,这又会给学生带来满满的成就感。

烧菜做饭作为一项生活技能,能让学生受益一生。更为重要的是,通过学习烧菜做饭还会增强学生对家务劳动的理解与认知,有助于在和家人的相处中更懂得体谅、更懂得感恩、更懂得分担。

1. 依次填入文中横线上的词语,全都恰当的一项是(　　)。

A. 纸上谈兵　受益匪浅　自己动手　勤俭节约

B. 形同虚设　受益匪浅　身体力行　吃苦耐劳

C. 形同虚设　不虚此行　自己动手　吃苦耐劳

D. 纸上谈兵　不虚此行　身体力行　勤俭节约

2. 下列填入文中括号内的语句，衔接最恰当的一项是(　　)。

A. 劳动者在幕后辛勤付出，才做出了一道道家常菜

B. 劳动者在幕后的辛勤付出，都承载于一道道家常菜

C. 一道家常菜，通常承载着劳动者在幕后的辛勤付出

D. 一道家常菜，劳动者在幕后通常有着辛勤的付出

3. 文中画波浪线的句子有语病，下列修改最恰当的一项是(　　)。

A. 学习烧菜做饭还会增强学生对家务劳动的理解与认知，有助于在和家人的相处中更懂得体谅、更懂得感恩、更懂得分担。

B. 学习烧菜做饭还会增强学生对家务劳动的理解与认知，有助于他们在和家人的相处中更懂得体谅、更懂得感恩、更懂得分担。

C. 通过学习烧菜做饭还会增强学生对家务劳动的理解与认知，有助于他们在和家人的相处中更懂得体谅、更懂得感恩、更懂得分担。

D. 通过学习烧菜做饭还会使学生对家务劳动的理解与认知得以增强，有助于在和家人的相处中更懂得体谅、更懂得感恩、更懂得分担。

【诗歌赏析】

阅读下面的作品，完成1~2题。

早行

[宋] 晁端友

马上鸡初唱，天涯星未稀。

惊风时坠笠，零露暗沾衣。

山下疏钟发，林梢独鸟飞。

远峰烟霭淡，迤逦见朝晖。

1. 依据题材，本诗不能归入下列类别的一项是(　　)。

A. 游览类　　　B. 状景类　　　C. 送别类　　　D. 旅况类

2. 下列对这首诗赏析正确的一项是(　　)。

A. 以所见所闻写出对自然细腻的感知。　　B. 以宽阔的景象体现诗人丰富的想象。

C. 以精巧的语言绘出壮丽奇峭的景色。　　D. 语言粗疏明朗体现清新淡雅的诗味。

【轻松一刻】

一次，作家马克·吐温应邀赴宴。席间，他对一位贵妇说："夫人，你太美丽了！"不

料那位妇人却高傲地说：“先生，可是遗憾得很，我不能用同样的话回答你。”头脑灵敏、言辞犀利的马克·吐温随即笑着回答：“那没关系，你也可以像我一样说假话。”

二　在庆祝中国共产党成立 100 周年大会上的讲话

【内容结构】

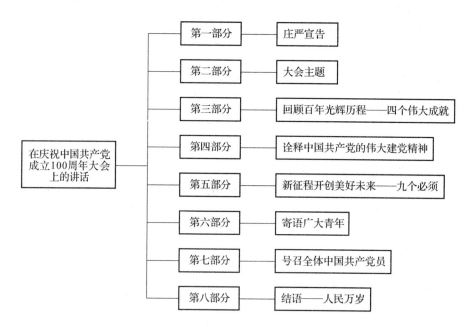

【写作特点】

1. 讲话主旨鲜明，结构严谨。本次大会作为一次重大的政治活动，主题是"庆祝中国共产党成立 100 周年"，主旨就是"回顾中国共产党百年奋斗的光辉历程，展望中华民族伟大复兴的光明前景"。全文通过"庄严宣告""主题""伟大成就""伟大建党精神""以史为鉴、开创未来"等关键词，把苦难辉煌的过去、日新月异的现在、光明宏大的未来贯通起来，视野宏阔，思想深邃，内涵丰富。

2. 讲话章法精妙，逻辑严密。全文用一组关键词高度概括了中国共产党团结带领中国人民开辟的伟大道路、创造的伟大事业、取得的伟大成就，深刻总结了伟大建党精神，系统阐述了以史为鉴、开创未来的经验启示和根本要求。开篇的"庄严宣告"引领和贯穿全文；"主题"诠释了"庄严宣告"中的"百年奋斗目标"；"伟大成就"是"主题"的现实演绎，体现了"第一个百年奋斗目标"的"实现"；"伟大建党精神"形成于中国共产党百年奋斗的历史进程中，呼应了"庄严宣告"中"持续奋斗"，明确了中国共产党百年奋进和继续前进的精神之源;"以史为鉴、开创未来"提出了如何牢记"主题",是实现"庄严宣告"中"全面建成社会主义现代化强国"的根本要求;最后的三个"不负"和一个"号召",明确使命,表明决心和信心。

3. 讲话情理兼备,文采斐然。文中巧用比喻、排比、反复等手法,饱含感情。如,开篇的"庄严宣告",言简意赅,"实现了""全面建成了""历史性地解决了""意气风发""迈进"等词语,充满豪迈的自信、激昂的壮志。讲话连用三个"深刻改变",充分肯定了中国共产党诞生的伟大意义,为下文的"伟大成就"张本。讲话反复使用"历史性""为了实现中华民族伟大复兴""以史为鉴、开创未来,必须……"等语句,突出强调了所要表达的内容,有助于听众清晰把握讲话要点和思路。

【相关链接】

中国共产党成立以来,100多年的风雨历程可以分为三个时期:

①新民主主义革命时期(1921—1949年),我们经过28年艰苦卓绝的斗争,推翻了帝国主义、封建主义、官僚资本主义的反动统治,实现了民族独立和人民解放,建立了人民当家作主的新中国。

②社会主义革命和建设时期(1949—1978年),我们确立了社会主义基本制度,在一穷二白的基础上建立了独立的比较完整的工业体系和国民经济体系,使古老的中国以崭新的姿态屹立在世界的东方。

③改革开放和社会主义现代化建设时期(1978年以来),中国开创了中国特色社会主义道路,坚持以经济建设为中心、坚持四项基本原则、坚持改革开放,初步建立起社会主义市场经济体制,大幅度提高了我国的综合国力和人民生活水平,为全面建成小康社会、基本实现社会主义现代化开辟了广阔的前景。中国共产党和中国人民以英勇顽强的奋斗向世界庄严宣告,中华民族迎来了从站起来、富起来到强起来的伟大飞跃,实现中华民族伟大复兴进入了不可逆转的历史进程!历史的经验告诉我们,只有中国共产党才能救中国,只有社会主义才能发展中国,只有改革开放才能富强中国。

【基础知识】

1. 下列词语中加点的注音有错误的一项是( )。

A. 锤炼(chuí) 博弈(yì) 开天辟地(pì)
B. 欺凌(líng) 颠覆(fù) 彪炳史册(biāo)
C. 统筹(chóu) 磅礴(páng) 颐指气使(yí)
D. 戊戌(wū xù) 赓续(gèn) 携手前进(xié)

2. 下列句子中,没有错别字的是( )。

A. 中国共产党团结带领中国人民，以"为有牺牲多壮志，敢教日月换新天"的大无畏气概，书写了中华民族几千年历史上最恢宏的史诗。

B. 中国产生了共产党，这是开天辟地的大事变，深刻改变了近代以后中华民族发展的方向和进程。

C. 中国共产党团结带领中国人民，自立更生、发愤图强，创造了社会主义革命和建设的伟大成就。

D. 向一切同中国人民友好相处，关心和支持中国革命、建设、改革事业的各国人民和朋友，致以衷心的谢意！

3. 依次填写下列各句横线处的词语，恰当的是(　　)。

①我们只要放慢脚步，静下心来，就会____到人生很多的苦与乐。

②蒲松龄故居有一个____的小花园，园中几尊怪石，增添了"聊斋"的气氛。

③人生正如攀爬高山，____跌落了100次，____要安静地开始第101次的攀爬。

A. 体味　精制　如果　那么　　　B. 体验　精制　即使　也
C. 体验　精致　如果　那么　　　D. 体味　精致　即使　也

4. 下列句子中，没有使用修辞手法的是(　　)。

A. 幽静的夜晚，窗外盛开着的玉兰花，散发出沁人心脾的芬芳。

B. 金黄的稻草一捆捆地垛起来，场院上顿时就出现了几座稻草山。

C. 小酒窝指着麦田说："再过半个月，我们就能吃上新麦馍馍了。"

D. 洁白的雪地上燃起了篝火，一簇簇橘黄的火焰欢快地跳跃着。

5. 下列句子中，没有语病的一项是(　　)。

A. 这两幅画极为酷似。

B. 经过我的再三解释，才使事态得以平息。

C. 中国人民正在为建设一个现代化的社会主义强国而努力奋斗。

D. 为了防止这类交通事故不再发生，我们加强了交通安全的教育和管理。

6. 依次填入下面一段文字横线处的语句，衔接最恰当的一组是(　　)

有人说，快乐是不能分享的，_____，_____，_____，_____，_____。

①最可怕的是，有些人非但不愿意让别人分享他的快乐，甚至不愿意让自己快乐起来

②因为你所让人分享到的，并不是那件令你快乐的事，而是一种快乐的气氛

③因为让你快乐的事，别人并不一定会觉得快乐，有时甚至反而会觉得嫉妒、愤怒、生气

④遇见这种人，最好的法子就是赶快溜之大吉

⑤事实不是这样的，至少我觉得，快乐并不是不能分享

A. ②①④③⑤　　　B. ③⑤②①④　　　C. ①②⑤③④　　　D. ⑤③④②①

【阅读理解】

（一）

一百年前，中国共产党的先驱们创建了中国共产党，形成了坚持真理、坚守理想，践行初心、担当使命，不怕牺牲、英勇斗争，对党忠诚、不负人民的伟大建党精神，这是中国共产党的精神之源。

一百年来，中国共产党弘扬伟大建党精神，在长期奋斗中构建起中国共产党人的精神谱系，锤炼出鲜明的政治品格。历史川流不息，精神代代相传。我们要继续弘扬光荣传统、赓续红色血脉，永远把伟大建党精神继承下去、发扬光大！

1. 伟大建党精神与民族精神之间的关系。

答：_____

_____

2. 我们为什么要继续弘扬光荣传统，赓续红色血脉，永远把伟大建党精神继承下去，发扬光大？

答：_____

_____

3. 青少年怎样继承、发扬伟大建党精神？

答：_____

_____

（二）

70多年前的今天，毛泽东同志在这里向世界庄严宣告了中华人民共和国的成立，中国人民从此站起来了。这一伟大事件，彻底改变了中国近代以后100多年_____、受人欺凌的悲惨命运，中华民族走上了实现伟大复兴的壮阔道路。

70多年来，全国各族人民_____、艰苦奋斗，取得了令世界_____的伟大成就。今天，社会主义中国巍然屹立在世界东方，(　　　)。

前进征程上，我们要坚持中国共产党领导，坚持人民主体地位，坚持中国特色社会主义道路，全面贯彻执行党的基本理论、基本路线、基本方略，不断满足人民对美好生活的向往，不断创造新的历史伟业。

前进征程上，我们要坚持"和平统一、一国两制"的方针，推动海峡两岸关系繁荣稳定，保持香港、澳门长期和平发展，全体中华儿女，为实现祖国完全统一而奋斗。

前进征程上，我们要坚持和平发展道路，奉行_____的开放战略，继续同世界各国人民一道推动共建人类命运共同体。

1. 依次填入文中横线上的词语，全都恰当的一项是(　　)。

A. 一穷二白　同舟共济　另眼相看　互利共赢

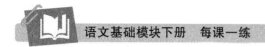

B. 积贫积弱　同舟共济　刮目相看　互惠互利

C. 一穷二白　同心同德　另眼相看　互惠互利

D. 积贫积弱　同心同德　刮目相看　互利共赢

2. 下列在文中括号内补写的语句，最恰当的一项是（　　）。

A. 任何力量都不能撼动我们伟大祖国的地位，任何力量都不能阻挡中国人民和中华民族的前进步伐

B. 没有任何力量能够阻挡中国人民和中华民族的前进步伐，没有任何力量能够撼动我们伟大祖国的地位

C. 任何力量都不能阻挡中国人民和中华民族的前进步伐，任何力量都不能撼动我们伟大祖国的地位

D. 没有任何力量能够撼动我们伟大祖国的地位，没有任何力量能够阻挡中国人民和中华民族的前进步伐

3. 文中画波浪线的部分有语病，下列修改最恰当的一项是（　　）。

A. 我们要坚持"和平统一、一国两制"的方针，推动香港、澳门长期繁荣稳定，保持海峡两岸关系和平发展，全体中华儿女，为实现祖国完全统一而继续奋斗。

B. 我们要坚持"和平统一、一国两制"的方针，推动香港、澳门长期繁荣稳定，保持海峡两岸关系和平发展，团结全体中华儿女，为实现祖国完全统一而继续奋斗。

C. 我们要坚持"和平统一、一国两制"的方针，保持香港、澳门长期繁荣稳定，推动海峡两岸关系和平发展，团结全体中华儿女，继续为实现祖国完全统一而奋斗。

D. 我们要坚持"和平统一、一国两制"的方针，保持香港、澳门长期繁荣稳定，推动海峡两岸关系和平发展，全体中华儿女，继续为实现祖国完全统一而奋斗。

【写作表达】

未来属于青年，希望寄予青年。习近平总书记号召："新时代的中国青年要以实现中华民族伟大复兴为己任，增强做中国人的志气、骨气、底气，不负时代，不负韶华，不负党和人民的殷切期望！"

联系实际，以"强国有我"为题，写一篇学习心得，300字左右。

【语用提升】

阅读下面的文字,完成1~2题。

新疆是我国较早大量种植和使用棉花的地区之一。新疆光照充足,热量丰富,空气干燥,昼夜温差大,拥有 ___①___ ,适宜棉花的种植和生长,新疆棉尤其是长绒棉品质优良,深受消费者喜爱。除了上述自然条件,现代科技的应用也是新疆棉 ___②___ 。近年来,新疆棉品质不断提升,同时 ___③___ ,但仍然供不应求。

新疆属于绿洲农业区,干旱少雨,为了让棉花吃好喝好长得好,就要进行科学的水肥管理。膜下滴灌、水肥一体化灌溉等栽培技术的应用,为新疆棉生产的提质增效奠定了坚实的基础。

1. 请在文中横线处补写恰当的语句,使整段文字语意完整连贯,内容贴切,逻辑严密,每处不超过10个字。

2. 文中画波浪线处使用了拟人的修辞手法,请简要分析其表达效果。

【诗歌赏析】

阅读下面的词,完成1~2题。

虞美人
[北宋] 晁补之

原桑飞尽霜空杳。霜夜愁难晓。油灯野店怯黄昏。穷途不减酒杯深。故人心。

羊山古道行人少。也送行人老。一般别语重千金。明年过我小园林。话如今。

1. 出版社编《历代词选》,拟为这首词添加一个题目,以下选项中合适的一项是(   )

　　A. 野望　　　　B. 归隐　　　　C. 饯别　　　　D. 怀旧

2. 下列关于这首词写作特点的说法,正确的一项是(   )。

A. "原桑"两句以萧条之景渲染悲壮情绪。

B. "油灯"句借助典型画面表现人物心理。

C. "羊山"两句以行人情状反衬自身遭遇。

D. 全词不事雕琢,用语清丽,情思宛转。

【轻松一刻】

秀才年将七十,忽生一子。因有年纪而生,即名年纪。未几又生一子,似可读书,命名学问。次年，又生一子。笑曰："如此老年，还要生儿，真笑话也。"因名曰"笑话"。三人年长无事，俱命入山打柴，及归，夫问曰："三子之柴孰多？"妻曰："年纪有了一把，学问一点也无，笑话倒有一担。"

（译文：有个秀才年近七十，他的妻子突然生了一个儿子，因为年岁已高才生了儿子，就取名为"年纪"。过了不久，又生了一个儿子，看模样像个读书的，便取名为"学问"。第三年又生了一个儿子，秀才笑道："这样大的岁数了，还能得子，真是笑话。"于是取名为"笑话"。三个儿子长大后，某日无事可做，秀才让他们进山打柴，等到回来，丈夫问妻子说："三个人谁打的柴多？"妻子说："年纪有了一把，学问一点也没有，笑话倒是有一担。"）

三　长征胜利万岁

＊百合花

【内容结构】

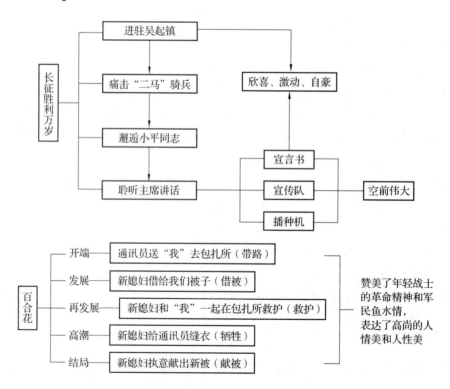

【写作特点】

《长征胜利万岁》表达了长征胜利后作者的喜悦之情、对革命烈士的追思及对革命美好未来的向往。

1. 以记叙为主，条理清晰，详略得当。全文以时间为序，先后写了到达吴起镇、歼灭敌人追兵和反动军团、红军会师以及全军干部会议上听毛泽东讲话等内容。写前面几件事又是为后面全军干部会议上听毛泽东讲话进行铺垫，这些具体事件也是长征胜利意义的形象体现。在详略安排上，作者紧扣"长征胜利"这一中心，详细记叙了吴起镇战斗，因为它是红军长征的最后一仗，意义重大。全文大篇幅地写毛泽东在全军干部会议上的讲话，阐释了长征胜利的意义。

2. 以真实为要，语言平实，感情真挚。回忆录是作者的亲身经历，因此，真实性是它的首要特点。作者记事写人，多有具体时间、地点、场景以及细节描写，让人有身临其境的真实感。课文的语言是朴实无华的，感情是真挚自然的，常常情动于中而直抒胸臆，有些自然段甚至整段抒情，但语出自然，毫无虚饰夸张和矫揉造作之感。

短篇小说《百合花》通过对一床百合花被所引起纠葛的记叙和描写，表现了人与人之间所体现出来的人性美和人情美。作品在艺术上的独到之处：

1. 以小见大，构思精巧。作为一篇战争题材小说，它没有刻画高大完美、视死如归的英雄形象，也没有正面描写惊心动魄的战争场面，而是以战争为背景，撷取日常生活小事，展现人与人之间朴素而美好的情感。小说以一条白色百合花被子为线索，演绎出拒借被子、借出被子、献出被子等一系列情节，以纯洁的百合花象征人物善良美好的心灵，从一个特定角度展现了军民鱼水情和人情、人性之美，构思别致，富有意味。

2. 刻画心理，细腻真挚。作者通过大量神态、动作和语言描写，对人物心理和情感进行细腻而富有层次的展现，挖掘出人性中最细微、最丰富的情愫，具有打动人心的魅力。如对新媳妇五次"笑"的神态描写，两次"啊"的惊叫的呈现，以及通讯员牺牲后一系列动作行为的描写等，一步步将新媳妇的羞涩、震惊、歉疚、愤怒、痛悼、崇敬等心理展现出来，也揭示了她内心世界的纯洁和善良。

3. 细节描写生动，环境描写富有诗意。小说善于运用典型而生动的细节描写，如枪筒里的树枝和野菊花、百合花被子、通讯员衣服上挂破的洞、两个馒头等都反复出现，前后勾连，伏笔照应，或强化人物性格，或推动情节发展，或深化小说主旨。对战争背景下诗意环境的渲染，也使小说呈现出抒情性特点，衬托出人物淳朴的性格，体现出人们对和平生活的向往。

【相关链接】

《长征胜利万岁》写作背景

1934年10月,第五次反围剿失败后,中央主力红军为摆脱国民党军队的包围追击,被迫实行战略性转移,退出中央根据地,进行长征。中央红军共进行了380余次战斗,攻占700多座县城,牺牲了营级以上干部430余人,共击溃国民党军队数百个团。其间共经过14个省,翻越18座大山,跨过24条大河,走过荒草地,翻过雪山,行程约二万五千里。红一方面军于1935年10月到达陕北,与陕北红军胜利会师。1936年10月,红二、四方面军到达甘肃会宁地区,同红一方面军会师。红军三大主力会师,标志着万里长征的胜利结束。本文就是长征的重要参与者杨成武将军对1935年10月红军胜利到达吴起镇后发生的一些事情的回忆,记录了他的所思、所想、所感。

《百合花》的创作心路

茹志鹃曾说:"《百合花》里的时间、地点、背景,'我'自己,都是真实的,就是真实的我参加了这个海岸战斗,在最前沿的一个团包扎所,这是真实的生活。"可知叙述者"我"其实是作者的化身。这篇小说对通讯员及新媳妇的塑造,都是通过"我"的视角来完成的。先是写通讯员送"我"去包扎所,借"我"之眼写他的外貌:"现在从背后看去,只看到他是高挑挑的个子,块头不大,但从他那副厚实实的肩膀看来,是个挺棒的小伙……"这里以女性之眼,写出通讯员康健的体魄。当"我"问他娶媳妇了没,"他飞红了脸,更加忸怩起来,两只手不停地数摸着腰带上的扣眼。半晌他才低下了头,憨憨地笑了一下,摇了摇头"。在"我"的注视下,通讯员羞涩、矜持,更多地与女性特质有关的特点联系了起来。通讯员被塑造成可爱的人,"能令女性产生欣赏、爱慕之情,并积极充当观察者、保护者和创造者的角色"。

【基础知识】

1. 下列词语中加点字注音有错误的一组是(　　)。

A. 跋涉(bá)　　窑洞(yáo)　　撂下(liào)　　棉絮(xù)

B. 追剿(jiǎo)　　寒暄(xuān)　　虔诚(qián)　　半晌(shǎng)

C. 沸腾(fèi)　　惦念(diàn)　　衷肠(zhōng)　　豪绅(shēn)

D. 骚扰(sāo)　　屏障(píng)　　押解(jiè)　　寒噤(jīn)

2. 下列词语中,没有错别字的一组是(　　)。

A. 清翠　间歇　羞涩　磕磕绊绊　　B. 撂下　稀疏　洒满　自告奋勇

C. 张皇　尴尬　湍息　高低不肯　　D. 掂量　嘟哝　憎恶　莫明其妙

3. 下列加点词语的解释，错误的一项是(　　)。

A. 要不是敌人的冷炮，在间歇地盲目地轰响着，我真以为我们是去赶集的呢!（周期性的停顿）

B. 这一来，我倒有些尴尬了，下面的话怎么说呢!（处境困难，难以应付）

C. 我只好硬了头皮，讪讪地向她开口借被子了。（难过的样子）

D. 我说完了，她看看我，看看通讯员，好像在掂量我刚才那些话的斤两。（思量）

4. 下列各句中，没有语病的一项是(　　)。

A. 诺贝尔文学奖获得者阿卜杜勒-拉扎克·古尔纳这个名字对于大多数中国读者还比较陌生，但其实他早已蜚声国际。

B. 作家刘庆邦继短篇小说《鞋》荣获鲁迅文学奖后，中篇小说《神木》在《中国作家》全文发表，再一次引发各界的高度关注。

C. 只有几千字的短篇小说《百合花》一问世，就以其独有的百合花般的气息与芬芳，给当时一片燥热的文坛带来一缕清新之风。

D. 米兰·昆德拉说过，小说这个文体，不是将看似简单平凡的事物复杂化，而是要将世界简单化。

5. 下列标点符号的使用，不正确的一项是(　　)。

A. "怎么，没借到?"我觉得这里老百姓觉悟高，又很开通，怎么会没借到呢？我有点惊奇地问。

B. 她好像是在故意气通讯员，把被子朝我面前一送，说："抱去吧。"

C. "我们不了解情况，把人家结婚被子也借来了，多不合适呀!……"我忍不住想给他开个玩笑，便故作严肃地说，"是呀！也许她为了这条被子，……"。

D. 他听到这里，突然站住脚，呆了一会儿，说："那!……那我们送回去吧!"

6. 依次填入下列各句横线处的词语，恰当的一组是(　　)。

（1）可不是，自从去年离开瑞金、于都河，无论在巍巍的雪山上，还是在茫茫的草地上，不管是在怎样艰苦的日子里我们都_____苏维埃。

（2）有这么一个规律，在所有第三世界发展中的国家中，工业和农业是互相_____、互相支援的两大国民经济部门。

（3）你们——党的领导人，不知疲倦地操劳着，为了中国人民的解放事业，为了党的事业，为了红军的胜利，全都____了，花去了多少心血啊!

A. 惦念　依赖　消瘦　　　　B. 惦记　依赖　消瘦

C. 惦念　依靠　枯瘦　　　　D. 惦记　依靠　枯瘦

【阅读理解】

(一)

①天刚蒙蒙亮，会议开始了。

②毛主席、周副主席、张闻天总书记、彭德怀等同志先后走进会场，会场里便响起了热烈的掌声。

③毛泽东同志首先讲话，他说："同志们，辛苦了！"话音刚落，顿时响起了热烈的口号声。

④是的，今天在这里开干部会，同志们格外兴奋。毛主席、周副主席、张闻天总书记，以及其他许许多多的领导同志和大家一起，度过了长途跋涉、征战万里的艰苦岁月。你们——党的领导人，为了中国人民的解放事业，为了党的事业，为了红军的胜利，不知疲倦地操劳着，全都消瘦了，花去了多少心血啊！你们在这艰苦卓绝的斗争中，运筹帷幄，把我们从一个胜利引向一个新的胜利，是多么不易啊！要说辛苦，你们最辛苦了！想到这里，我的心情和同志们一样，十分激动。

⑤毛主席接着说："从瑞金算起，十二个月零两天，共三百六十七天，战斗不超过三十五天，休息不超过六十五天，行军约二百六十七天，如果夜行军也计算在内，就不止二百六十七天。"然后，他扳着手指说："我们走过了闽、粤、湘、赣、黔、桂、滇、川、康、甘、陕，共十一个省，根据一军团的统计，最多的走了二万五千里，这确实是一次远征，一次名副其实的、前所未有的长征！"

⑥"长征万岁！"会场里刹时升起欢呼声。

⑦"二万五千里长征万岁！"口号声此起彼伏。

⑧毛主席打断口号声继续说："二万五千里中，红军占领了几十个中小城镇，筹款数百万元。扩红数千人，建立了数百个县、区的苏维埃政府，我们走遍了五岭山脉、苗山、雷公山、娄山、云雾山、大凉山、六盘山，渡过了于都河、信丰河、潇水、湘江、清水江、乌江、赤水河、北盘江、金沙江、大渡河、白龙江、渭水河，经过了苗、瑶、彝、回、藏等兄弟民族地区。我们完成的空前伟大的远征，是历史上从来没有过的。"毛主席说到这里略略停顿了一下，然后又接着说："<u>长征是历史纪录上的第一次，长征是宣言书，长征是宣传队，长征是播种机。</u>自从盘古开天地，三皇五帝到于今，历史上曾经有过我们这样的长征么？十二个月光阴中间，天上每日几十架飞机侦察轰炸，地下几十万大军围追堵截，路上遇着了说不尽的艰难险阻，我们却开动了每人的两只脚，长驱二万余里，纵横十一个省。请问历史上曾有过我们这样的长征么？没有，从来没有的。长征又是宣言书。它向全世界宣告，红军是英雄好汉，帝国主义者和他们的走狗蒋介石等辈则是完全无用的。长征宣告了帝国主义和蒋介石围追堵截的破产。长征又是宣传队。它向十一个省内大约两万万人民宣布，只有红军的道路，才是解放他们的道路。不因此一举，那么广大的民

众怎会如此迅速地知道世界上还有红军这样一篇大道理呢?长征又是播种机。它散布了许多种子在十一个省内,发芽、长叶、开花、结果,将来是会有收获的。总而言之,长征是以我们胜利、敌人失败的结果而告结束。谁使长征胜利的呢?是共产党。没有共产党,这样的长征是不可能设想的。中国共产党,它的领导机关,它的干部,它的党员,是不怕任何艰难困苦的。谁怀疑我们领导革命战争的能力,谁就会陷进机会主义的泥坑里去……"

⑨我们越听越激动,越听越高兴,深深感到:胜利来之多么不易!

1. 第④段中,作者为什么说"你们最辛苦"?

2. 结合文段内容,说说毛主席是如何评价长征的。

3. 第⑧段中画线的语句运用了什么修辞方法?有何表达效果?

(二)

新媳妇又短促地"啊"了一声。我强忍着眼泪,跟那些担架员说了些话,打发他们走了。我回转身看见新媳妇已轻轻移过一盏油灯,解开他的衣服,她刚才那种忸怩羞涩已经完全消失,只是庄严而虔诚地给他拭着身子,这位高大而又年轻的小通讯员无声地躺在那里……我猛然醒悟地跳起身,磕磕绊绊地跑去找医生,等我和医生拿了针药赶来,新媳妇正侧着身子坐在他旁边。

她低着头,正一针一针地在缝他衣肩上那个破洞。医生听了听通讯员的心脏,默默地站起身说:"不用打针了。"我过去一摸,果然手都冰冷了。新媳妇却像什么也没看见,什么也没听到,依然拿着针,细细地、密密地缝着那个破洞。我实在看不下去了,低声地说:"不要缝了。"

她却对我异样地瞟了一眼,低下头,还是一针一针地缝。我想拉开她,我想推开这沉重的氛围,我想看见他坐起来,看见他羞涩地笑。但我无意中碰到了身边一个什么东西,伸手一摸,是他给我开的饭,两个干硬的馒头……

卫生员让人抬了一口棺材来,动手揭掉他身上的被子,要把他放进棺材去。<u>新媳妇这时脸发白,劈手夺过被子,狠狠地瞪了他们一眼。</u>自己动手把半条被子平展展地铺在棺材底,半条盖在他身上。卫生员为难地说:"被子……是借老百姓的。"

"是我的——"她气汹汹地嚷了半句，就扭过脸去。在月光下，我看见她眼里晶莹发亮，我也看见那条枣红底色上洒满白色百合花的被子，这象征纯洁与感情的花，盖上了这位平常的、拖毛竹的青年人的脸。

1. 百合花被子在小说中出现了两次，第一次出现在哪里？当时新媳妇的态度怎样？

答：_____

_____

2. 小说以"百合花"为标题，用意何在？

答：_____

_____

3. 读文中画线的句子，说说新媳妇"劈手""狠狠""气汹汹"的原因。

答：_____

_____

4. 课文中多次写到通讯员衣服上的"破洞"，这"破洞"是怎么回事？新媳妇在小通讯员死后不顾劝说，继续为他缝补"破洞"，说明了什么？

答：_____

_____

【写作表达】

茹志鹃"煮书"

女作家茹志鹃是一位酷爱读书的人。她的书房中高挂着一张条幅，上面赫然写着"煮书"两个大字。她对此解释："书，光看是不行的，看个故事情节，等于囫囵吞枣。读，就仔细多了，然而读还不够，进而要'煮'。'煮'是何等烂熟、透彻。"在这里，茹志鹃说"煮书"主要指的是读书，别人的书再好，对读书的人来说都是生的，需要精心烹煮一番。囫囵吞枣只是生吃，要闹肚子的，"煮熟"后，才有利于更好地消化和吸收营养。

相对茹志鹃的"煮书"，郑板桥却说"读过万卷书，胸中无适主"，指读书多而无所适从，失去主见，反而有害。对此，你有何看法？请写一段文字，表达你的见解。

答：_____

_____

_____

_____

【语用提升】

阅读下面一段文字，完成1~3题。

古往今来，最使人们感到（　　　）莫测的客观存在就是时间了。尽管在物理学家和哲学家那里，空间也是一个缠夹不清的概念，但对于普通人来说，空间毕竟是容易感觉和理解的。时间则不同了，它究竟是什么东西呀？看不见，摸不着，却又无处不在。它（　　），却又千金难买。伏尔泰在哲理小说《查第格》中编了一个谜语："世界上哪样东西是最长的又是最短的，最快的又是最慢的，最能分割的又是最广大的，最不受重视的又是最受惋惜的；没有它，什么事都做不成，它使一切渺小的东西归于消灭，使一切伟大的东西生命不绝？"谜底就是"时间"。在时间的各项性质中，＿＿＿＿＿＿＿＿。孔子在河边叹息说："逝者如斯夫，不舍昼夜！"后代的诗人也（　　）地用滔滔东流的河水来比喻时间。唐代的韩琮甚至认为只要听听流水的声音就能感受到时间的消逝："行人莫听宫前水，流尽年光是此声！"

(节选自《莫砺锋诗话》，有删节)

1. 依次填入文中括号内的词语，最恰当的一组是（　　）。
A. 神奇　一文不名　异曲同工
B. 神妙　不值一钱　异曲同工
C. 神奇　不值一钱　不约而同
D. 神妙　一文不名　不约而同

2. 下列填入文中画线处的句子，最恰当的一项是（　　）。
A. 最使人们无能为力却又感到切肤之痛的就是它的飞速流逝且永不复返
B. 最使人们感到切肤之痛却又无能为力的就是它的永不复返且飞速流逝
C. 最使人们无能为力却又感到切肤之痛的就是它的永不复返且飞速流逝
D. 最使人们感到切肤之痛却又无能为力的就是它的飞速流逝且永不复返

3. 下列与"时间"相关的表述，有误的一项是（　　）。

A."逝者如斯夫，不舍昼夜"出自语录体散文《论语》，孔子用这句话抒发了对时间流逝、永不停歇的感慨。

B.《逍遥游》中的"朝菌不知晦朔，蟪蛄不知春秋"，揭示出生命长短的相对性。"晦""朔"分别指阴历每月第一天和最后一天。

C.《孔雀东南飞》中的"奄奄黄昏后，寂寂人定初"两句，写出了由天色已暗到夜深人静的时间变化。

D.《滕王阁序》中"东隅已逝，桑榆非晚"的意思是：虽然时光已逝，但珍惜将来，为时不晚。"东隅""桑榆"分别表示早、晚。

【诗歌赏析】

阅读下面的词，按要求作答。

念奴娇（用傅安道和朱希真梅词韵）

[宋]朱熹

临风一笑，问群芳谁是，真香纯白。独立无朋，算只有、姑射①山头仙客。绝艳谁怜，真心自保，邈与尘缘隔。天然殊胜，不关风露冰雪。　　应笑俗李粗桃，无言翻引得，狂蜂轻蝶。争似黄昏闲弄影，清浅一溪霜月。画角吹残，瑶台梦断，直下成休歇。绿阴青子,莫教容易披折。

【注】①姑射:神话中的山名,神仙所居之处。

1. 下列对这首词的理解和赏析,不恰当的一项是(　　)。

A. "和",即和韵,是诗词写作的一种方式。这首词就是朱熹依照傅安道和朱希真梅花词的韵而创作的。

B. 词的开篇运用拟人手法,并以问句提起,将梅花与"群芳"比较,突出梅花的清香与洁白。

C. 词中写梅花美艳无比,与姑射山仙人相伴;"风露冰雪"的考验赋予了梅花不同寻常的韵致。

D. "画角""绿阴"数句,写梅花宁愿休歇凋零,也不愿结出青青的梅子而被人折断梅枝。

2. 请指出词人借梅花寄托了怎样的理想人格。

【轻松一刻】

动筒尝于国学中看博士论难云:"孔子弟子达者有七十二人。"动筒因问曰:"达者七十二人,几人已着冠?几人未着冠?"博士曰:"经传无文。"动筒曰:"先生读书,岂合不解孔子弟子着冠有三十人,未着冠者有四十二人?"博士曰:"据何文以知之?"动筒曰:"《论语》云:'冠者五六人',五六三十也,'童子六七人',六七四十二也,岂非七十二人?"坐中大笑。博士无以对。

(译文:动筒曾经在国学中听见博士辩论说:"孔子的弟子有名的有七十二个人。"动筒于是就问:"有名的七十二个人,几个是成年的,几个是未成年的?"博士说:"书上没有记载。"动筒说:"先生读书,怎么能不知道孔子的这些弟子中成年的有三十个人,未成年的有四十二个人呢?"博士问:"你是根据哪篇文章知道的?"动筒说:"《论语》中说:'冠者五六人',五乘以六是三十,'童子六七人',六乘以七是四十二,加起来难道不是七十二个人吗?"在座的人都大笑起来。博士无言以对。)

笑,可以战胜一切,这是最有力的武器。

——伏尔泰

在一切创造物中间,没有比人的心灵更美更好的东西了。

——海涅

第二单元

一 国 殇

【内容结构】

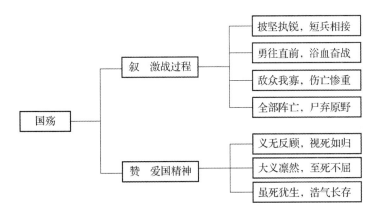

【写作特点】

1. 句式整齐,节奏感强。本诗全部采用七言句,句式整齐,表现力强;每句中第四个字使用楚辞中常见的语气词"兮",韵律铿锵,不仅增强了诗的节奏感,也使得全诗庄严肃穆,具有悲壮美。

2. 直赋其事,叙赞结合。本诗采用朴实通俗的语句"通篇直赋其事",表现手法叙赞结合。诗歌先叙写战争情况,再赞颂将士们的业绩和精神。叙是赞的依据,赞是叙的深化。两者紧密结合,歌颂了楚国将士的英雄气概和炽烈的爱国主义精神。

3. 场面宏大，情感强烈。课文描写战争场面，视野广阔，笔触细腻。动态描写和静态描写相结合，明写楚军英勇和暗写敌人凶猛相结合，抓住最鲜明的特征，用寥寥几句描绘了楚国将士奋勇抗敌、激烈厮杀的场面，塑造了视死如归、英勇无畏的英雄群像，表达了对楚国将士热爱崇敬的强烈感情。

【相关链接】

屈原，是战国时期楚国人，名平，字原。又名正则，字灵均。他是楚国的贵族，自幼接受了良好的教育，热爱读书，乐于助人，深得楚怀王信任。先后任左徒、三闾（lǘ）大（dà）夫等职。屈原知识渊博，记忆力强，尤其擅长外交辞令。经常与楚王商讨国家大事，时常接待宾客，应对诸侯，终日忙于楚国的内政外交。

屈原为人正派，主张变法图强，推行美政，并亲自参与楚国法律的制定，希望强大楚国，摆脱强秦的控制。后来上官大夫嫉妒屈原得楚王宠信，便进谗言诋毁屈原。屈原被怀王疏远，非常痛心。他担心楚王被小人蒙蔽，不能明辨是非，影响楚国前途命运，于是忧愁深思，写出《离骚》。《离骚》利用古代帝王等事来讽刺当时的社会，表现了作者对实现自己崇高理想的热烈追求和与恶势力的不懈斗争。

被疏远、放逐的屈原，仍然时刻关注楚国安危，多次劝谏楚王。遗憾的是，楚怀王听信小儿子子兰的话，前往秦国，结果一进秦国便被扣留，最终死在秦国。怀王死后，他的长子顷襄王即位，任用他的弟弟子兰为令尹。不幸的是，屈原又遭到令尹子兰的谗毁，再次被贬，流放江南。公元前278年，秦国攻下楚国都城郢都，楚国灭亡。屈原带着极度的苦闷与绝望，抱着石头，纵身跳入汨罗江。

屈原虽死，他卓越的人格力量和深沉的爱国情怀，鼓舞并感召了无数仁人志士。他在文学方面的贡献也长留于世。他吸收民间文学素材，融合神话传说，创立了"楚辞"这种诗歌样式，对后世文学产生了深远影响。屈原的《离骚》等作品，开创了我国浪漫主义文学的先河，表现了他的爱国思想和为理想献身的精神。

【基础知识】

1. 下列词语中加点字的注音完全正确的一组是（　　）。

A. 国殇（shāng）　犀甲（xī）　　交坠（duì）　　车错毂（gǔ）
B. 骖殪（cān）　　魂魄（pò）　　衷肠（zhōng）　霾两轮（mái）
C. 争先（xiān）　　鸣鼓（gǔ）　　玉枹（páo）　　絷四马（zhí）
D. 不惩（chěng）　骤然（zhòu）　威灵（wēi）　　躐余行（liè）

2. 下列词语的解释，错误的一项是（　　）。

A. 殇，这里指为国战死者。
B. 吴戈，吴地所产的戈，这种戈以锋利著称。

C. 玉枹，镶嵌玉饰的鼓槌。

D. 秦弓，秦地所产的弓，这种弓以昂贵著称。

3. 下列表述，有错误的一项是(　　)。

A. 《国殇》是一首挽歌，歌颂了秦国阵亡将士的英雄气概和炽烈的爱国主义精神。

B. 《国殇》"通篇直赋其事"，情感强烈；全部采用七言句，句式整齐，表现力强。

C. 《国殇》传达出与所反映的人事相一致的阳刚之美，在楚辞体作品中独树一帜。

D. 《国殇》描写战争场面，视野广阔，笔触细腻，勾画出楚国将士的英勇形象。

4. 下列有关文学、文化常识的表述，不正确的是(　　)。

A. 楚辞是战国时期以屈原为代表的楚国诗人创造的一种新诗体。

B. 《楚辞》是西汉刘向在前人基础上辑录而成的一部诗歌总集。

C. 楚辞形式自由，大量运用楚地方言声韵，有浓厚的楚国地域文化色彩。

D. 《楚辞》是中国文学史上第一部现实主义的诗歌总集，以屈原作品为主。

5. 下列各句中，含有通假字的一项是(　　)。

A. 霾两轮兮絷四马，援玉枹兮击鸣鼓。

B. 凌余阵兮躐余行，左骖殪兮右刃伤。

C. 诚既勇兮又以武，终刚强兮不可凌。

D. 身既死兮神以灵，子魂魄兮为鬼雄。

【阅读理解】

(一)

国殇

屈原

操吴戈兮被犀甲，车错毂兮短兵接。
旌蔽日兮敌若云，矢交坠兮士争先。
凌余阵兮躐余行，左骖殪兮右刃伤。
霾两轮兮絷四马，援玉枹兮击鸣鼓。
天时坠兮威灵怒，严杀尽兮弃原野。
出不入兮往不反，平原忽兮路超远。
带长剑兮挟秦弓，首身离兮心不惩。
诚既勇兮又以武，终刚强兮不可凌。
身既死兮神以灵，子魂魄兮为鬼雄。

1. 对下列句中词语的解释，有误的一项是(　　)。

A. 凌余阵兮躐余行　凌，侵犯

B. 霾两轮兮絷四马　絷，绊住

C. 首身离兮心不惩　惩，悔恨

D. 诚既勇兮又以武　诚，诚实

2. 对下列句子的解释，错误的一项是（　　）。

A. 旌蔽日兮敌若云：旌旗遮蔽了日光，敌人像云一样涌上来。

B. 严杀尽兮弃原野：将士们全部壮烈战死，尸骨弃于原野。

C. 平原忽兮路超远：想把阵亡者的尸骨运回故乡而路途遥远。

D. 出不入兮往不反：战士们视死如归，出征后就不打算生还。

3. 本诗第1~10句，描写了怎样的场面？请简要概括。

答：_____

_____

4. 找出诗中动态描写的句子，并分析其表达效果。

答：_____

_____

_____

（二）

屈原精神与端午文化的传承

由兴波

①又到一年粽叶飘香时。

②每年端午节到来时，全国各地都会举办各种文化庆祝活动，以纪念伟大的爱国诗人屈原。屈原对中国文学史贡献巨大，他开创的"骚体"对后世诗歌影响深远，极大地丰富了诗歌的表现力，为中国古代的诗歌创作开辟了一片新天地。屈原是一个真实的历史人物，也是中国文学史上一个光辉的艺术形象，以《离骚》为代表的充满积极浪漫精神的作品，充分汲取了古代神话的浪漫元素，并将其发展到非凡的高度。后世很多诗人都受其作品影响，感受到他的精神感召，创作出诸多伟大的爱国诗篇。

③汉代的贾谊写下《吊屈原赋》，对屈原的遭遇表示深切悼惜。其实，贾谊的经历与屈原有很多的相似之处，他将自己心中的愤慨不平与屈原的忧愁幽思融汇在一起，表达对贤人失意、小人得志这种不公平状况的极大不满。只是，贾谊认为屈原没有必要以死殉国，应当勇敢地活下去，同残酷的现实斗争到底。

④唐代大诗人李白深受屈原的影响，他在《江上吟》诗中写道："屈平词赋悬日月，楚王台榭空山丘。"诗中的屈平即屈原。李白将屈原与楚王对比，突出屈原的伟大爱国精神，而楚王只是被历史遗忘，空自留下历史的遗迹楼台。

⑤宋代大文豪苏东坡在《六月二十日夜渡海》诗中曾说："九死南荒吾不恨，兹游奇绝冠平生。"苏轼晚年被贬到儋州，却始终以一种乐观中蕴含斗争的精神面对，也正是受

到了屈原"虽九死其犹未悔"精神的感召，他虽经历了无数的挫折，仍能保持高洁的品性。

⑥直到当代，屈原的精神仍然受到人们的尊崇，历经两千余年，仍然具有旺盛的生命力。虽然屈原的一生是悲剧，但他留下的充满美好理想的爱国诗篇却永远为后人所传颂，那些出自屈原诗歌中的名句，我们仍会背诵；他的高尚品格和爱国精神，也广为传颂。正所谓"风骚传后世，端午留千古"。可以说，屈原在后人的心目中获得了永生。

⑦今天，人们通过吃粽子、赛龙舟的方式祭奠屈原，他的"求索""爱国"精神，成为后世仁人志士所信奉和追求的高尚精神。随着时间的流逝和社会的发展，端午节逐渐成为中华传统文化的一个重要部分。人们祭奠屈原，不仅是为了祭奠屈原本人，也寄托着人们的爱国热情，屈原精神也成为中国优秀传统文化的代表。

⑧传统民族节日文化蕴含着丰富而宝贵的民族精神，近年来受到各方重视。每逢春节、元宵节、端午、中秋等中华传统节日，各地都纷纷举办相应的文化活动，逐渐恢复传统的节日习俗。以端午节为例，前几年全国多地举办了"龙舟大赛"，媒体也以不同形式进行宣传报道，产生了广泛的社会影响。

⑨随着互联网技术的飞速发展，传统文化的传播借助各种新形式获得了巨大发展。网络直播、短视频、音频、图解、小游戏等各种新媒体传播手段备受青睐，受众数量呈几何基数增长。线下与线上相结合，传统节日文化得以深入当代生活，它的具体形式发生了改变，不变的是后人对中华传统文化精神内涵的弘扬和传承。

⑩对于前人留给我们的宝贵历史遗产，我们要充分认识并有效继承下来，坚定文化自信，从学理的深入研究转入传播实践的应用，加强中华优秀传统文化的传播。全面认识传统文化，合理汲取传统文化之精华，使之与当代社会相适应、与现代文明相协调，让中华优秀传统文化在新时代焕发出新魅力，从而加快构建社会主义和谐社会的进程。

(节选自光明网-文艺评论频道 2021-06-13 09：18，有删改)

1. 下列关于屈原的表述，不符合原文意思的一项是(　　)。

A. 屈原对中国文学史的贡献巨大，他所开创的"骚体"对后世诗歌影响深远。

B. 屈原是一个真实的历史人物，同时也是中国文学史上一个光辉的艺术形象。

C. 屈原的一生虽是悲剧，但他充满美好理想的爱国诗篇却永远为后人所传颂。

D. "风骚传后世，端午留千古"。屈原的著作"风骚"与他本人一起得到永生。

2. 后世很多诗人都受屈原作品影响，感受到他的精神感召。下列没有体现出"感受到他的精神感召"的一项是(　　)。

A. 以《离骚》为代表的充满积极浪漫精神的作品，充分汲取了古代神话的浪漫元素，并将其发展到非凡的高度。

B. 贾谊将自己心中的愤慨不平与屈原的忧愁幽思融汇在一起，表达对贤人失意、小人得志这种不公平状况的极大不满。

C. 李白将屈原与楚王对比，突出屈原的伟大爱国精神，而楚王只是被历史遗忘，空自留下历史的遗迹楼台。

D. 苏轼晚年被贬到儋州，却始终以一种乐观中蕴含斗争的精神面对，也正是受到了屈原"虽九死其犹未悔"精神的感召。

3. 根据原文内容，下列理解和分析不正确的一项是(　　)。

A. 传统民族节日文化蕴含着丰富而宝贵的民族精神，近年来受到各方重视。以端午节为例，前几年全国多地举办了"龙舟大赛"，产生了广泛的社会影响。

B. 屈原的"求索""爱国"精神，成为后世仁人志士信奉和追求的高尚精神。随着时间的流逝和社会的发展，端午节逐渐成为中华传统文化的一个重要部分。

C. 随着互联网技术的飞速发展，传统文化的传播借助各种新形式获得了巨大发展。传统节日文化得以深入当代生活，其具体形式与精神内涵发生了改变。

D. 对于前人留给我们的宝贵历史遗产，我们要充分认识并有效继承，坚定文化自信，全面认识传统文化，合理汲取传统文化精华，使之与当代社会相适应。

【写作表达】

《国殇》描绘了楚国将士奋勇抗敌不惜为国捐躯的场景，反映了伟大的爱国主义诗人屈原浓厚的爱国思想和浪漫主义的创作风格，是一篇场面恢宏，慷慨激昂的爱国主义诗篇。请从本诗中找出你最欣赏的几句话，从内容或形式方面自选角度，说说你欣赏它们的原因。要求：言之成理，300字左右。

【语用提升】

阅读下面的文字，完成题目。

近来，各种题材的微纪录片大量涌现。从养胃的美食到养眼的国宝，从感人的抗疫故事到热血的脱贫奇迹，从平凡的剃头匠到伟大的人民英雄，微纪录片以小切口、短时长记录真实、探索未知，呈现自然、关照社会，在讲好中国故事、书写新时代方面发挥着重要作用。

美食类纪录片向来最受欢迎。如微纪录片《早餐中国》，不仅带观者吃遍全国各地，短片中更有故事有乡愁，一句"只需早起，你就能找到故乡"不知打开了多少人的味觉记忆。美食养胃，国宝养眼。2017年，《如果国宝会说话》横空出世，该片用文物讲文物，用文物梳理文明，将精美与精彩浓缩在5分钟的短片中，推出之初便引爆相关话题，"国宝热"持续至今。

微纪录片这一新型纪录片形式正在以前所未有的速度走到每个人的身边，记录典型人物，宣传地方风物，传承文化记忆，聚焦特别主题，定格了多彩中国的一个个精彩瞬间，用镜头把各地的亮色呈现给相对固定在一地的受众；以小角度记录人生和社会百态，为时代画像。

1. 给上文拟一个标题，不超过15个字。

2. "真实性"，是微纪录片的基本要求。根据上文，谈谈对微纪录片"真实性"的理解。要求：语言简明、准确。

【诗歌赏析】

阅读下面这首宋词，完成1~2题。

醉落魄·人日南山约应提刑懋之^①
魏了翁

无边春色。人情苦向南山觅。村村箫鼓家家笛。祈麦祈蚕，来趁元正七。
翁前子后孙扶掖。商行贾坐农耕织。须知此意无今昔。会得为人，日日是人日。

【注】①人日：旧俗以农历正月初七日为人日。

1. 下列对这首词的理解和赏析，不正确的一项是(　　)。
A. 词人在人日约朋友去南山探春，但因年老体弱，感到此行会比较困难。
B. 在人日这天吹打奏乐，祈盼农桑丰收，反映了人们对美好生活的追求。
C. 这首词以朴实的笔触描绘当时农村的风俗景况，具有浓郁的生活气息。
D. 词人以议论入词，能够做到情由境出，情至论随，全词并无生硬之感。

2. 词人在下阕发表议论，指出如果懂得做人的道理，每天都是人日。词中谈到哪些做人的道理？请结合内容简要分析。

【轻松一刻】

清代大学士纪晓岚能言善辩，反应机敏，深得乾隆皇帝的赏识。有一次，乾隆皇帝让纪晓岚在他的一把折扇上题字。能得到皇帝的欣赏，纪晓岚很是得意，于是挥笔在扇面上写了王之涣的《凉州词》。可是这位才子一时大意，写完才发现丢了一个字，漏写了第一句的"间"字。这在当时按律法是犯了欺君之罪，罪不可恕。乾隆自幼饱读诗书，对王之涣的这首绝句肯定熟悉，瞒是瞒不过去的。纪晓岚心中暗暗叫苦，但他灵机一动，很快就有了对策，便对乾隆皇帝奏道："臣为皇上在扇子上题了一首词。"随即念到："黄河远上，白云一片，孤城万仞山。羌笛何须怨？杨柳春风，不度玉门关。"少了一个字的七言绝句竟被他顺口读成了一首词，而且朗朗上口，音韵和谐，足见纪晓岚的才智非凡。乾隆皇帝虽心知肚明，但见他才思如此敏捷，不由暗叹纪晓岚聪明绝顶，便没有责罚他。

二 烛之武退秦师

【内容结构】

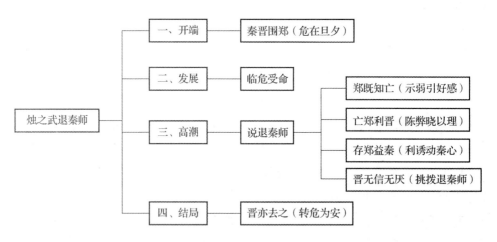

【写作特点】

1. 情节曲折。开篇便写晋、秦围郑，郑国情况危急，让人揪心。佚之狐推荐烛之武，似乎让人松一口气。郑伯去请烛之武，烛之武一句"无能为也已"让心又悬了起来。郑伯自责并陈以利弊，烛之武"许之"，"夜缒而出"，希望重又燃起。文中类似情节颇多，这样一波三折，扣人心弦，颇具艺术感染力。

2. 伏笔巧妙。开头交代晋、秦围郑的原因是"以其无礼于晋，且贰于楚也"，细品此句，可以看出此次军事行动，和秦国没有多大关系。这就为秦伯接受烛之武的劝说埋下伏笔。另外，"晋军函陵，秦军氾南"，说明秦、晋军队并没有驻扎在一处，这为烛之武能单独面对并劝说秦伯提供了条件。文章多处巧设伏笔，使得整个事件首尾呼应，合情合理，结构严谨,脉络清晰。

【相关链接】

一石激起千层浪
——"烛之武退秦师"背后的故事

"烛之武退秦师"的故事说的是晋文公(名重耳)和秦穆公联合起来,打算攻打郑国,最终烛之武劝说秦穆公退师,而晋文公"亦去之"。这里面有几个问题要弄清楚,才方便理解。

第一个问题是:秦晋两国为何要攻打郑国?晋国攻打郑国的原因,文中说得很清楚:"以其无礼于晋,且贰于楚也。"即原因有二:一是晋文公重耳成为国君之前,曾在外流亡19年,到郑国时,郑文公慢待他;二是晋国与楚国作战时,郑文公认为既然之前得罪过重耳,那么"敌人的敌人就是朋友",干脆投靠了楚国。谁知楚国大败,晋文公决定新账旧账一起算,讨伐郑国。

第二个问题是:为什么秦国愿意和晋国联合出兵?这就要从"秦晋之好"这个词语说起。秦国和晋国世代联姻,秦穆公的夫人是晋国人,重耳则娶了秦穆公的女儿。可以说,他们之间形成了利益共同体。只是,这个共同体被烛之武有理有据地瓦解了。

后来,郑文公去世,郑穆公即位,郑穆公亲近晋国。秦国想偷袭郑国时,晋国帮助了郑国。可以说,烛之武退秦师,瓦解了秦晋联盟,为秦晋对抗埋下了伏笔。

【基础知识】

1. 下列词语中加点字的读音全都正确的一组是(　　)。

　A. 氾南(sì)　　若不阙秦(quē)　　朝济而夕设版焉(zhāo)

　B. 夜缒(zhuì)　共其乏困(gòng)　失其所与,不知(zhì)

　C. 函陵(hán)　肆其西封(sì)　　许君焦、瑕(xiá)

　D. 逢孙(féng)　杨孙戍之(shù)　微夫人之力不及此(fú)

2. 下列词语中,没有错别字的是(　　)。

　A. 晋侯　寡人　君之薄　无礼于晋　　B. 陪邻　行李　邻之厚　二于楚也

　C. 执事　秦伯　佚之弧　以乱易整　　D. 有益　鄙远　东道主　唯军图之

3. 下列各句中加点词的解释,错误的一项是(　　)。

　A. 焉用亡郑以陪邻　　　　　　陪:增加

　B. 既东封郑,又欲肆其西封　　肆:延伸,扩张

　C. 若不阙秦,将焉取之　　　　阙:侵损,削减

　D. 朝济而夕设版焉　　　　　　济:救济

4. 与"以其无礼于晋"句式相同的一项是(　　)。

A. 何厌之有　　　　　　　　　　B. 夜缒而出

C. 若亡郑而有益于君　　　　　　D. 是寡人之过也

5. 下列各句中,不含古今异义词的一项是(　　)。

A. 若舍郑以为东道主　　　　　　B. 行李之往来

C. 焉用亡郑以陪邻　　　　　　　D. 若使烛之武见秦君

6. 下列各句中,与"微夫人之力不及此"中"之"的意义与用法相同的一项是(　　)。

A. 唯君图之　　B. 寡人之过也　　C. 子犯请击之　　D. 臣之壮也

【阅读理解】

(一)

晋侯、秦伯围郑,以其无礼于晋,且贰于楚也。晋军函陵,秦军氾南。

佚之狐言于郑伯曰:"国危矣,若使烛之武见秦君,师必退。"公从之。辞曰:"臣之壮也,犹不如人;今老矣,无能为也已。"公曰:"吾不能早用子,今急而求子,是寡人之过也。然郑亡,子亦有不利焉。"许之。

夜缒而出,见秦伯,曰:"秦、晋围郑,郑既知亡矣。若亡郑而有益于君,敢以烦执事。越国以鄙远,君知其难也,焉用亡郑以陪邻?邻之厚,君之薄也。若舍郑以为东道主,行李之往来,共其乏困,君亦无所害。且君尝为晋君赐矣,许君焦、瑕,朝济而夕设版焉,君之所知也。夫晋,何厌之有?既东封郑,又欲肆其西封,若不阙秦,将焉取之?阙秦以利晋,唯君图之。"秦伯说,与郑人盟。使杞子、逢孙、杨孙戍之,乃还。

子犯请击之。公曰:"不可。微夫人之力不及此。因人之力而敝之,不仁;失其所与,不知;以乱易整,不武。吾其还也。"亦去之。

1. 结合对课文的理解,用原文中的语句填空。

(1) 烛之武抓住秦伯的心理,娓娓说理,诱之以利,"邻之厚,君之薄也。若_____,_____,_____,_____"。

(2) 子犯请击之,然而晋文公认为"不可",原因是"_____"。他接着解释:"_____,不仁;_____,不知;_____,不武。"晋文公最终决定"_____",晋国军队就离开了郑国。

2. 下列各句中加点词的解释,错误的一项是(　　)。

A. 因人之力而敝之　敝:损害　　　　B. 失其所与　与:结交、结盟

C. 尝为晋君赐矣　赐:恩惠　　　　　D. 郑既知亡矣　既:既然

3. 下列有关原文涉及的内容的说法,不正确的一项是(　　)。

A. 晋文公早年出亡经过郑国时,郑国没有以应有的礼遇对待他。

B. "贰与楚"是指,郑国依附于晋国的同时,又对楚国有二心。

C. 晋文公曾在外流亡,得到秦穆公的帮助才回到晋国做了国君。

D. 秦穆公曾派兵护送晋惠公回国,故文中有"为晋君赐"一说。

4. 下列句中加点的词与"既东封郑"一句中的"东"字用法相同的一项是(　　)。

A. 晋军函陵　　B. 越国以鄙远　　C. 夜缒而出　　D. 若不阙秦

5. 下列对原文有关内容的分析和概括,不正确的一项是(　　)。

A. 国家危在旦夕,佚之狐向郑伯举荐烛之武,经过佚之狐的一番苦劝,烛之武最终答应去见秦君。

B. 佚之狐对郑伯说"师必退",表现了他对烛之武的了解与信任,从侧面表现了烛之武的才能。

C. 烛之武见到秦君后,先坦言知亡,然后指出灭郑只对晋有利而对秦无益,最终说服秦君退兵。

D. "以其无礼于晋,且贰于楚也",说明秦、郑并没有直接矛盾冲突,为烛之武说退秦军埋下伏笔。

(二)

永远的烛之武

①秦晋围郑,郑危在旦夕,"若使烛之武见秦君,师必退",佚之狐的力荐可谓慧眼识英雄,烛之武临危受命,夜缒而出,智说秦君,秦穆公心悦诚服,秦军乃还。晋文公面对风雨突变,亦毅然去之。郑国终于转危为安。

②在国家危难面前,烛之武深明大义、义无反顾;在强秦面前,烛之武不卑不亢、能言善辩、聪慧机智。他的不计个人得失,处处为郑国安危着想的爱国主义精神,他的义无反顾赴敌营的信心和勇气都值得我们学习。烛之武的智勇及强烈的爱国主义精神溢于字里行间。

③1955年,著名科学家钱学森冲破重重阻挠回国,当时美国的海军处长金波尔说:"我宁可把这家伙枪毙了,也不让他离开美国,无论他在哪里,都抵得上五个师。"一个人的力量能抵得上五个师吗?《烛之武退秦师》告诉了我们答案。

④曹操有句诗:"老骥伏枥,志在千里。烈士暮年,壮心不已。"古往今来,有多少志存高远之士,哪怕社会、命运对他如何不公,但到了紧要关头,依然挺身而出,为国家、为苍生献出自己的一份光和热。烛之武就是这样一个我们敬佩不已的人。

⑤刘备三顾茅庐见到了诸葛亮,诸葛亮对他畅谈天下大势。可以说诸葛亮未出山前就做着出山的准备,烛之武也是如此,尽管怀才不遇,但他没有放弃自己的希望。烛之武不是不想做一番事业,他的心始终没有放弃过"一飞冲天"的渴望,他一刻不停地关注着天下形势,思考着定天下济苍生一逞抱负的路径。你想,一个小小的"弼马温",怎么对晋国的历史、对晋国国君的为人那么清楚,对秦伯的心理、对秦晋之间的恩怨又是如此了然?"老骥伏枥,志在千里"的豪情无疑是后人景仰他们的主要缘由。

⑥"苟利国家生死以,岂因祸福避趋之。"这样一个让才华长久没显出来的人,当国家有难的时候他还是出来解国家之围了。我们可以想象:这样一个须发尽白的老者,夜缒而出时是怎样的一种情形。当他拄着拐杖走进秦营时又是怎样的大义凛然,视死如归。岁月给了烛之武太多的落寞与不甘,同时也磨砺了他的沉稳与敏锐,对郑国的最朴素的爱又加固了他的沉稳与敏锐。他与秦伯的交锋从一开始就注定了他的胜局,几十年积蓄的能量终于在瞬间有了释放和爆发的闪亮时刻。"机会只偏爱有准备的头脑",只是这机遇来得太迟了一点儿,而且是冒着亡国的危险。但如果不是秦晋围郑,烛之武恐怕真得"骈死于槽枥之间",湮灭在历史的风雨之中了。

⑦暗淡了刀光剑影,远去了鼓角争鸣。那些鲜活的身影却依然存留在人们的心头。像烛之武这样的识大体顾大局、临危受命的勇士,可以说就是国家的脊梁!让我们以古人为镜来勉励自己吧!

1. 对第①段中画线句"若使烛之武见秦君,师必退"的理解,最恰当的一项是(　　)。

A. 佚之狐深知烛之武与秦穆公私交一直很好,所以力荐烛之武。

B. 佚之狐认为,只要烛之武见到了秦君,晋文公一定会"去之"。

C. 佚之狐知道烛之武有这个能力,所以这个推荐可谓慧眼识英雄。

D. 佚之狐打听到秦君围郑是烛之武的主意,故建议烛之武去解围。

2. 文中第②段说"烛之武的智勇及强烈的爱国主义精神溢于字里行间"。下列各句最能体现烛之武"强烈的爱国主义精神"的一项是(　　)。

A. 哪怕社会、命运对他如何不公,但到了紧要关头,烛之武依然挺身而出。

B. 烛之武不是不想做一番事业,他的心始终没有放弃过"一飞冲天"的渴望。

C. "机会只偏爱有准备的头脑",与秦伯交锋就是烛之武的机会,可惜太迟了。

D. 岁月给了烛之武太多的落寞与不甘,与此同时也磨砺了他的沉稳与敏锐。

3. 文中第⑦段评价烛之武"可以说就是国家的脊梁"。下列对烛之武的评价,不恰当的一项是(　　)。

A. 他在国家危难面前深明大义、义无反顾。

B. 烛之武对天下形势时刻关注、屡献妙计。

C. 烛之武在强秦面前不卑不亢、聪慧机智。

D. 烛之武走进秦营时大义凛然、视死如归。

4. 下列说法与原文不符的一项是(　　)。

A. 和诸葛亮一样,烛之武尽管怀才不遇,但他没有放弃希望,一直做着出山的准备。

B. 如曹诗所言,烛之武在紧要关头挺身而出,为国家、苍生献出自己的一份光和热。

C. 烛之武这样一个才华长久被埋没的人,当国家有难时,他仍然主动出来为国解围。

D. 烛之武的不计较个人得失,处处为国家安危着想的爱国主义精神,值得我们学习。

【写作表达】

（一）

学习烛之武的劝谏艺术，围绕"如何让爱熬夜的同学规律作息，遵守校规"这一话题写一段文字。要求：中心明确，合乎情理，语句通顺，200字左右。

（二）

烛之武有勇有谋，但直到晚年才有机会施展才华、智退秦师，让郑国转危为安。对此，有人说烛之武的高光时刻证明了"机会只给有准备的人"；也有人说，这个高光时刻来得太晚了，映照出了烛之武之前被埋没的"暗淡"。你的看法是什么？就此写一段文字，阐明观点和理由，300字左右。

【语用提升】

阅读下面的文字，完成1~3题。

有人说，互联网虽然实现了我们的一个古老梦想，把远在天涯的人变得_____，但与此同时也可能恰好相反，把身边的人变得如在天涯，因而引发了一种普遍的担心：当我们越来越习惯于线上的虚拟世界时，我们是否会最终失去与现实世界的联系。对线上虚拟世界的担心，并非_____。正如有研究者指出的那样，互联网已经深入我们生活中的方方面面，过度沉迷有可能让一些人"越来越拥抱技术、越来越忽略彼此"。

实际上，线上与线下之间的界限也不是那么_____。研究发现，互联网中的社交关系大多是通过"上传"线下的好友形成的，是现实社交的延续。从空间角度来讲，互联网有助于我们维系远距离的线下关系；从时间角度来看，媒介化创造了一种广泛的双向即时互动。空间和时间由于不断压缩，大大增强了互动性，社会交往效率有助于得到显著提高，（_____）。"虚拟"与"现实"早已是你中有我，我中有你。现实世界为虚拟生活

_____地提供养料,虚拟生活又能激发和充实现实世界的活力。

1. 依次填入文中横线上的词语,全都恰当的一项是( )。

   A. 近在咫尺　杞人忧天　泾渭分明　源源不断

   B. 触手可及　空穴来风　泾渭分明　取之不尽

   C. 近在咫尺　空穴来风　非此即彼　源源不断

   D. 触手可及　杞人忧天　非此即彼　取之不尽

2. 下列填入文中括号内的语句,衔接最恰当的一项是( )。

   A. 社会交往是如此,我们工作和生活的其他方面也是如此

   B. 不但社会交往如此,而且我们工作和生活的其他方面也是如此

   C. 我们工作和生活的其他方面,和社会交往也是一样的

   D. 我们工作和生活的其他方面也是这样,除了社会交往

3. 文中画波浪线的句子有语病,下列修改最恰当的一项是( )。

   A. 由于空间和时间不断压缩,大大增强了互动性,有助于社会交往效率显著提高。

   B. 由于空间和时间不断压缩,互动性大大增强,社会交往效率得到显著提高。

   C. 空间和时间由于不断压缩,大大增强了互动性,社会交往效率得到显著提高。

   D. 空间和时间由于不断压缩,互动性大大增强,有助于社会交往效率显著提高。

【诗歌赏析】

阅读下面这首唐诗,完成1~2题。

送别

[唐] 李白

寻阳五溪水,沿洄直入巫山里。

胜境由来人共传,君到南中自称美。

送君别有八月秋,飒飒芦花复益愁。

云帆望远不相见,日暮长江空自流。

1. 下列对这首诗的理解和赏析,不正确的一项是( )。

   A. 根据本诗内容可知,诗人的友人即将乘船出发,沿水路驶往三峡方向。

   B. 诗人表示友人将去的地方景色优美,而友人的风采正与这美景相称。

   C. 本诗最后两句的表达方式,在《黄鹤楼送孟浩然之广陵》中也曾使用。

   D. 诗中前后两次使用"君",都是指即将离别的友人,含义并无不同。

2. 本诗是如何表现离愁别绪的?请结合内容简要分析。

【轻松一刻】

明朝成化年间，陈公甫、庄孔畅、章德懋三个人到京城考进士。庄、章二人皆中进士，且都名列前茅，榜上独不见陈公甫的名字。他们便去找主考官，要看卷子。这次出的题目为"老者安之"。陈公甫的卷子，开头是这样两句："人各有其等，圣人等其等。"第一句还可以理解，是说人有不同层次。后一句是什么意思呢？是圣人也像人一样有层次呢，还是圣人的等级在人的等级之上呢？主考也是一头雾水，看不明白。便批了两句话："若要中进士，还须等一等。"

三　廉颇蔺相如列传（节选）

【内容结构】

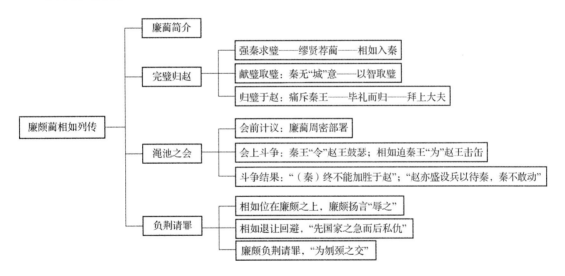

【写作特点】

1. 重矛盾冲突。本文既有秦、赵两国之间的矛盾，又有廉颇、蔺相如个人之间的矛盾，每个故事中又有随时发生的具体矛盾。以完璧归赵为例。秦求赵璧又不予赵城，秦强而赵弱，矛盾渐生；蔺相如综合研判后，请求入秦并保证完璧归赵，矛盾似乎缓和。相如在秦廷受欺，相如"欲以击柱"，又紧张；秦王答应相如的要求，又趋缓和；相如欺秦王，险被处死，情节紧张；秦王"毕礼而归之"，不再索璧，再缓和。通过这些矛盾，故事情节得到发展，人物形象栩栩如生。

2. 选典型事件。廉颇和蔺相如的事迹很多，本文选取完璧归赵、渑池之会与负荆请罪三个典型事件集中叙述。这三个事件从不同侧面体现了廉颇、蔺相如的性格品质。

3. 擅细节描写。文中有很多生动传神的细节，如，"相如因持璧却立，倚柱，怒发上冲冠"，先用"持""却""倚"写其动作，干脆利索，快而有序，突出相如胸有成竹；又用"怒发上冲冠"这一细节突出蔺相如的愤怒。这些细节使蔺相如的形象丰满生动。

【相关链接】

计救缪贤　崭露头角
——蔺相如成名前的故事

蔺相如是战国后期著名的外交家、政治家，贵为赵国上卿，一度受赵惠文王重用。他有勇有谋，能言善辩，处处以国家为先，不惧个人生死，他的完璧归赵、渑池之会、负荆请罪的故事可谓家喻户晓。可是你知道吗？早在身为门客时，蔺相如就因为计救缪贤而崭露头角了。

缪贤是赵国的宦者令（宦官的头目），而蔺相如是他的门客。有一天，缪贤在集市闲逛，发现了一块待售的美玉，爱不释手，便重金买下。让他喜出望外的是，经鉴定，这居然是传世美玉和氏璧。缪贤郑重地把和氏璧珍藏起来，唯恐有闪失。可是，没有不透风的墙，这件事后来传到了赵惠文王那里。赵惠文王便询问缪贤此事真假。缪贤只好如实回答。赵王又追问他既有如此珍宝，为什么不献出来。缪贤进退两难：献璧，心有不舍；不献，怕赵王怪罪。思量再三，他决定带着和氏璧逃离赵国。得知此事的蔺相如问他离开赵国，打算到哪个国家去避风头。缪贤说打算去燕国。相如问他理由。缪贤说，曾与燕王见过，燕王对他很好，所以此次有难，第一个想到了燕王。蔺相如分析说："当初燕王对您好，是因为赵王宠信您。如今您因得罪了赵王而逃离赵国，燕王收留您就等于得罪了赵王，您觉得他会收留您吗？再说，为了一块玉，您就舍弃了自己的国家，这么做实在不可取呀！"缪贤听后，感觉蔺相如的话很有道理，就打消了携璧逃离的念头，主动向赵王请罪，并把和氏璧献给了赵王。

从此，赵惠文王更加宠信缪贤，缪贤的地位也愈发牢固。经过这件事，缪贤认为蔺相如见识过人，可堪大用。于是有了后来他向赵王力荐蔺相如的故事。

【基础知识】

1. 下列各项中加点字的注音和解释全都正确的一项是(　　)。
A. 相如度（dù，忖度，揣测）秦王虽斋　　欲毋（wú，不）行
B. 礼节甚倨（jù，傲慢）　　　　　　　　使人遗（wèi，送给）赵王书
C. 臣语（yǔ，告诉）曰　　　　　　　　　乃使其从者衣（yī，衣服）褐
D. 肉袒（dǎn，露）伏斧质请罪　　　　　舍相如广成传（chuán，旅馆）舍

2. 下列各句中，有错别字的一组是(　　)。
A. 欲与秦，秦城恐不可得，徒见欺　　B. 秦强而赵弱，不可不许
C. 赵王于是遂遣相如奉璧西入秦　　　D. 君不如肉袒伏斧质请罪

3. 下列各句中，没有通假字的一项是（　　）。
A. 宜斋戒五日，设九宾于廷　　　　　B. 唯大王与群臣孰计议之
C. 乃辞谢固请，召有司案图　　　　　D. 赵王窃闻秦王善为秦声

4. 下列成语，全部出自《廉颇蔺相如列传》的一组是（　　）。
①怒发冲冠　②负荆请罪　③虎视眈眈　④完璧归赵　⑤反戈一击　⑥刎颈之交
A. ①②③④　　B. ②④⑤⑥　　C. ②③④⑥　　D. ①②④⑥

5. 依次填入下面横线上的语句，顺序最恰当的一项是（　　）。
相如曰："五步之内，相如请得以颈血溅大王矣！"_____。
①左右欲刃相如　②于是秦王不怿　③相如张目叱之
④左右皆靡　⑤为一击缶
A. ①④⑤②③　　B. ①③④②⑤　　C. ②③①④⑤　　D. ③⑤①②④

6. 下列文化常识，说法不正确的一项是（　　）。
A. 舍人是对战国至汉初王公贵族的侍从宾客及左右亲近之人的通称。
B. 汤镬是古代的一种酷刑，用滚油烹煮犯人。
C. "观"是古代宫廷或宗庙大门外高台上的建筑物。
D. 和氏璧是楚国人卞和发现的一块璞玉，经雕琢成璧。

【阅读理解】

（一）

秦王斋五日后，乃设九宾礼于廷，引赵使者蔺相如。相如至，谓秦王曰："秦自缪公以来二十余君，未尝有坚明约束者也。臣诚恐见欺于王而负赵，故令人持璧归，间至赵矣。且秦强而赵弱，大王遣一介之使至赵，赵立奉璧来。今以秦之强而先割十五都予赵，赵岂敢留璧而得罪于大王乎？臣知欺大王之罪当诛，臣请就汤镬，唯大王与群臣孰计议之。"

秦王与群臣相视而嘻。左右或欲引相如去，秦王因曰："今杀相如，终不能得璧也，而绝秦赵之欢。不如因而厚遇之，使归赵。赵王岂以一璧之故欺秦邪？"卒廷见相如，毕礼而归之。

1. 对下列句子中加点词的解释错误的是（　　）。
A. 引赵使者蔺相如　　　　　　　　延请
B. 间至赵矣　　　　　　　　　　　名词作状语，从小路
C. 臣请就汤镬　　　　　　　　　　完成
D. 唯大王与群臣孰计议之　　　　　通"熟"，仔细

2. 下列各组句子中加点词的意义和用法完全相同的是（　　）。
A. 乃设九宾礼于廷　　　　　　　　况吾与子渔樵于江渚之上
B. 且秦强而赵弱　　　　　　　　　若属皆且为所虏
C. 愿以十五城请易璧　　　　　　　以相如功大，拜为上卿

D. 岂敢留璧而得罪于大王乎　　　　　以吾一日长乎尔

3. 下列句子，与"臣诚恐见欺于王而负赵"句式相同的是(　　)。

A. 人皆得以隶使之　　　　　　　　B. 至激于义理者不然

C. 请以秦之咸阳为赵王寿　　　　　D. 句读之不知

4. 下列对文段的理解，不正确的是(　　)。

A. 蔺相如力陈归璧于赵的理由，表现出能言善辩的外交才能。

B. 蔺相如在秦廷痛斥秦王的行为，表现了他对敌斗争的大智大勇。

C. 个性化的语言描写使蔺相如的形象更加生动，性格更加鲜明。

D. "相视而嘻"这一细节表明秦国君臣轻视蔺相如，只顾相互嘻哈玩笑。

(二)

其后秦伐赵，拔石城。明年，复攻赵，杀二万人。（A）秦王使使者告赵王，欲与王为好，会于西河外渑池。赵王畏秦，欲毋行。廉颇蔺相如计曰："王不行，示赵弱且怯也。"赵王遂行。相如从。廉颇送至境，与王诀曰："王行，度道里会遇之礼毕，还，不过三十日。三十日不还，则请立太子为王，以绝秦望。"王许之。遂与秦王会渑池。

秦王饮酒酣，曰："寡人窃闻赵王好音，请奏瑟。"赵王鼓瑟。秦御史前书曰："某年月日，秦王与赵王会饮，令赵王鼓瑟。"蔺相如前曰："赵王窃闻秦王善为秦声，请奉盆缻秦王，以相娱乐。"秦王怒，不许。（B）于是相如前进缻，因跪请秦王。秦王不肯击缻。相如曰："五步之内，相如请得以颈血溅大王矣！"（C）左右欲刃相如，相如张目叱之，左右皆靡。于是秦王不怿，为一击缻。相如顾召赵御史书曰："某年月日，秦王为赵王击缻。"秦之群臣曰："请以赵十五城为秦王寿。"蔺相如亦曰："请以秦之咸阳为赵王寿。"（D）秦王竟酒，终不能加胜于赵。赵亦盛设兵以待秦，秦不敢动。

1. 下列句子中加点词的解释不正确的一项是(　　)。

A. 其后秦伐赵，拔石城　　　　　　攻下

B. 廉颇送至境，与王诀曰　　　　　告别

C. 相如顾召赵御史书曰　　　　　　回头

D. 赵亦盛设兵以待秦　　　　　　　隆重

2. 下列句子中"为"字的意义和用法与例句相同的是(　　)。

例句：秦王为赵王击缻

A. 圣人之所以为圣　　　　　　　　B. 为之声义

C. 为国以礼　　　　　　　　　　　D. 若属皆且为所虏

3. 下列对文中画线句子的翻译，恰当的是(　　)。

A. 秦王派使臣告诉赵王，打算讨好赵王，相会在西河外渑池。

B. 在这时蔺相如向前献上瓦缻，趁势跪下请求秦王击缻。

C. 秦王身边的侍从要用刀杀相如，相如瞪着眼睛怒视他们，他们都散开了。

D. 秦王直到喝尽了酒，始终未能占到赵国上风。

4. 下列对文段的理解和分析，不正确的是（　　）。

A. 渑池会前廉颇送别赵王时，请立太子为王的一番话，表现了他耿耿忠心和过人胆识。
B. 渑池会上蔺相如与秦王的斗争，凸显他有勇有谋、蔑视强权、置生死于度外的特点。
C. 司马迁善于描写矛盾冲突，文段集中展现秦赵两国的冲突和廉蔺二人之间的矛盾。
D. "跪请秦王""张目叱之"等细节描写生动传神，使人物形象丰满逼真、跃然纸上。

【写作表达】

有人说，"二人同心，其利断金"。这句话的意思是说，共事的两人只要同向同德，同心同行，力量就像利刃可以截断金属，无往而不胜。"兄弟同心，其利断金"是对其化用，更强调了二人的紧密关系。我们今天学习的廉颇、蔺相如，就是典型的例子。他们不计个人恩怨，一切以大局为重，紧密团结，形成合力，"将相一条心，黄土变成金"，解了赵国的燃眉之急。对于上述内容，你有什么看法？请将你的看法整理为一段300字左右的文字。

_____
_____
_____
_____
_____

【语用提升】

阅读下面的文字，完成1~2题。

很多人认为，水果越甜，含糖量越高，热量也越高。其实这种说法并不准确。因为水果的甜度　①　，还与"糖"的种类以及含酸性物质的多少有关。水果中的"糖类"，主要包括单糖（果糖、葡萄糖）、双糖（蔗糖、麦芽糖）和多糖（淀粉）。其中　②　蔗糖的甜度次之，葡萄糖和麦芽糖更次之，淀粉则基本没有甜味。有的水果，如西瓜，由于所含果糖比例较大，甜度远高于含糖量更高但以葡萄糖为主的水果，如猕猴桃。水果中的有机酸，可以使其甜度不那么明显，例如山楂的含糖量比草莓高得多，但吃起来没有草莓甜，就是　③　。

对超重人群和糖尿病人群来说，水果是不是必须"拉黑"呢？实际上，这些人群往往需要控制摄入食物的总热量。对含糖量较高的鲜枣等水果，尽量少吃或不吃，尤其要注意那些不大甜但含糖量较高的水果，如百香果。最好选择含糖量较少的水果，如草莓等。但必须要说明的是，即使是含糖量较少的水果，也要有所限制，建议平均一天不超过200克。

1. 请在文中横线处补写恰当的语句，使整段文字语意完整连贯，内容贴切，逻辑严密,每处不超过12个字。

2. 简述第二自然段的主要内容。要求使用包含因果关系的句子,表达简洁流畅,不超过65个字。

【诗歌赏析】

阅读下面这首唐诗,完成下面的小题。

寄江州白司马①
杨巨源

江州司马平安否?惠远东林住得无②?
溢浦曾闻似衣带,庐峰见说胜香炉。
题诗岁晏离鸿断,望阙天遥病鹤孤。
莫谩拘牵雨花社③,青云依旧是前途。

【注】①江州白司马:即白居易。②惠远:东晋高僧,居庐山东林寺。③莫谩:不要。雨花社:指佛教讲经集会。

1. 下列对这首诗的理解和赏析,不正确的一项是(   )。
A. 根据内容分析,这首诗的写作时间应该与白居易的《琵琶行》比较接近。
B. 第三句使用"一衣带水"的典故,表现出朋友之间"天涯若比邻"之意。
C. 第六句中的"病鹤"指的是白居易,他怀恋长安,时常遥望京城的宫阙。
D. 诗人最后开解朋友,目前虽然身处贬谪之中,但未来的前途依然很远大。

2. 前人论此诗,认为第二句已包含委婉劝告的意思,对这一观点应怎样理解?请简要分析。

【轻松一刻】

☆在青藏高原,再努力也烧不开一壶水,说明环境很重要。
☆骑自行车,再努力也追不上轿车,说明平台很重要。
☆下跳棋时,一味给对方拆台断路,终究无法取胜,说明合作很重要。
☆一个人,再有能力,也打不过一群人,说明团队很重要。
☆想有保障,买再大的水桶都不如挖一口井,说明渠道很重要。

☆两只青蛙相爱,婚后生一癞蛤蟆。公青蛙见状大怒:怎么回事?母青蛙哭着说:认识你之前我整过容。说明了解很重要。

☆鸭子与螃蟹赛跑难分胜负,裁判说:你们划拳确定吧!鸭子大怒:我出的全是布,他总是剪刀,这能赢吗?说明先天很重要。

☆狗对熊说:嫁给我吧,你会幸福的。熊说:嫁你生狗熊,我要嫁给猫,生熊猫才尊贵。说明选择很重要。

四 永遇乐·京口北固亭怀古

*声声慢(寻寻觅觅)

【内容结构】

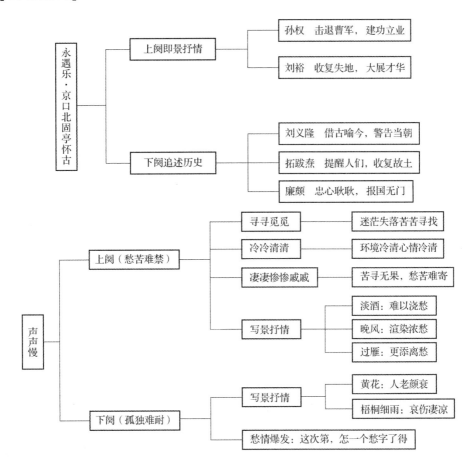

【写作特点】

　　《永遇乐·京口北固亭怀古》最突出的写作特点是大量使用典故。上阕选用了孙权和刘裕的故事。这两位都是曾经建功立业的英雄，辛弃疾不仅表达了对他们的仰慕与崇敬，还表达了自己抵御外辱、抗金救国的伟大抱负。同时，暗含着对南宋统治者屈辱求和的不满。下阕选用三个典故。用刘义隆的典故，告诫韩侂（tuō）胄（zhòu）和南宋朝廷不要草率出兵，为建奇功而打无准备的仗，结果只能是惨败。佛狸祠的典故更让人心情沉重：当年，北魏太武帝拓跋焘（tāo）反击刘宋，挥兵南下，在长江北岸瓜步山上建了行宫，即后来的"佛狸祠"。南宋时期，当地老百姓丝毫不知它曾是北魏皇帝的行宫，反而把它当作一般祠庙来祭祀供奉，这是一种悲哀。最后，作者用廉颇的故事自况，抒写了自己报国无门的苦闷。全词用典贴切，借古讽今，融写景、咏史、抒怀于一体，充分表达了词人的思想感情。

　　《声声慢》的写作特点：(1) 经典的叠词。《声声慢》首句连续十四个叠字，准确表达了词人的动作、所处环境和心理状态，分三个层次由外在环境写到人物的内心感受，并最终把人物内心深处的苦闷、寂寞、哀痛、悲凉表现得淋漓尽致。内容上起强调作用，使作品更富于感染力，奠定全词感情基调。结构上回环往复，一唱三叹，增强作品的韵律感，读起来朗朗上口，富有音乐美。(2) 恰当的意象。这首词选用晚风、冷雨、淡酒、大雁、黄花、梧桐、细雨……把抽象的情感化作具体的意象。通过秋景秋情的描绘，抒发国破家亡、天涯沦落的悲苦凄凉，寓情于景，借景抒情。(3) 通俗的语言。全词采用口语化的语言，通俗易懂。如"这次第，怎一个愁字了得"。"这次第"简单三个字，概括了当时的情形和光景；"怎一个愁字了得"一个"愁"字引发无限愁情，同时给读者留下思考空间。全词多用明白如话、浅显易懂的口语，自然真实，新鲜活泼，体现出了典雅而别致的独特韵味。

【相关链接】

夜闯金营，生擒叛贼
——虎胆英雄辛弃疾的故事

　　大家都知道，辛弃疾是我国著名的爱国词人，堪称一代巨匠。他的词作独具风格，对后世影响深远。可是你知道吗？他还是一位英勇无畏的战士，一位真正的虎胆英雄。让我们一起走进辛弃疾"夜闯金营，生擒叛贼"的故事。

　　1140年，辛弃疾出生在山东济南历城。当时，宋金战争频发，山东也被金人占领，汉人遭金人歧视欺压。1161年，22岁的辛弃疾带领自己的队伍加入耿京的义军，并深得耿京赏识信任。不久，耿京接受辛弃疾的建议，率军归宋。辛弃疾奉耿京之命面见皇帝赵构后，回山东复命。途中惊闻噩耗：叛徒张安国投降金人，已将耿京杀害！

　　四海尚未统一，抱负远未实现，与自己情同手足、并肩作战的战友便被杀害，是可忍孰不可忍！辛弃疾悲愤难当，当即点了50名骑兵，连夜赶往5万人的金军大营，准备活捉叛贼张安国,为耿京报仇。当时,金军正在庆祝,叛贼张安国正与金军将领狂饮所谓的庆功酒。辛弃疾等人以迅雷不及掩耳之势直入金营,袭击敌军,生擒张安国。等金军反应过来,辛弃疾等已绑了张安国,绝尘而去。接着,狂奔千里,把张安国押到临安,交给南宋朝廷处置。随即,张安国被斩首。当时辛弃疾23岁。此举证明,辛弃疾不仅是才华横溢的词人,更是深入敌营勇擒叛贼的虎胆英雄!正可谓文才武略、智勇双全。辛弃疾的好友洪迈评价:"壮声英概,懦士为之兴起,圣天子一见三叹息。"意思是(辛弃疾的)雄壮声势和英雄气概,(使)那些怯懦的人也因此振奋。圣明的天子召见他之后,再三赞叹。

关于这段故事,《宋史·辛弃疾传》有如下记载:"安国方与金将酣饮,即众中缚之以归,金将追之不及。献俘行在,斩安国于市。……弃疾时年二十三。"大意是辛弃疾等人闯入金营时,叛徒张安国正与金将饮酒兴浓,就当着众人将他捆绑起来带走,金将没追上他们,辛弃疾将张安国献给朝廷。(朝廷)在闹市中将张安国斩首。

"千古第一才女"——李清照

1084年,李清照出生在今山东济南章丘。自幼好学,博览群书,才华横溢。1987年,国际天文学会命名了水星上的一批环形山,有15座以中国人的名字命名,李清照是唯一上榜的女性。李清照何以获此殊荣?我们可从人们给予她的称号中进一步认识这位了不起的女性。

"词国皇后"。李清照以词作著称于世,她把词的婉约风格发展到一定高度,被誉为"婉约宗主""一代词宗"。她的豪放词风也独具特点,对辛弃疾、陆游都有影响。她还写了一篇词学理论著作《词论》,提出了词"别是一家"的观点。"宋代最伟大的女词人","中国文学史上最伟大的女词人",实至名归。

"千古第一才女"。除了词作,李清照还精通书法、绘画、音乐等,晚年编撰完成亡夫赵明诚未完成的《金石录》,写下了流传至今的《金石录后序》。

易安居士。这是李清照为自己取的号。以"易安"为号,可能表达了李清照对平静安宁生活的向往。在那个风雨飘摇的年代,李清照的"易安"梦想一直未能实现。倒是她开创的"易安体",流传千年,至今散发着蓬勃的艺术生命力。

关于李清照的婚姻,有一个浪漫的传说。传说有一天,赵明诚午睡时,在梦里读到一本书,醒来只记得3句话:"言与司合,安上已脱,芝芙草拔。"他不知何意,如实告诉了父亲。父亲听后说,他将会娶一位善于文辞的妻子。赵明诚问如何得知。父亲解释说:"言与司合,就是'词';安上已脱,是'女'字;芝芙草拔,是'之夫'二字。也就是说你将是词女之夫。"这个传说很浪漫,不过很有可能是后人杜撰,却也由此窥见两人幸福生活之一斑。

【基础知识】

1. 下列词语中加点字的读音全都正确的一项是( )。

A. 巷陌(mò)　　　　北顾(gù)　　　　惨惨(cán)　　　　舞榭歌台(xiè)

B. 憔悴（qiáo） 仓皇（huáng） 戚戚（qī） 乍暖还寒（huán）
C. 将息（jiàng） 佛狸（bì） 寻觅（mì） 封狼居胥（xū）
D. 廉颇（pō） 次第（dì） 金戈（gē） 孙仲谋处（zhōng）

2. 下列词语中，有错别字的一项是（　　）。
A. 寻常　堆积　凄惨　万里如虎　　B. 堪摘　神鸦　烽火　斜阳草树
C. 社鼓　风流　相识　仓惶北顾　　D. 淡酒　扬州　雁过　冷冷清清

3. 依次填入下列各句横线处的词语，最恰当的是（　　）。
①千古江山，_____无觅，孙仲谋处。舞榭歌台，_____总被，雨打风吹去。
②满地_____堆积，憔悴损，如今有谁堪摘？守着窗儿，_____怎生得黑！
A. 英雄　风流　黄花　独自　　B. 风流　英雄　黄花　独自
C. 英雄　风流　红花　独自　　D. 风流　英雄　红花　独自

4. 下列句子中，标点符号使用正确的是（　　）。
A.《声声慢》中，作者的愁包括丧夫之痛、孀居之悲、亡国之恨、故国之思。
B. 那句"寻寻觅觅，冷冷清清，凄凄惨惨戚戚，"简直成了她个人的专有品牌。
C. 辛弃疾在词作《沁园春》中说："怨无大小，生于所爱，物无美恶，过则成灾。"
D. 一首《永遇乐》，作者一口气用了6个典故，你认为这是优点呢？还是缺点？

5. 下列有关文学、文化常识的表述，不正确的是（　　）。
A. 宋词主要有豪放和婉约两种风格，辛弃疾与李清照分别是这两种词风的代表。
B. 清代陈廷焯评价辛弃疾的词作"气魄极雄大，意境却极沉郁"（《白雨斋词话》）。
C. "京口"，古城名，即今江苏镇江；"路"，宋代的行政区划。
D. "榭"，是建在水边的木屋；"封"，意为登山祭天，以记功勋。

6. 辛弃疾《永遇乐·京口北固亭怀古》中表现当年刘裕率军北伐时强大气势的两句是"_____，_____"；写宋文帝刘义隆草率出师北伐，结果落得北望敌军而惊慌失措的三句是"_____，_____，_____"。

【阅读理解】

（一）

永遇乐·京口北固亭怀古
辛弃疾

千古江山，英雄无觅，孙仲谋处。舞榭歌台，风流总被，雨打风吹去。斜阳草树，寻常巷陌，人道寄奴曾住。想当年，金戈铁马，气吞万里如虎。

元嘉草草，封狼居胥，赢得仓皇北顾。四十三年，望中犹记，烽火扬州路。可堪回首，佛狸祠下，一片神鸦社鼓！凭谁问：廉颇老矣，尚能饭否？

1. 善用典故，借古人古事传达思想感情，是辛弃疾词作的一大特色。下列关于本词的典故，说法不正确的一项是（　　）。

A. "人道寄奴曾住"中，寄奴是南朝宋武帝刘裕的小名，他曾在京口起事。

B. "元嘉草草"指的是南朝宋文帝刘义隆好大喜功，仓促北伐，遭到重创。

C. "封狼居胥"指霍去病远征匈奴，歼敌七万余，封狼居胥山而还的故事。

D. "廉颇老矣"讲的是廉颇被免职后跑到魏国，晚年仍被赵王启用的故事。

2. 关于这首词的理解，下列说法错误的一项是(　　)。

A. "千古江山……雨打风吹去"写向四周远眺大好河山，缅怀曾经在京口建都的孙权，表达对前人事业后继无人的惋惜。

B. "斜阳草树……气吞万里如虎"缅怀曾经在那里居住的刘裕，颂扬刘裕率领兵强马壮的北伐军驰骋中原，气吞胡虏。

C. "佛狸祠下"三句运用了对比的手法，描绘出当地老百姓安居乐业，虔诚地感恩拓跋焘，并专门建立佛狸祠来供奉他。

D. "四十三年"三句说辛弃疾在京口北固亭北望中原，记得四十三年前自己正在战火弥漫的扬州以北地区参加抗金斗争。

3. 关于此词，下列说法正确的一项是(　　)。

A. 这首词作于宋宁宗开禧元年（1205）。

B. 作者辛弃疾当年43岁，主政镇江府。

C. 作者告诫南宋朝廷要汲取刘裕的教训。

D. 借廉颇悲叹自己年事已高，无力征战。

4. 本词上阕主要发思古之幽情，写现实之感慨。下列所概括的内容与上阕无关的一项是(　　)。

A. 时光流逝给词人带来无限怅惘：风流人物的风采神韵已被时光卷走。

B. 追慕英雄：羡慕他们建功立业才华尽展，而自己怀才不遇徒有无奈。

C. 表现词人对当权者轻敌冒进的担忧，倾吐自己壮志难酬的抑郁不平。

D. 严厉谴责南宋统治者只顾苟安江南，却丝毫不为收复中原积极努力。

（二）

声声慢

李清照

寻寻觅觅，冷冷清清，凄凄惨惨戚戚。乍暖还寒时候，最难将息。三杯两盏淡酒，怎敌他、晚来风急！雁过也，正伤心，却是旧时相识。

满地黄花堆积，憔悴损，如今有谁堪摘？守着窗儿，独自怎生得黑！梧桐更兼细雨，到黄昏、点点滴滴。这次第，怎一个愁字了得！

1. 下列对"寻寻觅觅，冷冷清清，凄凄惨惨戚戚"一句的赏析，不正确的一项是(　　)。

A. "寻寻觅觅"，传神地刻画出词人的动作神态，反映了词人内心的空荡寂寞，无可排遣与寄托。

B. "冷冷清清","冷冷"表现词人的内在心境,"清清"写出了外部环境,由心情而感染到环境。

C. "凄凄惨惨戚戚"内心感觉的描绘,由冷清的环境过渡到惨戚的心灵,由冷清凄凉直至不堪承受。

D. 这十四个字,由浅入深,文情并茂地把人物内心深处的悲哀、孤独、寂寞与苦痛表现得淋漓尽致。

2. 下列对这首词的赏析,与原文意思不相符的一项是(　　)。

A. 开头三句,连用七组叠词,表达徘徊低迷、婉转凄楚的感受。

B. "乍暖还寒时候"除了点明季节,还表达了茫然若失的情绪。

C. 画线的句子把词人百无聊赖、无所依傍的心情写得淋漓尽致。

D. 全词字字是愁,句句是愁,结尾一句进一步含蓄表达了愁情。

3. 依据描写的景物判断,本词所写的季节是(　　)

A. 初春　　　　B. 盛夏　　　　C. 深秋　　　　D. 隆冬

4. 这首词中依次描写了哪几种意象?

_____

_____

(三)

1. 对下面这首词的理解与赏析,不正确的一项是(　　)。

风流子
[五代] 孙光宪

茅舍槿篱溪曲,鸡犬自南自北。菰①叶长,水葓②开,门外春波涨绿。听织,声促,轧轧鸣梭穿屋。

【注】①多年生草本植物,又称"菱白"。②一年生草本植物。

A. 词人抓住具有代表性的乡村景物,描绘了一幅优美的水乡风俗画。

B. 语言朴实,不事雕琢,但又情趣盎然,生活气息浓郁。

C. "茅舍""菰叶""水葓""鸣梭"是静态描写,突出了乡村的安宁。

D. 词的笔调清新,意象生动,给人一种真切自然之感。

2. 阅读下面这首词,完成后面的题目。

蝶恋花·出塞
[清] 纳兰性德

今古河山无定据,画角声中,牧马频来去。满目荒凉谁可语?西风吹老丹枫树。

从前幽怨应无数,铁马金戈,青冢黄昏路。<u>一往情深深几许?深山夕照深秋雨。</u>

(1) 这首词开篇有何特点?

_____

_____

(2) 简析画线句的表现手法。

3. 下列对这首词的理解与赏析，不正确的一项是(　　)。

鹊桥仙·赠鹭鸶
辛弃疾

溪边白鹭，来吾告汝："溪里鱼儿堪数。主人怜汝汝怜鱼，要物我欣然一处。
白沙远浦，青泥别渚，剩有虾跳鳅舞。听君飞去饱时来，看头上风吹一缕。"

A. 上阕结尾句"要物我欣然一处"，表达了人与自然和谐共处的美好愿望。
B. 因"溪里鱼儿堪数"，故作者建议鹭鸶去虾鳅较多的"远浦""别渚"。
C. 本词将鹭鸶作为题赠对象，以"汝""君"相称，营造出轻松亲切的氛围。
D. 词末从听觉和视觉上分别书写了鹭鸶饱食后心满意足的状态，活灵活现。

【写作表达】

1. 千百年来，家国情怀一直深深植根于历代文人的心中。《永遇乐·京口北固亭怀古》也表达了这一主题。辛弃疾是著名的爱国词人，其作品已成为中华民族宝贵的文化遗产。请再找一首辛弃疾反映家国情怀的诗词，反复诵读，并做简要赏析。要求：主题鲜明，言之成理，300字左右。

2. 李清照的《声声慢》选取了大量的意象写秋景、抒愁情，韵味独特，感人至深。请就某一景物，选取恰当的意象加以描摹刻画，抒发自己的情感，200字左右。

【语用提升】

阅读下面的文字，完成下面小题。

东西方文化不同，艺术的表现也不同。一般来，东方艺术重主观，　①　。表现在绘画上，西洋画重写实，重形似，而中国画重神韵，重意境。

中国画通常 ② 。这看起来是以题材为标准类，其实是用艺术表现了一些独特的观念和思想，即中国画概括了自然和人生三个方面：人物画表现的是人类社会中人与人之间的关系；山水画表现的是 ③ ，将人与自然融为一体；花鸟画则表现大自然的各种生命与人的和谐相处。中国画的分类，体现了中华民族传统的哲学观念和审美观。

中国画讲究虚实相生的意境美。老舍曾请齐白石以"蛙声十里出山泉"为题作画，十里蛙声，如何入画？潺潺山泉，如何表达？白石老人思考良久，终于画成了一幅经典之作：六尾蝌蚪在山峦映衬下的山涧内的乱石之中不断涌出的潺潺清泉里摇曳着尾巴顺流而下。看过此画的人无不拍案叫绝。

1. 请在文中横线处补写恰当的语句，使整段文字语意完整连贯，内容贴切，逻辑严密，每处不超过 15 个字。

2. 文中画波浪线处是个长句，请改成几个较短的语句。可以改变语序、少量增删词语，但不得改变原意。

【诗歌赏析】

阅读下面这首宋诗，完成下面小题。

示儿子

陆游

禄食无功我自知，汝曹何以报明时？
为农为士亦奚异，事国事亲惟不欺。
道在六经宁有尽，躬耕百亩可无饥。
最亲切处今相付，熟读周公七月诗①。

【注】①七月诗：指《诗经·豳风·七月》，是一首描写农民劳作和生活的农事诗。

1. 下列对这首诗的理解和赏析，不正确的一项是（　　）。
A. 本诗的首联以问句领起全篇，自然引出下文诗人对儿子的谆谆教诲。
B. 诗人指出，不论是侍奉父母还是服务国家，"不欺"都是至关重要的。
C. 诗人认为，生逢"明时"不必读书求仕，"躬耕"才是一种理想状态。
D. 诗人在最后强调，自己传授给儿子的人生道理是最为真切、确实的。

2. 诗人指出"道在六经宁有尽"，又让儿子"熟读周公七月诗"，对此你是如何理解的？

【轻松一刻】

※有一天,德国诗人歌德在魏玛公园散步。不料,在一条小道上遇到了一个对他怀有敌意、经常贬低他作品的批评家。真是冤家路窄,这条狭窄的过道只能通过一个人。他们面对面站着。那个傲慢无理的批评家把头一昂,大声说道:"对一个傻子我绝不让路!""我恰恰相反,您先请。"歌德说完,微笑着马上站到了一边。

才华是刀刃,辛苦是磨刀石,很锋利的刀刃,若日久不用石磨,也会生锈,成为废物。
——老舍

古之立大事者,不惟有超世之才,亦必有坚忍不拔之志。
——苏轼

懒惰,像生锈一样,比操劳更能消耗身体;经常用的钥匙总是亮闪闪的。
——富兰克林

第三单元

一 祝福

【内容结构】

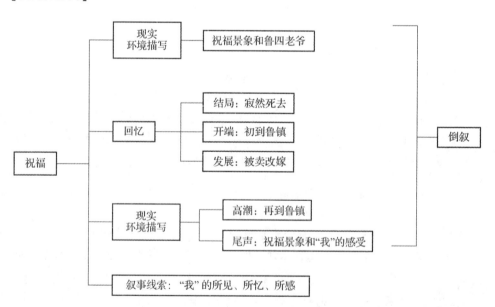

【写作特点】

1. 精心安排情节，突出小说主题。课文的题目叫作《祝福》，全文的情节开展也大都在祝福或祝福前后的时节，紧紧环绕着题目。作者又着意在处处点染新年的气象和景物，为小说情节开展勾画背景和渲染气氛，如文章开头的爆竹钝响和火药香，抓住具有代表性的事物及其特点，简洁地勾画出旧历的年底毕竟最像年底的新年气象。作者对小说主题的安排，突出了对立的阶级关系，加强了对不合理的旧社会制度的控诉，也使小说的悲剧性更加深刻。

2. 运用多样化的描写方法刻画人物性格。写鲁四老爷，是从他屡屡皱眉的细节，"可恶！然而……"吞吞吐吐的对话来刻画他那副虚伪自私的道学先生的面孔，表现出他对寡妇的厌恶和对封建礼教的维护。对祥林嫂眼神的三次描写突出了人物形象，概括了祥林嫂一生的不幸，揭示了封建制度和封建礼教对以祥林嫂为代表的劳动妇女的迫害和摧残。三次同中有异、异中有同的外貌描写对反封建的主题起到了见微知著、画龙点睛的作用。

3. 倒叙的写法。小说先写祥林嫂的悲惨结局，然后再叙述她的故事。将祥林嫂的悲惨形象、悲惨结局置于祝福的背景前面，给人的印象特别强烈，特别鲜明，特别触目惊心。读者急于知道祥林嫂的一切，这就紧紧抓住了读者的注意力。倒叙之后，说先前所见所闻的她的半生事迹的断片，至此也联成一片了，把时间跨度长达十几年的故事，在脑海里像过电影似的过了一遍，结尾祝福的声响又和开头呼应，使全文情节集中，结构紧凑，一气呵成。

4. 采用第一人称叙述角度。课文中的"我"是故事的叙述者，同时也是故事的目击者，根据我亲身的见闻展开故事，这样就能增强故事的真实性，加强对读者的感染力量，也更便于表达作者的观点和思想感情。

【相关链接】

鲁迅（1881.9.25—1936.10.19），本名周树人，曾用名周樟寿，曾字豫山，后改为豫才，浙江绍兴人，现代著名文学家、思想家、革命家、教育家、民主战士，五四新文化运动的重要参与者，中国现代文学的奠基人之一，代表作有小说集《呐喊》《彷徨》《故事新编》（历史小说集），散文集《朝花夕拾》，散文诗集《野草》，杂文集《坟》《热风》《华盖集》《且介亭杂文集》等。

鲁迅的《祝福》是一篇短篇小说，最初发表于1924年3月25日出版的上海东方杂志半月刊第二十一卷第6号上，后收入小说集《彷徨》。小说通过描述祥林嫂悲剧的一生，表达了作者对受压迫妇女的同情以及对封建思想、封建礼教的无情揭露。同时，也从不同角度表达出封建社会对人们思想的约束和制约导致了祥林嫂悲惨命运的出现。通过祥林嫂和富人们完全不同的生活形成了鲜明的对比，用富人的生活热闹忙碌来烘托祥林嫂的悲惨和痛苦，突出了反封建的主题和思想。

鲁迅写得最成功的一种死亡，不是阿Q的死亡，而是祥林嫂的死亡。……鲁迅写死亡的悲剧，最重要的成就不在写死亡本身，而在死亡的原因和死亡在人们心目中引起的感受。所以，祥林嫂的故事中有好多环节，逃出来的情节，被抢亲的情节，孩子、丈夫死的情节,"捐门槛"的情节,等等,鲁迅都放到幕后去了,只让人物间接叙述。鲁迅正面写的是这些情节的后果,尤其是在人们心目中引起的思绪和感觉,这是关键。鲁迅的艺术原则,是不是可以这样讲,事情不重要,情节链可以打碎,可以省略,可以留下空白,可以一笔带过,重要的是周围的人们怎样感觉,或者用叙事学的、结构主义的话来说,关键在于人物怎么"看"呀。

——孙绍振《礼教的三重矛盾和悲剧的四层深度——〈祝福〉解读》

【基础知识】

1. 下列词语中加点字的注音全都正确的一项是（　　）。

A. 草窠（kē）　　镯子（zhuó）　　窈陷（yāo）　　间或一轮（jiàn）

B. 胆怯（què）　　谬种（miù）　　俨然（yǎn）　　沸反盈天（yíng）

C. 倔强（jiàng）　　寒暄（xuān）　　负疚（jiù）　　咀嚼赏鉴（jué）

D. 牲醴（lǐ）　　悚然（sǒng）　　拓片（tuò）　　少不更事（gēng）

2. 下列词语中没有错别字的一组是（　　）。

A. 诡秘　门槛　醉醺醺　没精打彩

B. 尘芥　形骸　白蓬船　瘦削不堪

C. 幽微　寒暄　老监生　百无聊赖

D. 忙碌　蹒跚　银镯子　瑟瑟作响

3. 下列各项中加点的成语使用不恰当的一项是（　　）。

A. 一个人应该有远大的理想,有所作为,不能整天生活在百无聊赖之中。

B. 教室里教师讲得精彩,学生学得认真,课堂气氛沸反盈天,十分活跃。

C. 这个人看上去精明强干,据说是心血管方面的全国知名专家。

D. 虽然表面上看来他们和常人无异,某些老同志还说他们"少不更事",但一谈起专业知识,大家都不得不佩服他们的智慧。

4. 下列各句中没有语病的一句是（　　）。

A. 我们在解读《祝福》时,可以深切感觉到民俗文化的威力无处不在,民俗文化影响着人们的生活秩序和道德规范。

B. 过年是中国的一个特殊节日,无论是城市或乡村,无论是南方或北方,无论是海内或海外,只要是汉民族,都要过年。

C. 送灶神是在阴历腊月二十三或二十四日,据说这一天是灶神升天之日,这天晚饭之后,人们便举行"送灶君"的祭祀仪式。

D. 小说《祝福》一拉开帷幕,鲁迅就给读者展示了一幅沉重而巨大的民俗风景画——农历新年时祝福的景象。

5. 依次填入下面一段文字横线处的语句,衔接最恰当的一项是（　　）。

鲁迅非常尊重个体的尊严，他是一个非常有操守的人，_____，所以他在20世纪早期就强调了人的个性，强调社会变革和人的自我价值潜能的释放。

①鲁迅一生更多的时间，是把矛头指向文人墨客

②他觉得那些表面上公允、合理的东西，其实是不合理的

③他从来没有骂过"被政府通缉过的有文化的人"

④当年鲁迅的这种姿态，我觉得是真正知识分子的姿态

⑤讽刺的都是达官贵人、社会闲人

A. ④①③⑤②　　　B. ⑤②①③④　　　C. ④⑤②①③　　　D. ⑤②③①④

6. 下列对课文内容的分析和理解，不正确的一项是(　　)。

A. 小说围绕着鲁四老爷家的几次祝福，塑造了祥林嫂这样一位普通农村劳动妇女的形象，她一直在追求幸福美满的生活，但这在当时的社会是无法实现的，最后她悲惨地死去。

B. 小说在结构上采用倒叙手法，先写祥林嫂的悲惨结局，然后再叙述祥林嫂的"半生事迹"。这样安排既为读者设置了一系列悬念，也增强了作品的悲剧性，突出了小说反封建的主题。

C. 听了柳妈关于阴间的故事，祥林嫂"第二天早上起来的时候，两眼上便都围着大黑圈"。——说明柳妈的讲述使她感到极大的恐惧，背负了沉重的精神压力。

D. 祥林嫂被绑架后，鲁四老爷却说："可恶！然而……"——可恶的是，暗地里抢走了祥林嫂，有失自己的体面；然而，夫家把她弄回家也理所当然。

【阅读理解】

(一)

鲁镇永远是过新年，腊月二十以后就忙起来了。四叔家里这回须雇男短工，还是忙不过来，另叫柳妈做帮手，杀鸡，宰鹅；然而柳妈是善女人，吃素，不杀生的，只肯洗器皿。祥林嫂除烧火之外，没有别的事，却闲着了，坐着只看柳妈洗器皿。微雪点点的下来了。

"唉唉，我真傻，"祥林嫂看了天空，叹息着，独语似的说。

"祥林嫂，你又来了。"柳妈不耐烦的看着她的脸，说，"我问你：你额角上的伤疤，不就是那时撞坏的么？"

"唔唔。"她含胡的回答。

"我问你：你那时怎么后来竟依了呢？"

"我么？……"

"你呀。我想：这总是你自己愿意了，不然……"

"阿阿，你不知道他力气多么大呀。"

"我不信。我不信你这么大的力气，真会拗他不过。你后来一定是自己肯了，倒推说

他力气大。"

"阿阿,你……你倒自己试试看。"她笑了。

柳妈的打皱的脸也笑起来,使她蹙缩得像一个核桃;干枯的小眼睛一看祥林嫂的额角,又钉住她的眼。祥林嫂似乎很局促了,立刻敛了笑容,旋转眼光,自去看雪花。

"祥林嫂,你实在不合算。"柳妈诡秘的说,"再一强,或者索性撞一个死,就好了。现在呢,你和你的第二个男人过活不到两年,倒落了一件大罪名。你想,你将来到阴司去,那两个死鬼的男人还要争,你给了谁好呢?阎罗大王只好把你锯开来,分给他们。我想,这真是……。"

她脸上就显出恐怖的神色来,这是在山村里所未曾知道的。

"我想,你不如及早抵当。你到土地庙里去捐一条门槛,当作你的替身,给千人踏,万人跨,赎了这一世的罪名,免得死了去受苦。"

她当时并不回答什么话,但大约非常苦闷了,第二天早上起来的时候,两眼上便都围着大黑圈。早饭之后,她便到镇的西头的土地庙里去求捐门槛。庙祝起初执意不允许,直到她急得流泪,才勉强答应了。价目是大钱十二千。

……

1. "微雪点点的下来了"一句在文中有怎样的作用?

2. 柳妈与祥林嫂的谈话可以概括为两点,请用简明的语言概括其谈话要点。

3. 鲁迅先生很擅长描写人物的眼睛。在这段文字中,鲁迅先生分别描写了柳妈的眼睛和祥林嫂的眼睛。请结合相关语句,分析这两处描写的作用。

4. 怎样评价柳妈这个人物?有人说她本无恶意,是同情并帮助祥林嫂的人;也有人说她是鲁四老爷的帮凶,是她最后加重了祥林嫂经济和精神的负担,使祥林嫂最终走向了死地。你是怎样理解的?谈谈你的看法。

(二)

小哥儿俩

凌叔华

(1) 清明那天,大乖和二乖的小学校和城外七叔叔教的大学堂都放了一天假。早上的太阳也特别温暖，跳进房里来，暖和和地爬在靠窗挂的小棉袍上。

（2）前院子一片小孩子的尖脆的嚷声笑声，七叔叔带来了一只能说话的八哥。笼子放在一张八仙方桌子上，两个孩子跪在椅上张大着嘴望着那里头的鸟，欢喜得爬在桌上乱摇身子笑，他们的眼，一息间都不曾离开鸟笼子。二乖的嘴总没有闭上，他的小腮显得更加饱满，不用圆规，描不出那圆度了。

（3）吃饭的时候，大乖的眼总是望着窗外，他最爱吃的春卷也忘了怎样放馅，怎样卷起来吃。二乖因为还小，都是妈妈替他卷好的，不过他到底不耐烦坐在背着鸟笼子的地方，一吃了两包，他就跑开不吃了。

（4）饭后爸爸同叔叔要去听戏，因为昨天已经答应带孩子们一块去的，于是就雇了三辆人力车上戏园去了。两个孩子坐在车上还不断地谈起八哥。到了戏园，他们虽然零零碎碎地想起八哥的事来，但台上的锣鼓同花花袍子的戏子把他们的精神占住了。

（5）快天黑的时候散了戏，随着爸爸叔叔回到家里，大乖二乖正是很高兴地跳着跑，忽然想到心爱的八哥，赶紧跑到廊下挂鸟笼的地方，一望，只有个空笼子掷在地上，八哥不见了。

（6）"妈——八哥呢？"两个孩子一同高声急叫起来。

（7）"给野猫吃了！"妈的声非常沉重迟缓。

（8）"给什么野猫吃的呀？"大乖圆睁了眼，气呼呼的却有些不相信。二乖愣眼望着哥哥。

（9）大乖哭出声来，二乖跟着哭得很伤心。他们也不听妈的话，也不听七叔叔的劝慰，爸爸早躲进书房去了。忽然大乖收了声，跳起来四面找棍子，口里嚷道："打死那野猫，我要打死那野猫！"二乖爬在妈的膝头上，呜呜地抽咽。大乖忽然找到一根拦门的长棍子，提在手里，拉起二乖就跑。妈叫住他，他嚷道："报仇去，不报仇不算好汉！"二乖也学着哥哥喊道："不报仇不算好看！"妈听了二乖的话倒有些好笑了。王厨子此时正走过，他说："少爷们，那野猫黑夜不出来的，明儿早上它来了，我替你们狠狠地打它一顿吧。"

（10）"那野猫好像有了身子，不要太打狠了，吓吓它就算了。"妈低声吩咐厨子。

（11）大乖听见了妈的话，还是气呼呼地说："谁叫它吃了我们的八哥，打死它，要它偿命。""打死它才……"二乖想照哥哥的话亦喊一下，无奈不清楚底下说什么了。他也挽起袖子，露出肥短的胳臂，圆睁着泪还未干的小眼。

（12）第二天太阳还没出，大乖就醒了，想起了打猫的事，就喊弟弟："快起，快起，二乖，起来打猫去。"二乖给哥哥着急声调惊醒，急忙坐起来，拿手揉开眼。然后两个人都提了毛掸子，拉了袍子，嘴里喊着报仇，跳着出去。

（13）这是刚刚天亮了不久，后院地上的草还带着露珠儿，沾湿了这小英雄的鞋袜了。树枝上小麻雀三三五五地吵闹着飞上飞下地玩，近窗户的一棵丁香满满开了花，香得透鼻子，温和的日光铺在西边的白粉墙上。

— 57 —

（14）二乖跷高脚摘了一枝丁香花，插在右耳朵上，看见地上的小麻雀吱喳叫唤，跳跃着走，很是好玩的样子，他就学它们，嘴里也哼哼着歌唱，毛掸子也掷掉了。二乖一会儿就忘掉为什么事来后院的了。他蹓达到有太阳的墙边，忽然看见装碎纸的破木箱里，有两个白色的小脑袋一高一低动着，接着咪噢咪噢地娇声叫唤，他就赶紧跑近前看去。

（15）原来箱里藏着一堆小猫儿，小得同过年时候妈妈捏的面老鼠一样，小脑袋也是面团一样滚圆得可爱，小红鼻子同叫唤时一张一闭的小扁嘴，太好玩了。二乖高兴得要叫起来。"哥哥，你快来看看，这小东西多好玩！"二乖忽然想起来叫道，一回头哥哥正跑进后院来了。哥哥赶紧过去同弟弟在木箱子前面看，同二乖一样用手摸那小猫，学它们叫唤，看大猫喂小猫奶吃，眼睛转也不转一下。

（16）"它们多么可怜，连褥子都没有，躺在破纸的上面，一定很冷吧。"大乖说，接着出主意道，"我们一会儿跟妈妈要些棉花同它们垫一个窝儿，把饭厅的盛酒箱子弄出来，同它做两间房子，让大猫住一间，小猫在一间，像妈妈同我们一样。"

（17）"哥哥，你瞧它跟它妈一个样子。这小脑袋多好玩！"弟弟说着，又伸出方才收了的手抱起那只小黑猫。

(有删改)

1. 小哥儿俩是在什么样的家庭环境中成长的？请简要分析。

2. 分析小说第13段画线内容的景物描写对情节发展的作用。

3. 二乖的天真可爱表现在哪些方面？请简要概括。

4. 小说叙述了小哥俩的日常故事，请探究作者在其中所寄寓的情感态度。

【写作表达】

有人说，祥林嫂是一个没有春天的女人。春天里没了丈夫，改嫁后又没了"后夫"，于是才有了"捐门槛"的赎罪；春天里没了"阿毛"，于是"我真傻，真的"成了她的唠叨；春天里没有"祝福"，雪花成了她最后的祭品……

这里所说的心中春天，有什么特别的感受和特殊的含义吗？请写一段话（300字左右),表达你对"春天"独特的理解。

_____
_____
_____
_____

【语用提升】

阅读下面的文字,完成下面小题。

吃喝当然是人生一大乐事,如果生活在太空,我们还能愉快地享用大餐吗?

最早的太空餐是让人_____的"牙膏":宇航员从管子里面挤出半流体的食物,不需要咀嚼便直接咽下去,没有咀嚼的快感,没有多样的选择,首代宇航员的饮食条件相当艰苦。然而,吃货的生产力_____,很快,(   )。如今,宇航员们已能在太空中自如地使用各种餐具,与地面用餐相当接近。与此同时,太空食品的种类也丰富起来。正因为目前国际空间站中有上百种餐品,使得宇航员可以自由选择自己的用餐计划,然而这一用餐计划是每八天循环一次的。而且宇航员们还在不停地开发新的太空料理:小饼干、寿司、花生酱冰棍,甚至是"昨天的咖啡"——采访中一位航天飞机的指挥官曾自豪地展示过一批再生水,而原料是什么,自然_____。

然而,制订太空菜谱仍然受到很大的限制。大部分蔬果在宇宙中最多只能保持两天鲜度,空间站中新鲜食品_____,绝大多数食品只能脱水或加工成罐头运上太空。目前科学家们正想方设法解决这一难题。

1. 依次填入文中横线上的词语,全都恰当的一项是(   )。
   A. 望而却步   不胜枚举   不言而喻   寥寥无几
   B. 踌躇不前   不可低估   心照不宣   寥寥无几
   C. 望而却步   不可低估   不言而喻   极其稀缺
   D. 踌躇不前   不胜枚举   心照不宣   极其稀缺

2. 下列填入文中括号内的语句,衔接最恰当的一项是(   )。
   A. 人们就发明了种种能在无重力环境中使用的餐具,并且还有咖啡杯和煎锅
   B. 人们就发明了种种能在无重力环境中使用的餐具,甚至还有咖啡杯和煎锅
   C. 人们就将种种能在无重力环境中使用的餐具发明出来,而且包括咖啡杯和煎锅
   D. 人们就将种种能在无重力环境中使用的餐具发明出来,还包括咖啡杯和煎锅

3. 文中画波浪线的句子有语病,下列修改最恰当的一项是(   )。
   A. 目前国际空间站中有上百种餐品,宇航员可以自由选择自己的用餐计划——虽然

这一用餐计划是每八天循环一次的。

B. 正因为目前国际空间站中有上百种餐品，使得宇航员可以自由选择自己用餐计划——虽然这一用餐计划是每八天循环一次的。

C. 正因为目前国际空间站中有上百种餐品，所以宇航员可以自由选择自己的用餐计划——然而这一用餐计划是每八天循环一次的。

D. 目前国际空间站中有上百种餐品，这使得宇航员可以自由选择自己的用餐计划——然而这一用餐计划是每八天循环一次的。

【诗歌赏析】

阅读下面这首宋诗，完成下面小题。

读史

王安石

自古功名亦苦辛，行藏终欲付何人。
当时黮暗犹承误，末俗纷纭更乱真。
糟粕所传非粹美，丹青难写是精神。
区区岂尽高贤意，独守千秋纸上尘。

【注】①黮暗（dàn àn）：蒙昧，糊涂。②糟粕：这里用来指代典籍，也作"糟魄"，《庄子·天道》："然则君之所读者，古人之糟魄已夫。"

1. 下列对这首诗的理解和赏析，不正确的一项是(　　)。

A. 这首诗从大处着眼，并非是针对某个具体的历史事件、历史人物而作。

B. 历代高人贤士一世奔忙，建功立业，但无法避免身后湮没无闻的可能。

C. 历史人物在其所处的时代已经难免被误解，在世俗的传言中更会失真。

D. 颈联的上下两句反复陈说，表明诗人的观点，堪称这首诗的警策之语。

2. 这首诗阐述了一个什么样的道理？对我们有何启示？

【轻松一刻】

有一天，鲁迅穿着一件破旧的衣服上理发店去理发。理发师见他穿着很随便，而且看起来很肮脏，觉得他好像是个乞丐，就随随便便地给他剪了头发。理了发后，鲁迅从口袋里胡乱抓了一把钱交给理发师，便头也不回地走了。理发师仔细一数，发现他多给了好多钱，简直乐开了怀。一个多月后，鲁迅又来理发了。理发师认出他就是上回多给了钱的顾客，因此对他十分客气，很小心地给他理发，还一直问他的意见，直到鲁迅感到满意为止。谁知道付钱时，鲁迅却很认真地把钱数了又数，一个铜板也不多给。理发师觉得很奇怪，便问他为什么。鲁迅笑着说:"先生,上回你胡乱地给我剪头发,我就胡乱地付钱给你。这次你很认真地给我剪,所以我就很认真地付钱给你!"理发师听了觉得很惭愧,连忙向鲁迅道歉。

二 群英会蒋干中计

*套中人

【内容结构】

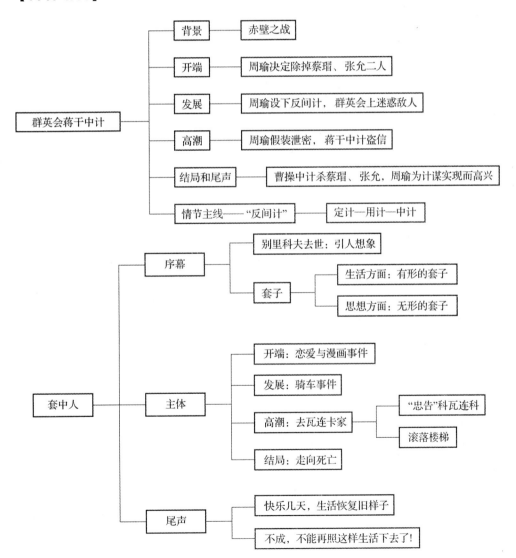

【写作特点】

《群英会蒋干中计》的写作特点：

1. 作者善于把人物放在典型的故事情节中，通过语言、动作和神态等表现人物性格。如"毁书斩使""挫败曹军""暗窥水寨""款待蒋干""施反间计""诱人中计"等情节表现了周瑜既有决断大谋略的气魄（经过实地察看之后决定设计先除"深得水军之妙"的两个将领，以削弱曹操的水上战斗力，能抓住主要矛盾，迅速做出决断），又有捕捉小的战机的敏锐（一听说蒋干来访，立刻决定利用蒋干施行反间计）。反间计施行的计划又安排得非常缜密，引人入彀，足见周瑜是一位足智多谋的统帅。而在接待蒋干过程中的六次"笑"，也可以看出周瑜潇洒豪放的性格和胜券稳操的自信。与之相反的，蒋干在出访之前夸下海口，初到东吴时"昂然而来"，及至见到周瑜后一再陷入被动，最后落入圈套、窃得假情报后暗自庆幸，也表现了此人的盲目自信、志大才疏，既无胆识、又无谋略的"幕宾"（知识分子）形象，是一个没有头脑的蠢材。

2. 善于运用对比的手法，使人物性格更加鲜明、突出。首先，人物所处环境形成对比。周瑜与众将领之间可谓同心同德，同仇敌忾；而曹操与降将蔡张二人却油水不容，若即若离。周瑜正是利用了敌方将帅离心，致使其轻易上当，从而错杀良将。其次，人物出场之后的表情刻画形成对比。周瑜的"笑""大笑"与蒋干的"愕""惊愕"形成了鲜明对比，作者用蒋干的猥琐胆怯反衬出周瑜自信十足的英雄之气。

3. 行文上注重了情节完整和逻辑的合理性。课文从周瑜毁书斩使开始，引发了曹操与周瑜的三江口之战，由于曹军在三江口战败，就有蔡、张二人训练水军之举，又由于这二人整治水军得法，引得周瑜前来窥探，使周瑜产生要"除此二人"的想法。情节上环环相扣，使故事的发展符合逻辑。再有，周瑜特意安排了一些迷惑人的细节，致使蒋干被一步步引入圈套，一封假书信也可以骗过蒋干就顺理成章了。

《套中人》的写作特点：

1. 典型、鲜明的人物形象。作者笔下的别里科夫是一个典型环境中的典型人物。别里科夫活动的那个小城镇实际上就是当时俄国社会的缩影。别里科夫是沙皇政府的忠实拥护者。他生活在知识界，起到了沙皇的警察密探所起不到的作用，是反动知识分子的典型。作者能抓住揭示人物性格特征的外貌、心理、语言、行动，简练、鲜明、夸张而又合理地进行描述，因此形象生动逼真，栩栩如生。

2. 夸张与讽刺的手法。夸张表现在两个方面：一是夸张人物形象，像别里科夫这样整天躲在"套子"里的人，在生活中是不可能存在的；二是夸张人物的作用，说他把"整个中学"辖制了"足足十五年"，连"全城都受着他辖制"，大家什么都不敢干。这些夸张是作者对生活的高度概括，揭示了社会的本质。别里科夫是众多"套中人"的典型代表，而他对人们的压制，也是种种专制压迫的结果。讽刺也表现在两方面，一是通过对别里科夫性格行为的夸张，嘲讽了"套中人"的丑陋和可憎；二是以戏剧化的情节，描写别里科夫可悲的下场。他生平最怕出乱子，结果乱子偏偏找上他，挺好的婚事让他自己无端搞出了"乱子"，这是绝妙的讽刺。

3. 语言幽默，含蓄冷峻。契诃夫的创作基本上倾向于批判现实主义。他善于透过平凡的日常生活揭示出具有典型意义的社会主题。他善于采用幽默这一艺术手法来嘲讽丑恶的社会现实，在本文中，自始至终采取了幽默讽刺的手法来展示别里科夫的性格。

【相关链接】

罗贯中（约1330—约1400年），名本，字贯中，号湖海散人，山西并州太原府人，元末明初小说家、戏曲家。罗贯中著作颇丰，是中国章回小说的鼻祖。著有剧本《赵太祖龙虎风云会》《忠正孝子连环谏》《三平章死哭蜚虎子》，小说《隋唐两朝志传》《残唐五代史演义》《三遂平妖传》《粉妆楼》《三国志通俗演义》（简称《三国演义》），与施耐庵合著《水浒传》等。其中作为中国第一部长篇历史章回小说的《三国志通俗演义》，对后世文学的创作影响深远。

试想，如果没有蒋干，赤壁之战结果会怎样？或者说会不会有赤壁之战？先不说蒋干之功，先说其为人，就够当世之人好好效仿。

其一，识时务。蒋干能洞察曹操喜怒哀乐，知道什么时候举荐自己。曹操何人，世之枭雄，虎狼之人也，稍有不慎，必有杀身之祸。蒋干能让曹操两次"大悦"，并两次受重用，其洞悉领导之心非常人能比。

其二，胆识过人。蒋干是在什么时候出来的？是在周瑜怒斩了曹操的使臣之后。"两军交战，不斩来使"，周瑜怒而杀之，可见周瑜当时心境。曹操再派人去，岂不又是"羊入虎口"？这个时候，蒋干却敢把自己豁出去，可见其胆识过人。

其三，演技好。蒋干盗书，曹操误杀了蔡瑁、张允，之后曹操也意识到上当了，只是碍于面子不好说，想必心里着实痛恨蒋干，把他嚼烂了几百遍了。可是他为何没杀蒋干？以曹操的为人，杀个人需要理由吗？不需要。爱蒋干之才？不至于。比蒋干有才的人多了，许攸、杨修，都被杀了。主要是看到蒋干于虎穴之中全身而退，表情又极为诚恳。……虽然帮了倒忙，却可见其忠心。

以上三点，世人若能学成一二，何愁大事不成。

——何晨龙《小评三国中的小人物——蒋干》

安东·巴甫洛维奇·契诃夫（1860.1.29—1904.7.15），是俄国19世纪末期最后一位批判现实主义作家，也是20世纪世界现代戏剧的奠基人之一，与法国作家莫泊桑和美国作家欧·亨利并称为"世界三大短篇小说家"。他的主要作品有《梅尔帕米娜的故事》《小公务员之死》《伊凡诺夫》等。其作品的两大特征是对丑恶现象的嘲笑与对贫苦人民的深切同情，深刻揭露了沙皇统治下不合理的社会制度和社会的丑恶现象。

契诃夫写作于19世纪前后，正是俄国步入世界强国行列，俄国的文艺复兴开始走向兴盛繁荣时期。有人这样形容那个时期："最极端的唯物主义时代，又是在精神上对理想迸发出最强烈要求的时代。"契诃夫作品与当时的社会环境紧密相连，其中不乏对人性弱点深刻的洞察思考，也揭示了妨碍人们获得幸福生活的种种弊端。

—— 童宁（翻译家）

契诃夫是想让戏剧的舞台成为一面镜子，让台下的观众从舞台上看到自己的生活状态。契诃夫的剧本对于芸芸众生的表现既客观真实又无情，他的戏剧就像手术刀那般解剖人类身上的弱点与陋习。这能体现契诃夫作为一个作家的文学真诚。

——吴小钧（上海戏剧学院教授）

契诃夫对现代戏剧创作的影响深远。契诃夫剧作重视内在真实性的独特表达而非外在情节的推进，借助人物自身、人物之间以及人物与社会的矛盾、错位、反讽等方法，通过情感潜流构建起人物复杂的精神世界，最终在表现庸常生活无尽的循环往复中，诗意地揭示出人类永恒的心灵困局，从而引导观众在审视人物内在问题的同时也开始对自我的反思。

——胡薇（中央戏剧学院教授）

【基础知识】

1. 下列词语中加点字的注音有错误的一项是（　　）。

A. 迤逦（lǐ）　　橹棹（zhào）　　碇石（dìng）　　万马齐喑（yīn）
B. 谙习（ān）　　狼藉（jí）　　　巾帻（zì）　　　应弦而倒（xián）
C. 公瑾（jǐn）　　簇拥（cù）　　　佯作（yáng）　　掷于地下（zhì）
D. 怂恿（sǒng）　辖制（xiá）　　　麾下（huī）　　觥筹交错（gōng）

2. 下列词语中没有错别字的一组是（　　）。

A. 孤僻　辨护　唉声叹气　没精打采　　B. 窥视　藉贯　垂头丧气　伶牙俐齿
C. 滑稽　军帐　心惶意乱　宁缺毋滥　　D. 噩梦　径自　明令禁止　暗自庆幸

3. 依次填入下列横线处的词语，最恰当的一项是（　　）。

(1) 他也真怪，_____在最晴朗的日子，_____穿上雨鞋，而且一定要穿着暖和的棉大衣。

(2) 但是他觉着在官方的批准或者默许里面，老是_____着使人怀疑的成分。

(3) 网络拒绝谣言，也拒绝"垄断"，但许多人却这样_____，以为网络上没有批评，没有质疑，才算工作平妥，才算治理有方。

A. 即使……也 包含 误解
B. 尽管……都 包藏 误解
C. 尽管……都 包含 曲解
D. 即使……也 包藏 曲解

4. 对《群英会蒋干中计》一文的理解，下列叙述有误的一项是(　　)。

A. 周瑜和蒋干共寝一室的一段，写得极为精彩。周瑜假呼，是明知其诈睡；"蒋干只装睡着"，是不知其诈呼。周瑜之醉，醉却是醒；蒋干之醒，醒却是梦。一醉一醒，一智一愚，可见一斑。

B. 本文节选自清代罗贯中的《三国演义》，情节却相对完整。故事以"定计""用计""中计"为线索，叙述十分清楚，但情节的展开曲折跌宕，富于戏剧性，引人入胜。

C. 小说着重描写各个人物的言谈举止和音容笑貌，突出地刻画了周瑜、蒋干和曹操这三个人物。

D. 本文历来为人所称道，是《三国演义》中极为精彩的一节，堪称"妙文"。它妙在周瑜三次笑和三次大笑，妙在一封天衣无缝的书信，妙在周瑜梦中呼子翼、醒来忘却呼子翼，妙在"听不真实"，妙不可言。

5. 下列各句中句意明确、没有语病的一项是(　　)。

A. 只要生活本身不改变，别里科夫这种"套中人"还会存下去，这时，除了从根本上改变生活本身，难道还能否认有别的出路吗？

B. 契诃夫以对"小人物"命运空前的关注和对沙皇制度的专横和虚伪的无情揭露赢得了巨大的国际声誉。契诃夫的作品在欧美许多国家都有广泛的影响。

C. 契诃夫截取平凡的日常生活片段，精巧的艺术手法，对生活和人物进行真实描绘和刻画，不动声色地展示重要的社会内容。

D. 中国科学家此次对道县人类化石的年代和形态研究显示，具有完全现代形态特征的人类，在东亚大陆的出现时间，比欧洲和西亚要早3.5万~7.5万年左右。

6. 下列句子中，语言运用得体的一句是(　　)。

A. 惊悉家父仙逝，不胜哀伤，特致沉痛哀悼。

B. 阁下能光临寒舍，真是蓬荜生辉，我感到十分荣幸。

C. 贵校师生十分热情地请我作报告，校长亲自在门口恭候光临，我很受感动。

D. 送君千里，终须一别，请你留步，恕不远送了。

【阅读理解】

(一)

瑜整衣冠，引从者数百，皆锦衣花帽，前后簇拥而出。蒋干引一青衣小童，昂然而来。瑜拜迎之。干曰："公瑾别来无恙！"瑜曰："子翼良苦：远涉江湖，为曹氏作说客耶？"干愕然曰："吾久别足下，特来叙旧，奈何疑我作说客也？"瑜笑曰："吾虽不及师旷之聪，闻弦歌而知雅意。"干曰："足下待故人如此，便请告退。"瑜笑而挽其臂曰："吾但恐兄为曹氏作说客耳。既无此心，何速去也？"遂同入帐。叙礼毕，坐定，即传令悉召江左英杰与子翼相见。

须臾，文官武将，各穿锦衣；帐下偏裨将校，都披银铠；分两行而入。瑜都教相见毕，就列于两傍而坐。大张筵席，奏军中得胜之乐，轮换行酒。瑜告众官曰："此吾同窗契友也。虽从江北到此，却不是曹家说客。公等勿疑。"遂解佩剑付太史慈曰："公可佩我剑作监酒：今日宴饮，但叙朋友交情；如有提起曹操与东吴军旅之事者，即斩之！"太史慈应诺，按剑坐于席上。蒋干惊愕，不敢多言。周瑜曰："吾自领军以来，滴酒不饮；今日见了故人，又无疑忌，当饮一醉。"说罢，大笑畅饮①。座上觥筹交错。饮至半酣，瑜携干手，同步出帐外。左右军士，皆全装贯带，持戈执戟而立。瑜曰："吾之军士，颇雄壮否？"干曰："真熊虎之士也！"瑜又引干到帐后一望，粮草堆如山积。瑜曰："吾之粮草，颇足备否？"干曰："兵精粮足，名不虚传。"瑜佯醉大笑②曰："想周瑜与子翼同学业时，不曾望有今日。"干曰："以吾兄高才，实不为过。"瑜执干手曰："大丈夫处世，遇知己之主，外托君臣之义，内结骨肉之恩，言必行，计必从，祸福共之。假使苏秦、张仪、陆贾、郦生复出，口似悬河，舌如利刃，安能动我心哉！"言罢大笑③。蒋干面如土色。瑜复携干入帐，会诸将再饮；因指诸将曰："此皆江东之英杰。今日此会，可名'群英会'。"

1. 有关选文中周瑜三次"大笑"的理解，有误的一项是(　　)。

A. 选文①处的大笑，是周瑜对蒋干的蔑视，同时也是为了缓和气氛，稳住蒋干。

B. 选文②处的大笑，既体现了周瑜为自己的成就、地位而自豪，又从侧面制止了蒋干说降。

C. 选文③处的大笑，表明了周瑜忠于东吴的坚定立场，从侧面断绝了蒋干说降的念头。

D. 三次大笑体现了周瑜勇敢善战、足智多谋、年轻潇洒、豪爽自信的特点。

2. 对"外托君臣之义，内结骨肉之恩"一句的理解，最恰当的一项是(　　)。

A. 表面上是君臣的名分，实际上彼此有骨肉一样的恩情。

B. 在外面是君臣关系，在家中是亲戚关系。

C. 外人看来是君臣关系，实际上有骨肉般的深情。

D. 在外有君臣间的义气，对内是骨肉深情。

3. 下列有关选文的理解，正确的一项是（　　）。

A. 文中写蒋干昂然而来的用意在于刻画蒋干气宇轩昂，充满自信。

B. 蒋干惊愕，不敢多言是因为见吴军实力强大，心中胆怯。

C. 蒋干面如土色是因为震惊于周瑜的决心，感到游说无望。

D. 周瑜列出苏秦、张仪、陆贾、郦生，目的是为了赞美蒋干的口才。

4. 周瑜与蒋干一见面，即主动进攻，打消了蒋干的气焰，动摇了蒋干的自信心。他以什么暗示蒋干的劝降不可能成功？蒋干反应如何？

_____

_____

（二）

布尔金说："那种性情孤僻、像寄生蟹或者蜗牛那样极力缩进自己的硬壳里去的人，这世界上有不少呢。就拿一个姓别里科夫的人来说好了，他是我的同事，希腊语教师，大约两个月前在我们城里去世了。您一定听说过他。他所以出名，是因为他即使在顶晴朗的天气出门上街，也穿上鞋套，带着雨伞，而且一定穿着暖和的棉大衣。他的雨伞总是装在套子里，怀表也总是装在一个灰色的鹿皮套子里，遇到他拿出小折刀来削铅笔，就连那把小折刀也是装在一个小小的套子里的。他的脸也好像蒙着一个套子，因为他老是把脸藏在竖起的衣领里面。他戴黑眼镜，穿绒衣，用棉花堵上耳朵。他一坐上出租马车，总要叫马车夫支起车篷来。总之，在这人身上可以看出一种经常的、难忍难熬的心意，总想用一层壳把自己包起来，仿佛要为自己制造一个所谓的套子，好隔绝人世，不受外界影响。现实生活刺激他，惊吓他，老是闹得他六神不安。也许为了替自己的胆怯、自己对现实的憎恶辩护吧，他老是称赞过去，称赞那些从没存在过的东西。实际上他所教的古代语言，对他来说，也无异于他的套鞋和雨伞，使他借此躲避了现实生活。

"别里科夫把他的思想也极力装在套子里。只有政府的告示和报纸上的文章，其中写着禁止什么事情，他才觉得一清二楚。看到有个告示上禁止中学生在晚上九点钟以后到街上去，他就觉得又清楚又明白：这种事是禁止的，这就行了。他觉着在官方批准或者允许的事里面，老是包含着使人起疑的成分，包含着隐隐约约、还没说透的成分。每逢经当局批准，城里成立一个戏剧小组，或者阅览室，或者茶馆，他总要摇摇头，低声说：

"'当然，行是行的，这固然很好，可是千万别闹出什么乱子来啊。'

…………

"在别里科夫这类人的影响下,在最近这十年到十五年间,我们全城的人变得什么都怕。他们不敢大声说话,不敢发信,不敢交朋友,不敢看书,不敢周济穷人,不敢教人念书写字……"

1. 对于别里科夫来讲,什么才能使他觉得"一清二楚"?

2. 为什么别里科夫会怀疑官方的批准或者默许?

3. 结尾部分一连用了六个"不敢",但作者似乎还意犹未尽,在文段的末尾又用了省略号。请简要说说这样写的好处。

【写作表达】

1. 《三国演义》群雄逐鹿,给我们留下了那么多精彩的故事,如桃园结义、草船借箭、白帝城托孤、三顾茅庐、青梅煮酒论英雄、空城计……《三国演义》也塑造了一系列生动的人物,如智勇双全、英勇善战、忠心耿耿的赵云,正气凛然、赤胆忠心、武功高强的关羽,粗犷暴躁、胆识过人、气吞山河的张飞,忠贞不渝、济世爱民、有智有谋的诸葛亮,奸诈狡猾、纵横恣肆、志向远大的曹操……哪一个人、哪一个故事给你留下了深刻的印象?或许你还会有新的解读。请写一篇不少于300字的短文,与同学交流分享。

要求:语言通俗易懂,要有自己的观点看法,力求有创新性的解读。

2. 作者在刻画别里科夫这个人物时,采用了多种描写手法。如抓住能揭示人物性格的外貌、语言、动作、心理等进行描写，使人物形象鲜明，同时又灵活恰当地运用夸张、比喻等修辞手法，使小说中的人物生动形象。请尝试运用多种手法，写一个你熟悉的人物，刻画其鲜明的个性。不少于400字。

_____
_____
_____
_____
_____

【语用提升】

阅读下面的文字，完成1~3题。

欢快的锣鼓敲起来，欢腾的雄狮舞起来，"闹元宵，学'四史'"文明实践示范活动昨日在市文化艺术中心隆重举行，活动分为"四史"猜谜颂红色文化、非遗展示传民俗文化、戏曲联唱扬传统文化三个篇章，民俗与党史彼此交融，传统与现代_____。

元宵线上活动直播间里_____，一场关于党史知识和传统民俗知识的直播宣讲"圈粉"无数，辖区党员，青年志愿者以及现场观众_____地进入直播间，感受节目的欢快气氛。宣讲员平易的话语，幽默的口吻以及宣讲内容十分接地气，导致收看直播的群众既听得进又记得牢。

传统文化展现传统节日，传统节日传承传统文化。剪纸灯谜，描绘城乡风物；秧歌花鼓，传播时代精神。火树银花踏歌行，古风新韵颂文明。一席_____的文明盛宴，让市民近距离感受到传统文化的深厚魅力和传统节日的浓厚氛围。

1. 依次填入文中横线上的词语，全都恰当的一项是（　　）。

  A. 相互映衬　喧闹无比　络绎不绝　原汁原味
  B. 相互映衬　热闹非凡　连绵不断　原汁原味
  C. 相互映衬　喧闹无比　连绵不断　汁醇味正
  D. 交相辉映　热闹非凡　络绎不绝　汁醇味正

2. 文中画波浪线的句子有语病，下列修改最恰当的一项是（　　）。

  A. 宣讲员话语平易，口吻幽默，宣讲内容也十分接地气，这导致收看直播的群众既听得进又记得牢。
  B. 宣讲员话语平易，口吻幽默，宣讲内容也十分接地气，导致收看直播的群众既听得进又记得牢。
  C. 宣讲员平易的话语、幽默的口吻以及宣讲内容十分接地气，这使得收看直播的群众既听得进又记得牢。

D. 宣讲员平易的话语，幽默的口吻以及十分接地气的宣讲内容，使得收看直播的群众既听得进又记得牢。

3. 文中画横线的句子使用了对偶的修辞手法，请简要分析其构成和表达效果。

【诗歌赏析】

阅读下面这首宋诗，完成下面小题。

苦笋

陆游

藜藿盘中忽眼明①，骈头脱襁白玉婴。
极知耿介种性别，苦节乃与生俱生。
我见魏征殊妩媚②，约束儿童勿多取。
人才自古要养成，放使干霄战风雨。

【注】①藜藿：藜和藿。泛指粗劣的饭菜。②"我见"句：唐太宗曾说，别人认为魏征言行无礼，我却觉得他很妩媚。

1. 下列对这首诗的理解和赏析，不正确的一项是（ ）
A. 诗人看到盘中摆放的一对剥去外皮的竹笋，洁白鲜嫩，不禁眼前一亮。
B. 诗的三、四两句既是对苦笋的直接描写，又有所引申，使苦笋人格化。
C. 诗人虽然喜爱苦笋，但毕竟吃起来口感苦涩，所以吩咐不要过多取食。
D. 全诗以议论收尾，指出人才养成既需要发展空间，也要经受风雨磨炼。

2. 诗人由苦笋联想到了魏征，这二者有何相似之处？请简要分析。

【轻松一刻】

三国故事之"空城计"

晚清时，李鸿章的一位远房亲戚参加科举考试，此考生乃是一个不学无术之人。考卷到手后，他一个字也答不出。为了能"走后门"使主考官来录取自己，他就在试卷上写了自己是李鸿章的亲戚的一句话。但因不会写"亲戚"的"戚"，于是就写成了"我是中堂大人的亲妻"。主考官阅卷时，就将错就错，故意把"取"写成"娶"，"以恶攻恶"地批道："因为你是中堂大人的亲妻，所以我不敢娶。"

三 雷雨（节选）

＊项链

【内容结构】

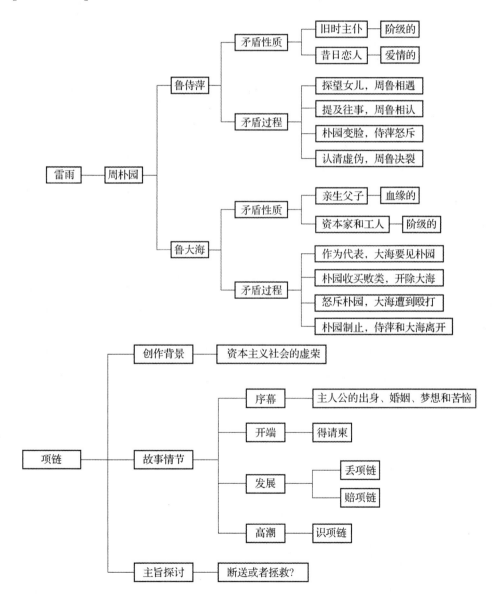

【写作特点】

《雷雨》的写作特点：

1. 紧张激烈的矛盾冲突。课文节选部分将两个不同的矛盾冲突放在了一起，从两个侧面表现周、鲁两家的矛盾冲突，立体地塑造了周朴园、鲁侍萍这两个主要人物的形象。作者将众多的人物、矛盾组合在一起，使得剧本结构紧凑集中，矛盾冲突尖锐激烈，深深地吸引了读者。

2. 象征手法的运用。"雷雨"这个剧名，既指整个故事的背景、情节都和雷雨有关，高潮和结局都发生在雷雨之夜，又指当时半殖民地半封建社会空气沉闷，如同雷雨之前，预示社会大变革即将发生。

3. 个性化的人物语言。文中每个人物在用词、语气上都因出身、地位、经历、个性不同而各有特色，而且随着剧情发展和人物思想感情的变化而变化。如周朴园的盛气凌人、侍萍的抑郁平缓、鲁大海的直截了当等都符合人物特有的身份。而周朴园与鲁侍萍见面后的对话，更表现了他们在特定环境下的心理活动。

4. 成功的人物心理刻画。如对周朴园心理变化的刻画：看见侍萍关窗的动作，觉得似曾相识，但是内心还比较平静；侍萍说出"小姐"是梅妈的女儿时，他感到意外，有些疑惑，并有大祸临头之感；当侍萍说出绣着梅花和"萍"字的衬衣时，他终于明白，眼前站着的正是侍萍，这时他又有些不知所措……层层推进，作者将周朴园内心世界的发展过程展示得淋漓尽致。

《项链》的写作特点：

1. 用细腻的心理描写来塑造鲜明的人物形象。罗瓦赛尔太太爱慕虚荣、追求享乐的性格特点很大程度上是通过心理描写来提示的。如小说第一部分连用了七个"梦想"来描写罗瓦赛尔太太的心理活动，这七个"梦想"，充分而形象地揭示了罗瓦赛尔太太对上层社会的痴迷向往，已达到狂乱的程度，而对现实生活的不满，又几乎使她处于绝望的状态。正是这种心理特征才使她一心寻找跻身上层社会的机会，这就为她日后悲剧的产生做了铺垫。

2. 用巧妙的悬念增添情节的曲折生动。《项链》中有两条线索：一是时间线索，有一天傍晚——晚会的日子快到了——晚会的日子到了——过了一星期——这样的生活过了十年——有一个星期天；二是情节线索，以"项链"为主线，得请柬——做新衣——借项链——丢项链——找项链——买项链——偿债务——假项链。小说结尾安排了一个大大的悬念，罗瓦赛尔太太遇见了多年不见的好朋友福雷斯蒂埃太太，她带着自豪的心情，把十年艰辛偿还债务的经过告诉了好友，没想到原来丢失的那一挂项链是假的！这对罗瓦赛尔太太来说是一个巨大的打击，也是一个巨大的讽刺，又是一个巨大的悬念。小说的戛然而止，给读者留下广阔的思考空间。

3. 用精巧的手法表现偶然中的必然性。（1）精巧的伏笔。文中有多处暗示项链是假的：罗瓦赛尔太太提出借项链时，福雷斯蒂埃太太满口答应，说明这条项链可能并不十分贵重；罗瓦赛尔太太谎说弄坏了项链的搭钩，福雷斯蒂埃太太似乎没有半句责备之意；拿项链盒子去买项链时，老板说自己只卖了盒子，项链不是在自己店里买的，而珍贵的项链应该配有专门的盒子，这条项链却没有；还项链时，福雷斯蒂埃太太并没有打开盒子检查项链的搭钩是否修好，说明这条项链无足轻重。（2）独特的偶合。文中有多处偶合：罗瓦赛尔太太想跻身上流社会，而丈夫恰在此时得到了教育部长发来的请柬；罗瓦赛尔太太需要400法郎做新衣参加夜会，而丈夫正好有一笔400法郎的积蓄；罗瓦赛尔太太需要首饰去参加夜会，偏巧她的好朋友福雷斯蒂埃太太可以借给她一条漂亮的钻石项链；购买项链时，刚巧遇上了外观上一模一样的真项链；在偿还完债务后，偶遇福雷斯蒂埃太太，并得知项链是假的。如果没有这些偶合，罗瓦赛尔太太的故事或许就会是另一番样子，但是生活中这些偶合往往又带有它的必然性。（3）鲜明的对比。为了刻画罗瓦赛尔太太这个主人公的形象，为了深化小说的主旨，作者运用了一系列的对比手法：情节上，罗瓦赛尔太太的一夜风光与她辛苦十年还债形成了残酷的对比；罗瓦赛尔太太在夜会上的成功所带来的无比风光与幸福之中，与她的丈夫从半夜起就跟三个男宾在一间冷落的小客室里睡着形成对比；罗瓦赛尔太太耗费了十年青春还清债务后与好友福雷斯蒂埃太太依旧美丽形成对比。

【相关链接】

《雷雨》通过一系列的罪完成了对人性的拷问。而这一系列的罪都和人的情欲有关。人的情欲的三道扭曲——主人和仆人关系的扭曲、后母和继子间关系的扭曲、兄妹间关系的扭曲，构筑了三个悲剧，即社会悲剧、家庭悲剧、伦理血缘悲剧，构成了这部作品所有的冲突，导致了最终的悲剧结局。

……

所以，如果我们仅仅把周朴园和鲁侍萍的关系看成一种阶级对立，丫环受骗，少爷侮辱妇女，等等，我觉得这是肤浅的、简单化的。如果简单地把他们说成是互相欺骗的，没有感情的，等等，也不符合人性的发展。我们只有看到了人性的丰富性，才能看到人性的悲剧性。实际上就是这样，人性越丰富，感情越细腻，我们性格当中往往悲剧性的因素越多。

——陈思和《细读〈雷雨〉》

莫泊桑语录

（1）你明白，人的一生，既不是人们想象的那么好，也不是那么坏。

（2）人生活在希望之中，一个希望破灭了或实现了，就会有新的希望产生。

（3）喜欢读书，就等于把生活中寂寞的时光换成巨大享受的时刻。

(4) 极细小的一件事可以成全你，也可以败坏你。

(5) 要有一种无穷的自信充满了心灵，再凭着坚强的意志和独立不羁的才智，总有一天会成功的。

(6) 世上不知有多少人，为着疏懒误了自己的人生。奋发，活动，做事，谈话，考虑问题之类，对某种人是很困难的事。

(7) 你想成为什么样的人，你即将成为什么样的人。

【基础知识】

1. 下列词语中加点字的注音全都正确的一项是（　　）。
　　A. 繁漪（yī）　　讹传（é）　　穿凿（zuó）　　忖度（cǔn duó）
　　B. 敲诈（zhà）　　内帏（wěi）　　自恃（shì）　　惶悚（huáng sǒng）
　　C. 模样（mú）　　轻薄（bó）　　赝品（yàn）　　盥漱（guàn shù）
　　D. 伺候（cì）　　裙褶（zhě）　　诨名（hùn）　　纨绔（wán kuà）

2. 下列句子没有错别字的一项是（　　）。
　　A. 你看这些傢俱都是你从前顶喜欢的东西。
　　B. 她没有漂亮的衣装，没有珠宝首饰，总之什么也没有。
　　C. 侍萍的像貌有一天也会老得连你都不认识了。
　　D. 侍萍走头无路，跳河自尽，幸而被救，从此流落他乡。

3. 下列句子词语运用准确的一项是（　　）。
　　①住室是那样_____，壁上毫无装饰，椅凳是那么破旧，衣衫是那么丑陋，她看了都非常痛苦。
　　②她已经_____在欢乐中，什么也不想，只是兴奋地、发狂地跳舞。
　　③且说有一个星期天，她上大街去散步，劳累了一星期，她要_____一下。
　　④如果她没有丢失那串项链，今天又该是什么样子？谁知道？谁知道？生活够多么古怪，多么_____！
　　A. ①简陋　②陶醉　③消遣　④变化莫测
　　B. ①简约　②沉醉　③消磨　④瞬息万变
　　C. ①简约　②陶醉　③消磨　④变化莫测
　　D. ①简陋　②沉迷　③消遣　④瞬息万变

4. 下列各句中加点的成语使用有误的一项是（　　）。
　　A. 那是因为周大少爷一帆风顺，现在也是社会上的好人物。
　　B. 如果你觉得心里有委屈，这么大年纪，我们先可以不必哭哭啼啼的。
　　C. 她一个单身人，无缘无故，带着一个孩子在外乡，什么事都做。
　　D. 你不要以为我的心是死了，你以为一个人做了一件于心不忍的事就会忘了吗？

5. 下列各句中没有语病的一项是(　　)。

A. 从鲁侍萍对待周朴园的感情中，可以使我们把周朴园和鲁侍萍关系的性质看得更清楚，更明白。

B. 曹禺为什么要写前后两代人完全重复的都出身资产阶级家庭的青年与无产阶级姑娘之间的一往情深的爱情故事呢？

C. 作者在刻画他作品中的人物形象时，的确承受着来自政治社会和政府方面的压力，尽管他没有意识到或者没有完全意识到。

D. 如果简单地拿西方文化里的父亲或丈夫的标准做法来衡量周朴园这个形象，那是缺乏分析的，也是不公平的。

6. 下列关于《项链》表述有误的是(　　)。

A. 《项链》是一篇短篇小说，由法国名作家莫泊桑作于1884年。莫泊桑与美国的欧·亨利、俄国的契诃夫并称"世界三大短篇之王"。

B. 莫泊桑，法国著名作家，创作了《羊脂球》《我的叔叔于勒》《最后一片叶子》《两个朋友》等一大批思想性和艺术性完美结合的短篇佳作。

C. 小说以"项链"为线索展开故事情节，使叙述更为有序而集中，在构思布局上又不落俗套。

D. 莫泊桑的短篇小说侧重摹写人情世态，构思布局别具匠心，细节描写、人物语言和故事结尾均有独到之处。

【阅读理解】

(一)

她总觉得自己生来是为享受各种讲究豪华生活的，因而无休止地感到痛苦。住室是那样简陋，壁上毫无装饰，椅凳是那么破旧，衣衫是那么丑陋，她看了都非常痛苦。<u>这些情形，如果不是她而是她那个阶层的另一个妇人的话，可能连理会都没有理会到，但给她的痛苦却很大并且使她气愤填胸</u>。她看了那个替她料理家务的布列塔尼省的小女人，心中便会产生许多忧伤的感慨和想入非非的幻想。她会想到四壁蒙着东方绸、青铜高脚灯照着、静悄悄的接待室；她会想到接待室里两个穿短裤长袜的高大男仆，如何被暖气管闷人的热度催起了睡意，在宽大的靠背椅里昏然睡去。她会想到四壁蒙着古老丝绸的大客厅，上面陈设着珍贵古玩的精致家具和那些精致小巧、香气扑鼻的内客厅，那是专为午后五点钟跟最亲密的男友娓娓清谈的地方，那些朋友当然都是所有的妇人垂涎不已、渴盼青睐、多方拉拢的知名之士。

每逢她坐到那张三天未洗桌布的圆桌旁去吃饭，对面坐着的丈夫揭开盆盖，心满意足地表示："啊！多么好吃的炖肉！世界上哪有比这更好的东西……"的时候，她便想到那些精美的筵席、发亮的银餐具和挂在四壁的壁毯，上面织着古代人物和仙境森林中的异鸟珍禽；她也想到那些盛在名贵盘碟里的佳肴；她也想到一边吃着粉红色的鲈鱼肉或松鸡的翅膀，一边带着莫测高深的微笑听着男友低诉绵绵情话的情境。

她没有漂亮的衣装，没有珠宝首饰，总之什么也没有。而她呢，爱的却偏偏就是这些；她觉得自己生来就是为享受这些东西的。她最希望的是能够讨男子们的喜欢，惹女人们的欣羡，风流动人，到处受欢迎。

她有一个有钱的女友，那是学校读书时的同学，现在呢，她再也不愿去看望她了，因为每次回来她总感到非常痛苦。她要伤心、懊悔、绝望、痛苦得哭好几天。

1. 对文中画线句子的理解，不正确的一项是（　　）。

A. 罗瓦赛尔太太跟当时与她经济状况相似的法国妇女不同，她比较贪图享乐。

B. 罗瓦赛尔太太由借项链引起的生活悲剧，有着很明显的个人性格的因素。

C. 当时法国上流社会，爱虚荣、图享乐的现象并不十分普遍。

D. 从语言连贯的角度看，没有这句话不会有太大关系；但从表达内容看，这句话的作用是很大的。

2. 对罗瓦赛尔太太的七个梦想解读不正确的一项是（　　）。

A. 前三个"梦想"从空间看是由外到内，是顺着客人来访的路径来想象和"梦想"的。

B. 后四个"梦想"从内容看包括物质生活和精神生活，是围绕着餐厅来展开"梦想"的。

C. 两处"梦想"都有关于与朋友和客人"闲谈"和"密谈"的内容，说明罗瓦赛尔太太对于与人交往有着热切的渴望。

D. 两处"梦想"分别构成排偶句式，细致地描绘和着力地渲染了罗瓦赛尔太太内心的幻想。

3. 下列对文段的赏析，不正确的一项是（　　）。

A. 开头两段主要写罗瓦赛尔太太的心理活动，这使我们一开始就对人物的性格品德有一个基本的了解。

B. 开头两段文字只是对罗瓦赛尔太太的介绍，没有进入情节；但是它又对下文情节的发展做了铺垫。

C. 几处细节描写形象、风趣，使得大段的、静态的人物心理描写毫无枯燥和沉闷之感。

D. 整散句式的交错使用，是文章生动的原因之一，整篇小说都具有这样的语言风格。

(二)

(四凤端茶，放朴园前。)

周朴园　四凤，——（向周冲）你先等一等。——（向四凤）叫你给太太煎的药呢？

鲁四凤　煎好了。

周朴园　为什么不拿来？

鲁四凤　（看蘩漪，不说话）

蘩　漪　（觉出四周的征兆有些恶相）她刚才给我倒来了，我没有喝。

周朴园　为什么？（停，向四凤）药呢？

蘩　漪　（快说）倒了，我叫四凤倒了。

周朴园　（慢）倒了？哦？（更慢）倒了！——（向四凤）药还有么？

鲁四凤　药罐里还有一点。

周朴园　（低而缓地）倒了来。

蘩　漪　（反抗地）我不愿喝这种苦东西。

周朴园　（向四凤，高声）倒了来。

（四凤走到左面倒药。）

周　冲　爸，妈不愿意，您何必这样强迫呢？

周朴园　你同你母亲都不知道自己的病在哪儿。（向蘩漪低声）你喝了，就会完全好的。（见四凤犹豫，指药）送到太太那里去。

蘩　漪　（顺忍地）好，先放在这儿。

周朴园　（不高兴地）不。你最好现在喝了它吧。

蘩　漪　（忽然）四凤，你把它拿走。

周朴园　（忽然严厉地）喝了它，不要任性，当着这么大的孩子。

蘩　漪　（声颤）我不想喝。

周朴园　冲儿，你把药端到母亲面前去。

周　冲　（反抗地）爸！

周朴园　（怒视）去！

（周冲只好把药端到蘩漪面前）

周朴园　说，请母亲喝。

周　冲　（拿着药碗，手发颤，回头，高声）爸，您不要这样。

周朴园　（高声地）我要你说。

周　萍　（低头，到周冲前，低声）听父亲的话吧，父亲的脾气你是知道的。

周　冲　（无法，含着泪，向着母亲）您喝吧，为我喝一点吧，要不然，父亲的气是不会消的。

蘩　漪　（恳求地）哦，留着我晚上喝不成么？

周朴园　（冷峻地）蘩漪，当了母亲的人，处处应当替孩子着想，就是自己不保重身体，也应当替孩子做个服从的榜样。

蘩　漪　（四面看一看，望望朴园，又望望周萍。拿起药，落下眼泪，忽而又放下）哦，不！我喝不下！

周朴园　萍儿，劝你母亲喝下去。

周　萍　爸！我——

周朴园　去，走到母亲面前！跪下，劝你的母亲。

(周萍走到蘩漪面前。)

周　萍　(求恕地)哦，爸爸！

周朴园　(高声)跪下！

(周萍望蘩漪和周冲；蘩漪泪痕满面，周冲身体发抖。)

周朴园　叫你跪下！

(周萍正向下跪。)

蘩　漪　(望着周萍，不等周萍跪下，急促地)我喝，我现在喝！(拿碗，喝了两口，气得眼泪又涌出来，她望一望朴园峻厉的眼和苦恼着的周萍，咽下愤恨，一气喝下)哦……(哭着，由右边饭厅跑下)

(有删改)

1. 下列对选段中有关内容的分析与概括，不恰当的一项是(　　)。

A. 这场戏的中心事件是周朴园逼迫蘩漪喝药。

B. 这场戏的高潮部分是周冲反抗父亲失败，求蘩漪喝药。

C. 这场戏的矛盾冲突是周朴园家长专制和蘩漪争取自由的斗争。

D. 蘩漪最后喝下药的主要原因是怕和自己有暧昧关系的周萍给自己下跪。

2. 蘩漪是《雷雨》全剧的中心人物之一，她以与周萍乱伦来反抗周朴园的家长专制。在喝药这场戏的舞台说明中，蘩漪几次望周朴园和周萍，请简要分析她望周朴园和望周萍时的不同心理。

_____

_____

3. 从选段中找出表现周朴园逼迫蘩漪喝药的主要原因的台词，并加以分析。

_____

_____

4. 选段中蘩漪最后一句话和括号里的舞台说明反映了她复杂的心理，试做简要分析。

_____

_____

5. 简要分析蘩漪对周朴园逼迫自己喝药时态度的先后变化，并说明这一事件反映出周朴园怎样的性格特点。

_____

_____

【写作表达】

1. 周朴园对侍萍的感情是复杂的,他确曾"爱"过侍萍,侍萍被赶走后,他对侍萍的怀念是真实的,不能因为他见到侍萍后的惶恐暴怒而否定他对侍萍怀念的某种真实性和特殊的赎罪心理,当然也不能因为他以往对侍萍的怀念而否定他与侍萍见面时的自私与冷酷。写一篇不少于300字的短文,分析周朴园的心理。

2. 当罗瓦赛尔太太得知福雷斯蒂埃太太当年借给她的项链是假的后,接下来故事可能会怎样的发展?续写《项链》结局。

要求:字数300字左右,想象丰富合理,符合人物形象的性格特点。

【语用提升】

阅读下面的文字,完成1~2题。

近日一组拍自南极科考站附近的照片引发关注,照片里的雪竟然不是白色的,而变成红色和绿色混杂的"西瓜雪"。有研究人员分析,(　　　)。雪衣藻十分耐寒,广泛分布在北极、南极及其岛屿等极端冰雪环境中。　①　,它们处于冬眠静止状态,但是一旦阳光足够温暖,藻类就开始了春季复苏。雪衣藻　②　,成熟后会产生类胡萝卜素而变为红色,这使它们呈现出从绿色到红色的"西瓜色"。

研究人员表示,近年南极温度升高为藻类的生长提供了便利条件,虽然雪衣藻本身没有危害,但是会降低雪反射的阳光量,从而　③　,而融雪速度的加快可能使得极地冰雪消融失控,应引起足够的重视。

1. 下列填入文中括号内的语句,衔接最恰当的一项是(　　)。

A. 雪变色是微型藻类雪衣藻大量繁殖的结果。

B. 雪变色是因为雪衣藻这种微型藻类的大量繁殖。

C. 微型藻类雪衣藻大量繁殖引起了雪变色。

D. 雪衣藻这种微型藻类大量繁殖引起了雪变色。

2. 请在文中横线处补写恰当的语句，使整段文字语意完整连贯，内容贴切，逻辑严密，每处不超过8个字。

【诗歌赏析】

阅读下面这首唐诗，完成下面小题。

赠别郑炼赴襄阳

杜甫

戎马交驰际，柴门老病身。
把君诗过日①，念此别惊神。
地阔峨眉晚，天高岘首春②。
为于耆旧内③，试觅姓庞人④。

【注】①把：握，执。②岘首山：在襄阳。③耆旧：年高望重的人。④姓庞人：指庞德公，汉末襄阳高士。

1. 下列对这首诗的理解和赏析，不正确的一项是(　　)。

A. 诗的首联简单交代了兵荒马乱的时代背景和诗人年老多病的艰难境况。

B. 虽然日后仍有朋友的诗篇陪伴，但面对离别，诗人还是感到心惊神伤。

C. 诗人请郑炼在襄阳寻访庞德公那样的高士，表达了对先贤的仰慕之意。

D. 全诗情感表达含蓄蕴藉，格律谨严，比较典型地体现了杜甫诗的风格。

2. 诗的颈联写到峨眉、岘首两座山，对表达离情有何作用？请简要分析。

【轻松一刻】

楚汉相争时，有一次刘邦被项羽追杀，刘邦乘马车逃跑，为了减轻载重量使马跑得快一点，刘邦几次将他儿子和女儿——也就是后来的孝惠皇帝刘盈和鲁元公主——推下车，都被手下人救起来。司马迁写他这种行为是"如是者三"。还有一次，刘邦他爹被项羽抓住了，要他投降，否则要把刘老太公杀了煮成肉汤，刘邦非但不救，反而修书一封给项羽说："吾与项羽俱北面受命怀王，曰：'约为兄弟'，吾翁即若翁，必欲烹而翁，则幸分我一杯羹。"意思是："我俩是拜把子兄弟，我爹就是你爹，如果你要杀你爹，还要煮了他，就分我一碗肉汤喝。"结果，把项羽气得一点儿没脾气，只好放了刘老太公。

第四单元

整本书阅读——乡土中国

【内容结构】

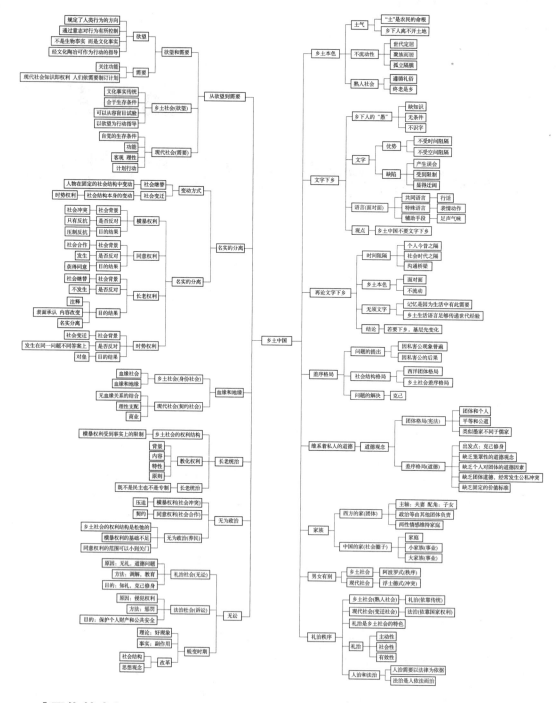

【写作特点】

《乡土中国》是费孝通在早期充分的社会实践基础上进行的理论总结。作为一部学术著作，《乡土中国》用了大量笔墨具体描述中国乡土社会的生活现状。我们可以沿着费孝通的思路，一窥中国的基层社会，具体了解中国乡村社会的面貌，深入理解中国乡村文化的特性。其主要写作特点如下：

1. 中西对比的研究方法，比较分析的思路视角。作者在论及乡土社会特点时，往往与西洋社会进行对比。比如论及"家"的概念时，作者指出西洋社会中，家是最基础的社会组织单位，是以夫妻关系为主轴的；而乡土社会以"小家族"为社会基本社群，主轴在纵的一面，即父子之间、婆媳之间，而非夫妇之间。

2. 透彻的说理与严密的逻辑。从宏观上来看，作者将乡土社会与现代社会、西洋社会，与城市进行了多次比较，使乡土社会的特点更加显而易见。从微观上来说，作者在说理时，运用了举例论证、对比论证、类比论证、比喻论证等多种论证方式，使说理更透彻。

3. 深入浅出的语言风格，生动形象的表述方式。阅读《乡土中国》，不仅可以得到社会学方面的滋养，知道许多现象背后的根本原因；还可以获得语言方面的营养，使语言素养得到提升。《乡土中国》多用生动的比喻阐明复杂的术语和理论，用严谨的思维、严密的语言界定术语的内涵及外延，用缜密的逻辑展开论证，进行层层分析，语言既通俗、形象，又透彻、准确。

4. 鲜明的传统文化特色，学术与艺术的双重价值。读《乡土中国》，可以更加具体、深入地理解中国乡土社会的文化传统和文化精神。阅读这本书，最为直接的收获就是丰富文化常识，拓展文化视野，从中获取文化滋养，提升文化修养。此外，还可以得到思辨能力的训练，并获得美学与艺术的熏陶。

【相关链接】

费孝通（1910.11.2—2005.4.24），江苏吴江人，著名社会学家、人类学家、民族学家、社会活动家，中国社会学和人类学的奠基人之一。《乡土中国》这本小册子是他从西南联大回到清华园给研究生讲授《乡村社会学》的讲稿集。《乡土中国》是费孝通的著名代表作之一。《乡土中国》内容涉及传统中国的基本特征、农村生活、社会结构、家庭家族、道德规范、权力结构、社会变迁等内容，著作文字简洁、语言流畅、浅显易懂、雅俗共赏，是学界公认的研究中国乡村社会文化传统的重要学术著作之一。

一

【基础知识】

1. 下列词语中加点字的注音完全正确的一项是（　　）。

A. 舆论（yú）　　白痴（chī）　　逾规（yú）　　模棱两可（mú）

B. 公仆（pú）　　融洽（qià）　　服膺（yīng）　　曾子易箦（zé）

C. 荒诞（dàn）　　讳隐（huì）　　譬如（bì）　　无稽之谈（jī）

D. 圜局（huán）　　哀号（hào）　　阃内（kùn）　　返朴回真（pǔ）

2. 下列选项中字形完全正确的一项是（　　）。

A. 冤枉　忽略　无讼　淬了一口
B. 克已　点缀　契约　荒诞不径
C. 清晰　亲疏　藐视　望文生义
D. 桥梁　慨念　攀登　安土重迁

3. 下列选项中标点使用完全正确的一项是（　　）。

A. 这样说来，人治和法治有什么区别呢？如果人治是法治的对面，意思应当是"不依法律的统计。"了。

B. 否则为什么这类记载，"包公案""施公案"等等能成了传统的畅销书呢？

C. "这简直是丢我们村子里脸的事！你们还不认错，回家去"。接着教训了一番。

D. 孔子的道德子系统里绝不肯离开差序格局的中心，"君子求诸己，小人求诸人"。

4. 下列选项没有使用修辞方法的一项是（　　）。

A. 于是像格兰亨姆的公律，坏钱驱逐好钱一般，公德心就在这里被自私心驱走。

B. 西洋的社会有些像我们在田里捆柴，几根稻草束成一把，几把束成一扎，几扎束成一捆，几捆束成一挑。每一根柴在整个挑里都属于一定的捆、扎、把。

C. 西洋的格局是不相同的，我们的格局不是一捆一捆扎清楚的柴，而是好像把一块石头丢在水面上所发生的一圈圈推出去的波纹。

D. 这个网络像个蜘蛛的网，有一个中心，就是自己。

5. 下列各句中加点成语的使用，不正确的一项是（　　）。

A. 在发展地方经济的过程之中，政府既要打造金山银山，也要保护住绿水青山，不宜出现畸轻畸重的问题。

B. 台湾水墨画大师欧豪年呼吁，两岸应进一步增进交流，共同为中华文化添枝加叶，让中华艺术在世界文化中独放异彩。

C. 20世纪40年代后期，在国家命运生死攸关的大抉择背景下，费孝通以自己实地调查成果，为学生们讲授"乡村社会学"，课余留存的文字便成了《乡土中国》。

D. 《乡土中国》的价值不仅在于文字上的通俗易懂且内涵丰富，更在于它所揭示出来的中国问题，这些问题的提出可以搁置许多长篇大论。

6. 下列各句中表达得体的一项是（　　）。

A. "听君一席话，胜读十年书。"困惑我多年的问题，让不才这么一说，就解决了，真是高见。希望今后能够多多指教。

B. 刚才李教授抛砖引玉，讲得非常精彩。现在由我发言，献丑了。

C. 我亲爱的朋友，由于种种原因，以前的电话号码作废，这是我的新号，敬请惠存，以后多多联系。

D. 准备了半年，你弟弟的演出如期举行。祝贺他此次演出成功。众人给予他的评价实在是过誉了。

【阅读理解】

（一）

乡土本色
费孝通

从基层上看去，中国社会是乡土性的。那些被称土气的乡下人是中国社会的基层。我们说乡下人土气，这个"土"字用得很好。土字的基本意义是指泥土。乡下人离不了泥土，因为在乡下住，种地是最普通的谋生办法。靠种地谋生的人才明白泥土的可贵。农业直接取资于土地，种地的人搬不动地，长在土里的庄稼行动不得，土气是因为不流动而发生的。

不流动是从人和空间的关系上说的，从人和人在空间的排列关系上说就是孤立和隔膜。孤立和隔膜并不是以个人为单位的，而是以住在一处的集团为单位的。中国乡土社区的单位是村落，从三家村起可以到几千户的大村。孤立、隔膜是就村和村之间的关系而说的。孤立和隔膜并不是绝对的，但是人口的流动率小，社区间的往来也必然疏少。我想我们可以说，乡土社会的生活是富于地方性的。地方性是指他们活动范围有地域上的限制，在区域间接触少，生活隔离，各自保持着孤立的社会圈子。

乡土社会在地方性的限制下成了生于斯、死于斯的社会。常态的生活是终老是乡。假如在一个村子里的人都是这样的话，在人和人的关系上也就发生了一种特色，每个孩子都是在人家眼中看着长大的，在孩子眼里周围的人也是从小就看惯的。这是一个"熟悉"的社会，没有陌生人的社会。

在社会学里，我们常分出两种不同性质的社会：一种并没有具体目的，只是因为在一起生长而发生的社会；一种是为了要完成一件任务而结合的社会。用一位外国学者的话说，前者是"有机的团结"，后者是"机械的团结"。用我们自己的话说，前者是礼俗社会，后者是法理社会。生活上被土地围住的乡民，他们平素所接触的是生而与俱的人物，正像我们的父母兄弟一般，并不是由于我们选择得来的关系，而是无须选择，甚至先我而在的一个生活环境。

熟悉是从时间里、多方面、经常的接触中所发生的亲密的感觉。这感觉是无数次的小磨擦里陶炼出来的结果。这过程是《论语》第一句里的"习"字。"学"是和陌生事物的最初接触，"习"是陶炼，"不亦说乎"是描写熟悉之后的亲密感觉。在一个熟悉的社会中，我们会得到从心所欲而不逾规矩的自由。这和法律所保障的自由不同。规矩是"习"出来的礼俗。从俗即从心。换一句话说，社会和个人在这里通了家。

"我们大家是熟人，打个招呼就是了，还用得着多说么？"——这类的话已经成了我们现代社会的阻碍。现代社会是个陌生人组成的社会，各人不知道各人的底细，所以得讲个明白；还要怕口说无凭，画个押，签个字。这样才发生法律。在乡土社会中法律是无从发生的。"这不是见外了么?"乡土社会里从熟悉得到信任。乡土社会的信用并不是对契约的重视,而是发生于对一种行为的规矩熟悉到不假思索时的可靠性。

从熟悉里得来的认识是个别的,并不是抽象的普遍原则。在熟悉的环境里生长的人,不需要这种原则,他只要在接触所及的范围之中知道从手段到目的间的个别关联。在乡土社会中生长的人似乎不太追求这笼罩万有的真理。

在我们社会的急速变迁中,从乡土社会进入现代社会的过程中,我们在乡土社会中所养成的生活方式处处产生了流弊。陌生人所组成的现代社会是无法用乡土社会的习俗来应付的。于是,"土气"成了骂人的词语,"乡"也不再是衣锦荣归的去处了。

(节选自《乡土中国》,有删改)

1. 下列对"中国社会是乡土性的"的理解,符合原文意思的一项是(　　)。

　　A. 乡民是中国社会的基层,他们以种地为基本生存方式,从土地中获取生活资源,因此与土地分不开,为土地所束缚。

　　B. 人与人在空间排列上的不流动性,造成乡土社会里乡民个体之间彼此的孤立与隔膜,所以才有三家村式的微型村落的存在。

　　C. 乡土社会里的个体为了谋生这一共同目标,分工协作,有机地聚合在一起,形成没有陌生人的"熟人"社会。

　　D. 无论是生活的环境还是所接触的人物,对乡民而言都是生而与俱,再熟悉不过的,于是他们选择固守乡土,终老于斯。

2. 下列理解和分析,符合原文意思的一项是(　　)。

　　A. 生活在乡土社会的人们,彼此之间相互了解,没有隔阂,相比现代社会,更容易获得一种从心所欲的自由。

　　B. 依附于土地的乡民从小习得礼俗,与周围的人都熟如亲人,因为大家感情深厚,所以对他们来讲"从俗即是从心"。

　　C. 乡民之间的交往是基于彼此的熟悉和信任来进行的,法律不是调节乡土社会中人际交往和人际关系的基本依据。

　　D. 乡土社会的信用产生于对一种行为规矩熟悉到不假思索时的可靠性,这种信用远胜于法理社会中的一纸契约。

3. 根据原文内容,下列理解和分析不正确的一项是(　　)。

　　A. 乡土社会实际上就是熟人社会、礼俗社会,而现代社会是陌生人组成的社会、法理社会,两者的人际交往原则有别。

　　B. 礼俗是乡土社会里应对社会生活的根本原则、抽象真理,也是人们处理具体事务时目的与手段间的普遍联系。

　　C. 乡土社会中,人们从熟悉里获得的认识是个别的。《论语》中孔子因人而异地解释"孝"能让我们体会到这种特性。

D. 在乡土社会进入现代社会的过程中，原有的生活方式与现代社会不相适应，暴露出弊端，"土气"一词因而有了贬义。

(二)

材料一：

从基层上看去，中国社会是乡土性的。那些被称为土头土脑的乡下人是中国社会的基层。我们说乡下人土气，这个土字用得很好。土字的基本意义是指泥土。乡下人离不了泥土，因为在乡下住，种地是最普通的谋生办法。靠种地谋生的人才明白泥土的可贵。农业直接取资于土地，种地的人搬不动地，长在土里的庄稼行动不得，土气是因为不流动而发生的。

(节选自费孝通《乡土中国》)

材料二：

2009年至2010年间，中国村落文化研究中心20个课题组267人集中对我国长江、黄河流域以及西北、西南17个省113个县（含县级市）中的902个乡镇传统村落文化遗存进行了为期25天至30天不等的综合性复查。据"遗存实情"记录统计数据显示，传统古村落生态状况堪忧。这些地域中，颇具历史、民族、地域文化和建筑艺术研究价值的传统村落，2004年总数为9 707个，至2010年仅幸存5 709个，平均每年递减7.3%，每天消亡1.6个传统村落。

(节选自《光明日报》，2012年1月15日)

材料三：

"这是拍摄的意外之喜，台湾东南50海里外有个孤岛叫兰屿，是台湾原住民达悟人世居之地。他们到现在采取的都是自己造舟、潜水捕鱼的生活方式。有个渔民说，'我们吃得饱就好，我们要让海洋也能休息'。这句话出自一位没上过几年学的渔民之口，但我们这些生活在大城市之中的人，有谁能做到？这对宣扬利益最大化的商业世界来说，就是个悖论。但它恰恰是让每一个生命都能活得更好的最优解。这是几乎所有古村落的共性，驯鹿村村民见到十头野生驯鹿，猎五头放走五头，母鹿全放走；冬天烧火取暖，只捡枯叶、断木，从来不砍新鲜的树；野外碰到熊，如果熊不发起攻击绝对不开枪。先民留下来的哲学，无论何时都不该被忘记。"

(节选自《新京报》，2017年12月16日)

材料四：

"现在的古村落开发已成套路，粗鄙化严重。"冯骥才说，"据我所知，一些村落腾笼换鸟，将当地村民迁走，交给旅游开发公司运营，大搞农家乐和民宿，编造伪民间故事吸引游人。"

"如果我们的村落这么发展下去，再过十年或者十五年，我们认定下来的这几千个宝贵的传统村落就会有'得而复失'的危险，变成'千村一面'。这是个非常可怕的问题。"冯骥才说。

他同时强调，乡村不是不能搞旅游，恰恰相反，特别好的村落还需要旅游传播出去，让人们欣赏它、热爱它。但是，传统村落的价值是多方面的，"不能只为了旅游一个价值，抛掉甚至牺牲其他重要的情感和文化价值"。

前不久，中国传统村落保护与发展研究中心一位工作人员去山西大米村拍摄资料照片，这个村子建于北魏时期，历史悠久。工作结束时，这位工作人员拍了一张与全村村民的合影。令人心酸的是，全体村民只有16个人，还多是老人和妇女。

(节选自新华网，2017年12月19日)

1. 下列对材料一内容的理解，不正确的一项是(　　)。

A. 种地人搬不动地，庄稼行动不得，因此中国传统社会的乡下人不愿离开泥土。

B. 中国传统社会的乡下人住在村落，只能靠种地生存，不会其他技能。

C. 中国社会的基层是被称为土头土脑的乡下人，中国社会的乡土性来自于此。

D. 种地是中国传统社会乡下人普通的谋生办法，泥土的珍贵他们最懂。

2. 下列对材料二、材料三相关内容的概括和分析，正确一项是(　　)。

A. 长江、黄河流域以及西北、西南地区的传统村落每天消亡1.6个，但其他地区保留完好。

B. 中国村落文化研究中心课题组复查的村落兼具历史、民族、地域文化和建筑艺术的价值。

C. 可以预见，台湾兰屿因落后于现代文明，其村落的原始性、文化性将被解构，直至消亡。

D. "我们吃得饱就好，我们要让海洋也能休息"，达悟人的哲学很符合生命最优解。

3. 根据材料四，概括中国传统村落面临的困境。

_____

_____

_____

【写作表达】

《乡土中国》中"文字下乡"部分说："在一个社群所用的共同语言之外，也必然会因个人间的需要而发生许多少数人间的特殊语言，所谓'行话'。行话是同行人中的话，外行人因为没有这种经验，不会懂的。在每个学校里，甚至每个寝室里，都有他们特殊的语言。最普遍的特殊语言发生在母亲和孩子之间。"你与父母之间有怎样特殊的"行话"？你们是怎样用"行话"交流的？

请联系生活，写一段不少于150字的文字。要求：既要有个性化的语言描写，也要有对神态、动作的描写。

【语用提升】

阅读下面的图文，根据要求完成题目。

赣南脐橙、柞水木耳、五常大米……这些耳熟能详的土特产，如今都有一个共同的身份——地理标志产品。"地理标志，就是地理名称加上商品名称，强调的是产品的原产地。"法律工作者告诉记者，"地理标志是促进区域特色经济发展的有效载体，是推进乡村振兴的有力支撑。"地理标志注册为集体商标或证明商标后，只要满足特定的条件，谁都可以申请使用。有学者指出："在我国，地理标志是与'三农'联系极为密切的知识产权标识。"我国地方名优特产数不胜数，地理标志打响了特色产品的品牌。很多地理标志产品获得消费者认可，成为市场的"通行证"，展现了良好的竞争力。蓬勃发展的地理标志产品带动了上下游产业发展。

累积批准地理标志产品/个	2 482
注册为集体、证明商标/件	6 381
核准使用的市场主体/家	14 315

图1　地理标志使用情况统计（截至2021年8月底）

当地政府配套保护投入/亿元	1.2
地理标志产品产业产值/亿元	40
涉及地理标志产业产值/亿元	210

图2　投入资金与相关产业的产值（2019年以来）

1. 根据文中信息，给"地理标志"下定义。不超过20个字。
地理标志是

2. 综合图文材料，从带动经济发展的角度简述"地理标志"的作用。要求：语言简明、准确。

【诗歌赏析】

阅读下面两首诗,完成各题。

秋江送别

[唐] 王勃

归舟归骑俨成行,江南江北互相望。
谁谓波澜才一水,已觉山川是两乡。

送柴侍御

[唐] 王昌龄

沅水通波接武冈,送君不觉有离伤。
青山一道同云雨,明月何曾是两乡?

1. 这两首送别诗在情感上,《秋江送别》突出 ① ;而《送柴侍御》突出 ② ,与王勃《送杜少府之任蜀川》中的"海内存知己,天涯若比邻"情怀类似。

2. 前人评《送柴侍御》"翻新脱妙"。比较《秋江送别》与《送柴侍御》两诗的后两句,分析后者写法的妙处。

【轻松一刻】

"马虎"的来历

人们都喜欢用"马虎"来形容某人办事草率或粗心大意,殊不知在这个俗语的背后,原来有一个血泪斑斑的故事。

宋代时京城有一个画家,作画往往随心所欲,令人搞不清他画的究竟是什么。一次,他刚画好一个虎头,碰上有人来请他画马,他就随手在虎头后画上马的身子。来人问他画的是马还是虎,他答:"马马虎虎!"来人不要,他便将画挂在厅堂。大儿子见了问他画里是什么,他说是虎;小儿子问他,他又说是马。

不久,大儿子外出打猎时,把人家的马当老虎射死了,画家不得不给马的主人赔钱。他的小儿子外出碰上老虎,却以为是马想去骑,结果却被老虎活活咬死了。画家悲痛万分,把画烧了,还写了一首诗自责:"马虎图,马虎图,似马又似虎,长子依图射死马,次子依图喂了虎。草堂焚毁马虎图,奉劝诸君莫学吾。"

诗虽然算不上好诗,但这教训实在太深刻了。从此,"马虎"这个词就流传开了。

二

【基础知识】

1. 下列汉字依次填入语段中括号内，字音和字形全部正确的一组是( )。

家风是一个家族世代相传沿袭下来的体现家族成员精神风貌、道德品质、审美格调和整体气质的家族文化风格。一个家族之链上某一个人物出类拔( )、深( )众望而为家族其他成员所宗仰追慕。其懿行( )言便成为家风之源，再经过家族子孙代代接力式的( )守祖训，流风余韵，绵延不绝，就形成了一个家族鲜明的家风。

A. 萃　孚（fóu）　佳　恪（gé）
B. 粹　负（fú）　佳　恪（kè）
C. 粹　负（fù）　嘉　恪（gé）
D. 萃　孚（fú）　嘉　恪（kè）

2. 下列选项中字形、读音都完全正确的一项是( )。

A. 阻碍（ài）　　恐惧（jù）　　自园其说　　新陈代谢
B. 陶冶（yě）　　蕴（jí）贯　　词不达意　　口事心非
C. 虔（qián）诚　信籁（lài）　　无所适从　　推陈出新
D. 馈（kuì）赠　　慷慨（kǎi）　　开宗明义　　自足自给

3. 下列选项中破折号的用法与其他项不同的一项是( )。

A. 各种"错误"——不合于生存条件的行为——被淘汰之后留下的那一套生活方式。在战争中，也是非常的局面，这类英雄也脱颖而出。

B. 血缘社会就是想用生物上的新陈代谢作用——生育，去维持社会结构的稳定。

C. 事实上大概先得有了土地，才能在血缘网中生根。——这不过是我的假设，还得更多比较材料加以证实，才能成立。

D. 在我们传统道德系统中没有一个像基督教里那种"爱"的观念——部分差序的兼爱。

4. 阅读下面文字，依次填入文中横线上的成语，全部恰当的一项是( )。

老家的村子，曾是青瓦房的天下。我从小就生活在那片____的青瓦房里。古老的村庄里的青瓦房，像一个个手挽着手的兄弟，肩并着肩的君子，____站立在条条或宽或窄的巷子两边，默默地收存着岁月____的故事。青瓦房的记忆是温馨而美好的。巷子里有玩耍的孩童，闲聊的老人以及走村窜巷的呼郎客，让人心生踏实又温暖无比。院子里栽着桃树、杏树、苹果树，树枝上有____的麻雀、相亲相爱的黄莺。

A. 摩肩接踵　盈盈伫立　喜怒哀乐　自由自在
B. 摩肩接踵　含情脉脉　喜怒哀乐　自由放任
C. 鳞次栉比　含情脉脉　悲欢离合　自由自在
D. 鳞次栉比　盈盈伫立　悲欢离合　自由放任

5. 阅读下面文字，下列在文中括号内补写的语句，最恰当的一项是( )。

这是古城里的一条街,过去这里显然驻扎过守城的军队,有一排排的营房为证。现在这里正在建筑仿古的街市和民居,已颇为成气候了,秦砖汉瓦,雕梁画栋,虽没有皇家气象,却也称得上是美轮美奂。在最前面靠近巷口的地方,还立有一块牌坊,上书一副对联,"市井里巷尽染六朝烟水气,布衣将相共写千古大文章"。

我上初中的时候,在杭州西湖看到过那副著名的对联,"青山有幸埋忠骨,白铁无辜铸佞臣",这副对联在我心中引发了强烈的震动。那时正看着《说岳全传》,热血沸腾着,一看这对联真是绝了,其＿＿＿＿＿＿＿,真可以说是独步天下。

  A. 含义之深刻,概括之全面,对仗之工整,回味之无穷
  B. 概括之全面,含义之深刻,回味之无穷,对仗之工整
  C. 回味之无穷,对仗之工整,含义之深刻,概括之全面
  D. 概括之全面,含义之深刻,对仗之工整,回味之无穷

6. 下列各句中,表达得体的一句是( )。
  A. 读者给报社编辑写信说:"敬颂编安。"
  B. 长辈给侄儿李冰写信说:"顺颂安康。"
  C. 老李给同事老张写信说:"谨致鸣谢。"
  D. 小明给同学小王写信说:"特此函达。"

【阅读理解】

(一)

  普通常有以"人治"和"法治"相对称,而且认为西洋是法治的社会,我们是"人治"的社会。其实这个对称的说法并不是很清楚的。我们很难想象一个社会的秩序可以不必靠什么力量就可以维持。所谓人治和法治之别,不在"人"和"法"这两个字上,而是在维持秩序时所用的力量。乡土社会可以说是个"无法"的社会,假如我们把法律限于以国家权力所维持的规则,但是"无法"并不影响这社会的秩序,因为乡土社会是"礼治"的社会。

  礼是社会公认合式的行为规范。合于礼的就是说这些行为是做得对的,对是合式的意思。如果单从行为规范一点说,本和法律无异,法律也是一种行为规范。礼和法不相同的地方是维持规范的"国家"是指政治的权力,在现代国家没有形成前,部落也是政治权力。法律是靠国家的权力来推行的,是政治权力。而礼却不需要这有形的权力机构来维持。维持礼这种规范的是传统。传统是社会所累积的经验。不论哪一个社会,绝不会没有传统的。衣食住行种种最基本的事务,我们并不要事事费心思,那是因为我们托祖宗之福,一一有着可以遵守的成法。但是在乡土社会中,传统的重要性比现代社会更甚。

  乡土社会是安土重迁的,生于斯、长于斯、死于斯的社会。不但人口流动很小,而且人们所取给资源的土地也很少变动。在这种不分秦汉,代代如是的环境里,个人不但可以信任自己的经验而且同样可以信任若祖若父的经验。一个在乡土社会里种田的老农所遇

着的只是四季的转换，而不是时代变更。一年一度，周而复始。前人所用来解决生活问题的方案，尽可抄袭来作自己生活的指南。愈是经过前代生活中证明有效的，也愈值得保守。于是"言必尧舜"。像这一类的传统，不必知之，只要照办，生活就能得到保障的办法，自然会随之发生一套价值。依照着做就有福，不依照了就会出毛病。"礼"字本是从示，是一种祭器，示是指一种仪式。礼并不是靠一个外在的权力来推行的，而是从教化中养成了个人的敬畏之感，使人服膺；人服礼是主动的。礼是可以为人所好的，所谓"富而好礼"。孔子很重视服礼的主动性，在下面一段话里说得很清楚：颜渊问仁。子曰："克己复礼为仁。一日克己复礼，天下归仁焉。为仁由己，而由人乎哉？"这显然是和法律不同了，甚至不同于普通所谓道德。法律是从外限制人的，不守法所得到的罚是由特定的权力所加之于个人的。道德是社会舆论所维持的，做了不道德的事，见不得人，那是不好；受人唾弃，是耻。礼则有甚于道德：如果失礼，不但不好，而且不对、不合、不成。礼治在表面看去好像是人们行为不受规律拘束而自动形成的秩序。其实自动的说法是不确，只是主动地服于成规罢了。孔子一再地用"克"字，用"约"字，来形容礼的养成，可见礼治并不是离开社会，由于本能或天意所构成的秩序了。礼治的可能必须以传统可以有效地应付生活问题为前提。乡土社会满足了这前提。

这里所谓礼治也许就是普通所谓人治，但是礼治一词不会像人治一词那样容易引起误解，以致有人觉得社会秩序是可以由个人好恶来维持的了。礼治和这种个人好恶的统治相差很远，因为礼是传统，是整个社会历史在维持这种秩序。礼治社会并不能在变迁很快的时代中出现，这是乡土社会的特色。

(节选自《乡土中国》中的《礼治秩序》，有删改)

1. 下列有关认识和观点与原文内容相符的一项是(　　)。

A. 乡土社会的秩序是可以由礼来维持的，因为只有乡土社会能够满足传统可以有效地应付生活问题这一个前提。

B. 通常认为我们是人治的社会，以此有别于西洋法治的社会，其实这是一个"无法"的社会。

C. 礼治社会的秩序不是人们行为不受规律拘束自动形成的，而是由人们主动遵循礼而形成的，有社会的成规在。

D. 礼和法律都是一种行为规范，不同的是：礼靠传统来维持；法靠国家权力来推行，且法可用来维持社会秩序。

2. 下列对原文论证的分析，不正确的一项是(　　)。

A. 开篇从"人治""法治"的普遍性认知，引出文章的观点，并由此指向了"乡土社会是礼治的社会"的议论。

B. 第二段在阐释礼的基础上，比较"礼""法"的异同，并从历史和现实两个维度说明"传统"在乡土社会中的重要性。

C. 第三段论述人们为何"保守"于传统，这和乡土社会的安土重迁密切关联，并引用孔子的话强化这一观点。

D. 文章还通过对比分析"法律""道德""礼"之间的不同，进而推论礼治不是由于本能或天意所构成的秩序。

3. 根据原文内容，下列说法不正确的一项是（　　）。

A. 乡土社会可以说是"无法"的社会，但并不是"无法无天"的社会，因为礼的规范而有秩序。

B. 无论是法治的社会还是人治的社会，一个社会的秩序都要靠人来执行，要靠某种力量来维持。

C. 礼是社会公认合式的行为规范，法也是行为规范，不同于法的是维持礼的规范的力量在传统。

D. 因为缺乏变化，礼在乡土社会中能够发挥更大作用。因为变化很快，礼在现代社会没有效力。

（二）

"让居民望得见山、看得见水、记得住乡愁"，这是以人为核心的新型城镇化建设的要求，也戳中了一些地方城镇化的软肋。一些乡村在变为城镇的过程中，虽然面貌焕然一新，但很多曾经让人留恋的东西却荡然无存。人们或多或少有这样的担忧：快速的、大规模的城镇化会不会使"乡愁"无处安放？要在城镇化进程中留住乡愁，不让"乡愁"变成"乡痛"，一个重要措施是要留住、呵护并活化乡村记忆。

乡村记忆是乡愁的载体，主要包括两个方面：一方面是物质文化记忆，如日常生活用品、公共活动场所、传统民居建筑等"记忆场所"；另一方面是非物质文化记忆，如村规民约、传统习俗、传统技艺以及具有地方特色的生产生活模式等。乡村物质文化记忆与非物质文化记忆常常相互融合渗透，构成一个有机整体。这些乡村记忆是人们认知家园空间、乡土历史与传统礼仪的主要载体。在城镇化过程中留住它们，才能留住乡愁。这实质上是对人的情感的尊重。至于哪些乡村记忆真正值得保留，这一方面可以借助一些科学的评价体系进行合理评估，另一方面可以广泛听取民意，然后进行综合甄选。

在新型城镇化建设过程中，需要做好这方面的前期规划。仅仅留住乡村记忆而不进行呵护，乡村记忆会逐渐失去原有魅力。呵护乡村记忆，使其永葆温度就要对相关记忆场所做好日常维护工作，为传统技艺传承人延续传统技艺创造条件，保持乡村传统活动的原有品质。比如，对一些乡土景观、农业遗产、传统生产设施与生产方法等有意识地进行整理维护。对于乡村中的集体记忆场所，如村落的祠堂、乡村的入口、议事亭、祭祀场所等，不可因为城镇化就让其全部消亡，而应对这些承载着人的情感和记忆的场所定期维修。既要让当地居民生产生活更为方便，又要让游子在故乡找到依恋感与归属感。

如果说留住和呵护乡村记忆是一种消极型的留住乡愁的话，那么，活化乡村记忆则是一种积极型的留住乡愁。活化乡村记忆，就是在新型城镇化进程中深度挖掘乡村记忆与乡村传统产业，进行精细化、产业化升级，将"文""人""居"与"产"融合在一起，让原来的乡村记忆在新型城镇化进程中充满生机活力。这需要相应的公共设施与之配套，需要发展教育、医疗、商业、娱乐休闲产业等，使乡村记忆在新的时空条件下产生新的凝聚力。

(摘编自陆邵明《留住乡愁》)

1. 下列关于原文内容的理解和分析，正确的一项是(　　)。
A. 在城镇化过程中，定期维修乡村的集体记忆场所，是呵护乡村记忆的一种方式。
B. 活化乡村记忆是指赋予乡村记忆新的文化内涵，使之成为相关产业的配套设施。
C. 新型的城镇化建设，如果在建设之余还能兼顾人文保护，就不会留下"乡痛"。
D. 乡村记忆是居民情感所系和乡愁载体，在城镇化过程中，必须完好保存下来。

2. 下列对原文论证的相关分析，不正确的一项是(　　)。
A. 认为乡村与人的情感、记忆密切相关，这是文章论述城镇化与乡愁关系的前提。
B. 文章将乡村记忆分为物质文化和非物质文化两个方面，并论及了二者的有机联系。
C. 围绕着乡村记忆的保护，文章逐层递进地论证了留住乡愁的必要性和可行性。
D. 文章提出以综合甄选的方式选择保留哪些乡村记忆，并举例说明了甄选的标准。

3. 根据原文内容，下列说法不正确的一项是(　　)。
A. 能对乡村记忆进行精细化、产业化升级，说明乡村记忆的内涵并非一成不变的。
B. 如果能留住乡愁，就有可能避免城乡变迁中物质空间变化与人的情感发生冲突。
C. 如果游子在城镇化的故乡找到依恋感和归属感，就说明故乡已活化了乡村记忆。
D. 为了保护乡村记忆，在新型城镇化过程中，还应该考虑到当地居民的文化需求。

【写作表达】

中国社会学大师费孝通先生在《乡土中国》里指出："中国传统社会有一张很复杂庞大的关系网，人熟是一宝。"齐尔格特·鲍曼说："我们所生活的世界几乎被陌生人所充斥，而使得它看起来像是一个普遍的陌生世界。我们生活在陌生人之中，而我们也是陌生人。"

请根据对这段话的理解写一篇200字左右的小作文，谈谈自己的观点。

【语用提升】

阅读下面的文字，完成1~3题。

能否将珍贵的文物置于掌中观赏品味？能否步入千年墓穴一探究竟？能否与未曾展出

的国宝亲密接触?……与过去相比,今天的博物馆已经发生了　①　的变化,有了科技的助力,这些往日因时空限制而　②　的事情都已成为现实。"博物馆+高科技"让那些沉睡千年的古物"活"在了今人面前,为越来越多的人带来不一样的观展体验,让他们可以去那些原本"去不了"的地方,看那些本来"看不到"的事物。

故宫博物院举办的那场名为《清明上河图3.0》的高科技互动展演艺术,用现代超高清数字技术完美融合古代绘画艺术。观众们沿着张择端的笔触走进繁华的北宋都城汴梁,穿梭于楼台之间、泛舟于汴河之上,观两岸人来人往,看水鸟掠过船篷,沉浸其中,确有一种　③　的情趣。在2016年的纪念殷墟妇好墓考古发掘四十周年特展上,首都博物馆利用虚拟技术带领观众"回到"妇好墓的考古发掘现场,上下6层、深达7.5米的妇好墓葬　④　。此外还有一些博物馆利用虚拟技术,以数字化方式展现文物全貌。观众只需在屏幕上滑动手指,就可近距离、全角度观赏文物,将静置于展柜中、封存进仓库里、消散在过往中的历史"托在手上",全方位观察岁月留下的每一处细痕。

1. 请在文中横线处填入恰当的成语。

2. 文中画波浪线的句子有语病,请进行修改,使语言表达准确流畅。可少量增删词语,不得改变原意。

3. 文中多处用了引号,下列四处引号中用法和其他三处不同的一项是(　　)。

A. 古物"活"在了今人面前。

B. 去那些原本"去不了"的地方。

C. 带领观众"回到"妇好墓的考古发掘现场。

D. 将静置于展柜中、封存进仓库里、消散在过往中的历史"托在手上"。

【诗歌赏析】

阅读下面这首宋诗,完成1~2题。

题许道宁画[①]

陈与义

满眼长江水,苍然何郡山?
向来万里意,今在一窗间。
众木俱含晚,孤云遂不还。
此中有佳句,吟断不相关。

【注】①许道宁:北宋画家。

1. 下面对这首诗的赏析,不正确的一项是( )。
A. 这首题画诗写景兼抒情,并未刻意进行雕琢,却能够于简淡中见新奇。
B. 山水是这幅画的主要元素,特别是江水,占据了画面上大部分的篇幅。
C. 诗人透过一扇小窗远距离欣赏这幅画作,领略其表现的辽阔万里之势。
D. 颈联具体写到苍茫暮色中的树木与浮云,也蕴含了欣赏者的主观感受。
2. 诗的尾联有什么含意?从中可以看出诗人对这幅画有什么样的评价?

【轻松一刻】

明代唐伯虎以书画著名,亦长于作诗。有一次,一个有钱人家的老太太做寿,宾客满堂,唐伯虎也应邀前往。席间酒酣,有人请唐伯虎题一首祝寿诗。他并不推辞,稍作思索,便写下第一句诗"这个婆娘不是人",众人一看,不禁为之失色;接着,他笔锋一转,写下第二句"九天仙女下凡尘",众人转忧为喜,击节叫好;唐伯虎看着这种狂热场面,写下第三句"儿孙个个都是贼",一下子把在场的儿孙们气得怒目圆睁,眼看快要发作;唐伯虎蘸墨挥毫,刷刷地写下压轴的一句"偷得蟠桃奉至亲"。至此,主客皆大欢喜,个个笑逐颜开。

理想是指路明星。没有理想,就没有坚定的方向,而没有方向,就没有生活。
——列夫·托尔斯泰

思想是会享用它的人的财产。
——爱默生

人有了物质才能生存,人有了理想才谈得上生活。你要了解生存与生活的不同吗?动物生存,而人则生活。
——雨果(法国作家)

期中检测试题（一）

本试题分卷一（选择题）和卷二（非选择题）两部分，满分120分，考试用时120分钟。

卷一（选择题 共50分）

一、（本大题共10小题，每小题2分，共20分）

1. 下列词语中加点字的读音，全都正确的是（　　）。
  A. 佛狸（bì）　　玉枹（páo）　　乍暖还寒（huán）　　礼节甚倨（jù）
  B. 博弈（yì）　　仓皇（huáng）　　颐指气使（yí）　　怒发冲冠（guān）
  C. 氾南（sì）　　将息（jiāng）　　不屈不挠（náo）　　舞榭歌台（xiè）
  D. 骤然（zhòu）　　逢孙（féng）　　名副其实（fù）　　肉袒（dǎn）负荆

2. 下列句子中，没有错别字的是（　　）。
  A. 会场里熙熙攘攘，许久不见的同志相互寒喧、敬礼、握手。
  B. 如果我们的先人和我们自己能够度过长期的极端艰难的岁月。
  C. 善于斗争，逢山开道、遇水架桥，勇于战胜一切风险挑战！
  D. 块头不大，但从他那幅厚实实的肩膀看来，是个挺棒的小伙。

3. 依次填入下列各句横线上的词语，最恰当的一组是（　　）。
  ①在人类的技术发明史上，没有一种技术发明能像信息化技术那样，在几十年的时间内，便_____到了各行各业、各个角落，使人类的生活发生了翻天覆地的变化。
  ②二十年多，丁晓兵把对国家的热爱、对部队的责任，全部_____于他军人生涯中的每一个细节。
  ③我们将_____有一个强大的陆军，_____有一个强大的空军和一个强大的海军。

  A. 渗透　倾注　不但　而且　　　B. 渗透　贯注　因为　所以

C. 渗入　倾注　因为　所以　　　　　D. 渗入　贯注　不但　而且

4. 下列句子中标点符号使用正确的是(　　)。

A. 辛弃疾号稼轩,宋朝历城人(今山东省济南市历城区),著名词人。

B. 要坚持一个中国原则和"九二共识",推进祖国和平统一进程。

C. 要增强做中国人的志气,骨气,底气,不负时代,不负韶华。

D. 然后问:"你们驻扎在哪里,离这儿多远?"我们一一作了回答。

5. 下列句子中,加点成语的使用不正确的是(　　)。

A. 比赛过后,教练希望大家重整旗鼓,继续以高昂的士气、振奋的精神、最佳的竞技状态,在下一届赛事中再创佳绩。

B. 今年,公司加大公益广告创新力度,制作出一批画面清新、意味深长的精品,有效发挥了公益广告引领社会风尚的积极作用。

C. 世界各国正大力研制实用的智能机器人,技术不断升级,创新产品层出不穷,未来有望在多领域、多行业发挥更大的作用。

D. 目前,快递业已经成为一个不可忽视的行业,快递服务虽不能说万无一失,但的确为百姓生活提供了极大的便利。

6. 下列各句中,没有语病的一项是(　　)。

A. 杭州亚运吉祥物裸眼3D宣传片,生动展示了足球、帆船、电竞三个运动场景,是实现亚运吉祥物的"破屏出圈",带给观众身临其境体验的重要技术。

B. 肺鱼也是一种重要的"活化石",其化石的记录在整个地史时期都有较好的保存,肺鱼身体结构的变化连续地展现出它们由海洋到陆地淡水环境。

C. 职业教育法的颁布旨在提升职业教育认可度为目标,深化产教融合、校企合作,完善职业教育保障制度和措施,更好地推动职业教育高质量发展。

D. 全球正经历新一轮科技革命和产业变革,发达国家和地区都积极进行绿色能源、低碳产业和清洁技术的布局,碳达峰碳中和成为全球科技创新的新赛道。

7. 依次填入下面横线上的语句,顺序最恰当的一项是(　　)。

马克思主义是我们立党立国的根本指导思想,是我们党的灵魂和旗帜。中国共产党坚持马克思主义基本原理,_____,指导中国人民不断推进伟大社会革命。

①从中国实际出发　②把握历史主动　③洞察时代大势
④坚持实事求是　　⑤进行艰辛探索　⑥不断推进马克思主义中国化时代化

A. ④③①⑤②⑥　　B. ④①③②⑤⑥　　C. ⑤①③⑥④②　　D. ③①⑥④②⑤

8. 下列有关文学、文化常识的表述,不正确的是(　　)。

A.《左传》也称《左氏春秋》,是我国首部叙事完备的编年体史书。

B. 屈原,名平,战国时期楚国诗人、政治家,楚辞诗体的创立者。

C. "京口",古城名,即今江苏镇江;"路",宋代的行政区划。

D. "榭",是建在水边的木屋;"封",意为登山祭天,以记功勋。

9. 下列句子中,没有使用修辞手法的是(　　)。

A. 幽静的夜晚,窗外盛开着的玉兰花,散发出沁人心脾的芬芳。

B. 金黄的稻草一捆捆地垛起来,场院上顿时就出现了几座稻草山。

C. 小酒窝指着麦田说:"再过半个月,我们就能吃上新麦馍馍了。"

D. 洁白的雪地上燃起了篝火,一簇簇橘黄的火焰欢快地跳跃着。

10. 对下面这首诗的理解与赏析,不正确的是(　　)。

塞下曲四首(其一)

[唐] 李益

蕃州部落能结束①,朝暮驰猎②黄河曲。

燕歌未断塞鸿飞,牧马群嘶边草绿。

【注】①结束:指穿衣打扮。②驰猎:指军事训练。

A. 前两句先写将士善于戎装打扮,再写日常军事训练,表现他们英姿飒爽的精神风貌。

B. 后两句着重描写征人戍守的西北边疆的壮美景象:歌声飘荡,鸿雁北飞,群马嘶鸣。

C. 末句中的"绿"字描绘出原野由枯转荣的变化,暗示又一个春天不知不觉地到来了。

D. 全诗风格雄浑,感情奔放,表现了将士们征戍生活的艰辛和思乡盼归的悲凉情绪。

二、(本大题6个小题,每小题3分,共18分)

(一) 阅读下面的文字,完成11~13题。

书法是观照中国文化的便捷方式

傅振余

哲学家熊秉明认为:"书法是中国文化的核心的核心。"应该说,中国的文字乃至书法艺术的特性,契合了中国文化的某种特质。从书法角度来观照中国文化,是一个比较便捷的方式。唐太宗李世民提倡王羲之平和淡泊、温柔敦厚的书风,既是出于初唐时期确立文化典范的政治需要,同时也是个人的喜好。上至历代君王,下至普通百姓,都与书法有着紧密的联系,可以说,书法是最能代表民族特质又有广泛群众基础的艺术。

老子崇尚的天人合一、阴阳辩证在书法中得到充分的表现。阴阳相生、刚柔相济、虚实相间、计白当黑等,这些书法中常见的矛盾关系,体现了对立统一的辩证原理。另一方面,儒家崇尚温良恭俭让的道德规范,影响着书法的风格品评标准,"违而不犯,和而不同""不激不励而风规自远",体现出符合儒家标准的温柔敦厚的谦谦君子形象。

实用文字的发展和作为艺术的书法的发展,是两个完全相反的方向。实用文字的发展讲求整齐简洁、美观规范、由繁至简;艺术则追求变化、突出特色。所以,一种字体在出现初期至成熟之前，往往是艺术成就最高的时期。商周甲骨文已经是高度成熟的文字，至东汉末，书法的各种字体和风格样式都达到完备的状态，出现了一大批以书法名世而载入史册的书家，也出现了一批书法理论专著。这些理论不仅影响着书法艺术的发展，也为绘画以及其他艺术奠定了理论基础。

文字书写发展成为独立的艺术，领先影响着其他门类的艺术发展，使得中国艺术从形成到发展始终注重意象化表达。中国画强调线条勾勒和书写性，正是书法的影响力的体现。

中国人对书写自始至终的情结、对书写特征的迷恋，在其他民族是极为罕见的。先哲许思园说："书法为最普遍最实用之艺术，中国人审美修养，实基于此，因而陶冶成世界上最能鉴赏形式美之民族。中国之篆隶行草山水花鸟画幅，玉器与园庭布置，皆无上美妙。发扬民族文化，必经恢复此艺术境界始，而其根本则在书法。"

(有删改)

11. 下列选项中，没有对书法艺术产生影响的是(　　)。
   A. 道家天人合一、阴阳辩证思想　　B. 儒家温良恭俭让的道德规范
   C. 东汉末年的一批书法理论专著　　D. 中国画强调线条勾勒和书写性

12. 下列对文本内容的概括，不正确的是(　　)。
   A. 从书法角度上来观照中国文化，是比较便捷的方式。
   B. 书法艺术最能代表民族特质，又有广泛群众基础。
   C. 实用文字和书法艺术，二者的发展方向完全相反。
   D. 中国人审美修养都源于最普遍最实用的书法艺术。

13. 下列对本文写作方法的分析，正确的是(　　)。
   A. 以时间为序阐释了中国书法的演变过程。
   B. 引用论证增强了文章的说服力。
   C. 逻辑严密，结构清晰，语言幽默风趣。
   D. 对比论证突出了书法艺术的特性。

(二) 阅读下面的文字，完成14~16题。

现代医学已经证明，人体有一整套强大而完备的免疫系统，产生多种多样的淋巴素、免疫球蛋白，用以消灭侵入机体的病菌、病毒，吞噬癌细胞。只要充分地将人体自身的免疫能力调动出来，病魔就无法逞凶。疫苗就是根据这个原理生产的。将致病的生物减毒后，注射入人体，让人体将之当作假想敌，调动出人体的各路免疫大军同它作战。一旦真的致病生物侵入人体，经过实践训练的免疫大军就能不费吹灰之力，一举聚歼之。在牛身上减了毒的天花病毒，种到人身上，使人体的免疫系统学会对付天花病毒，从而制服了天花。我国制成的麻疹减毒疫苗，也是将麻疹病毒减毒后制成的。儿童注射了这种疫苗可获得对麻疹的自动性免疫。

然而，有些疫苗的制造是很困难的，一些至今仍在严重威胁人类的病毒性疾病，还没有研究出预防的疫苗来。而且，需要用大量的牛、羊、兔等牲畜来培养。于是，生物工程师们开始进行用基因工程技术来生产各种疫苗的研制。他们发现，教会机体免疫系统对付病毒等致病生物的，不是病毒本身，而是包裹在病毒外面的一层蛋白质。只要把与合成这种蛋白质对应的基因搞清楚，并合成这种基因，把这种基因插入细菌体内的生命"天书"中，就能让细菌大量生产价廉质高无副作用的疫苗。

我国科学家在用基因工程技术生产乙型肝炎疫苗上取得了重大突破。他们将合成的乙肝病毒表面抗原的基因插入大肠杆菌和酵母菌的生命"天书"中，用这两种人菌杂种生产出乙肝疫苗，并迅速投入工业化生产。如今，曾威胁过我国1亿人生命的乙肝，由于我国青少年广泛使用乙肝疫苗，已被征服，不再可能施虐人类了。乙肝疫苗基因工程技术的成功表明，不仅现在的所有疫苗都可以用基因工程技术生产，而且，现行各种疫苗制造方法无法制造的病毒疫苗，其制造也不再成为难题。更为重要的是，用这种方法生产出来的疫苗非常安全，不会给人类带来危险。

14. 第一段中加点的"之"是指（　　）。
   A. 致病的生物　　　　　　　　B. 大肠杆菌和酵母菌
   C. 减毒后的致病生物　　　　　D. 病毒表面抗原基因

15. 下列对疫苗的理解，不正确的是（　　）。
   A. 疫苗就是淋巴素和免疫球蛋白，注射后可以消灭侵入机体的病菌和病毒。
   B. 儿童注射麻疹减毒疫苗后，可获得对麻疹的自动性免疫。
   C. 大肠杆菌和酵母菌在制造乙肝疫苗时起到了重要的作用。
   D. 采用基因工程技术生产出的疫苗，不会给人类带来危险。

16. 下列对文段的分析，正确的是（　　）。
   A. 采用了举例子、打比方和下定义的说明方法。
   B. 按照时间顺序对疫苗的相关知识进行了说明。
   C. 在内容上侧重于介绍疫苗对疾病预防的作用。
   D. 基因工程技术不是研制疫苗的唯一方法。

三、（本大题4个小题，每小题3分，共12分）

阅读下面的文言文，完成17~20题。

秦王坐章台见相如，相如奉璧奏秦王。秦王大喜，传以示美人及左右，左右皆呼万岁。相如视秦王无意偿赵城，乃前曰："璧有瑕，请指示王。"王授璧，相如因持璧却立，倚柱，怒发上冲冠，谓秦王曰："大王欲得璧，使人发书至赵王，赵王悉召群臣议，皆曰：'秦贪，负其强，以空言求璧，偿城恐不可得。'议不欲予秦璧。臣以为布衣之交尚不相欺，况大国乎？且以一璧之故逆强秦之欢，不可。于是赵王乃斋戒五日，使臣奉璧，拜送书于庭。何者？严大国之威以修敬也。今臣至，大王见臣列观，礼节甚倨；得璧，传之美人，以戏弄臣。臣观大王无意偿赵王城邑，故臣复取璧。大王必欲急臣，臣头今与璧俱碎于柱矣！"

相如持其璧睨柱，欲以击柱。秦王恐其破璧，乃辞谢固请，召有司案图，指从此以往十五都予赵。

相如度秦王特以诈佯为予赵城，实不可得，乃谓秦王曰："和氏璧，天下所共传宝也，赵王恐，不敢不献。赵王送璧时，斋戒五日，今大王亦宜斋戒五日，设九宾于廷，臣乃敢上璧。"秦王度之，终不可强夺，遂许斋五日，舍相如广成传舍。

相如度秦王虽斋，决负约不偿城，乃使其从者衣褐，怀其璧，从径道亡，归璧于赵。

17. 下列句子中加点词的解释，不正确的是（　　）。

A. 相如奉璧奏秦王　　　　　　　　呈献，进献
B. 相如因持璧却立　　　　　　　　退，这里指后退几步
C. 秦贪，负其强　　　　　　　　　凭借，倚仗
D. 相如度秦王虽斋　　　　　　　　度过，测量

18. 下列句子中"以"字的意义和用法与例句相同的是（　　）。

例句：相如度秦王特以诈佯为予赵城

A. 以一璧之故逆强秦之欢，不可　　B. 以空言求璧，偿城恐不可得
C. 何者？严大国之威以修敬也　　　D. 得璧，传之美人，以戏弄臣

19. 下列句子中，词类活用情况和其他三句不同的是（　　）。

A. 舍相如广成传舍　　　　　　　　B. 怀其璧，从径道亡
C. 秦王恐其破璧　　　　　　　　　D. 乃使其从者衣褐

20. 下列对文段的理解和分析，不正确的是（　　）。

A. 入秦后，蔺相如将和氏璧献与秦王，见秦王并无偿城之意，便产生将璧取回之心。
B. 在取回和氏璧之后，蔺相如以"人璧俱碎"威胁秦王，迫使秦王给了赵国十五城。
C. 蔺相如提出"斋戒五日"的条件，以获得回旋余地，暗中派人将和氏璧送回赵国。
D. 这部分的细节描写和语言描写富有个性化，表现了蔺相如的足智多谋、英勇果敢。

卷二（非选择题　共70分）

四、（本大题3个小题，共10分）

21. 写出下列横线处空缺的名句。（3分）

(1) 为有牺牲多壮志，_____。
(2) _____，子魂魄兮为鬼雄。
(3) 想当年，金戈铁马，_____。

22. 根据下面材料，写一封证明信。要求：格式规范，内容完整。（4分）

何正阳，男，2013年9月至2016年7月就读于江海职业中专机电工程专业。他现在宏达公司工作，毕业证不慎丢失。因公司事务需要，他于2018年4月16日回校开具毕业证明。

_____

_____

23. 把下面四句话改写成一个长句。要求：可以增删个别词语，但不得改变原意。(3分)

创客是一群自主创业的人。

创客陶醉于自己的奇思妙想。

创客充满激情。

创客执着地要将每个"灵光一闪"变成现实。

创客是_____

五、(本大题5个小题，共15分)

阅读下面的文字，完成24~28题。

刷子李

冯骥才

天津码头上的人，全是硬碰硬。手艺人靠的是手，手上就必得有绝活。有绝活的，吃荤，亮堂，站在大街中央；没能耐的，吃素，发蔫，靠边呆着。各行各业，全有几个本领齐天的活神仙。刻砖刘、泥人张、风筝魏、机器王、刷子李等等。天津人好把这种人的姓，和他们拿手擅长的行当连在一起称呼。叫长了，名字反没人知道。只有这一个绰号，在码头上响当当和当当响。

刷子李是河北大街一家营造厂的师傅。专干粉刷一行，别的不干。他要是给您刷好一间屋子，屋里任嘛甭放，单坐着，就赛升天一般美。最叫人叫绝的是，他刷浆时必穿一身黑，干完活，身上绝没有一个白点。别不信！他还给自己立下一个规矩，只要身上有白点，白刷不要钱。倘若没这本事，他不早饿成干儿了？

但这是传说。人们也不会全信。行外的没见过的不信，行内的生气愣说不信。

一年的一天，刷子李收了个徒弟叫曹小三。徒弟的开头都是端茶、点烟、跟在屁股后边提东西。曹小三当然早就听说过师傅那手绝活，一直半信半疑，这回非要亲眼瞧瞧。

那天，头一次跟师傅出去干活，到英租界镇南道给李善人新造的洋房刷浆。到了那儿，刷子李跟管事的人一谈，才知道师傅派头十足。照他的规矩一天只刷一间屋子。这洋楼大小九间屋，得刷九天。干活前，他把随身带的一个四四方方的小包袱打开，果然一身黑衣黑裤，一双黑布鞋。穿上这身黑，就算跟地上一桶白浆较上了劲。

一间屋子，一个屋顶四面墙，先刷屋顶后刷墙。顶子尤其难刷，蘸了稀溜溜粉浆的板刷往上一举，谁能一滴不掉？一滴准掉在身上。可刷子李一举刷子，就跟没有蘸浆似的。但刷子划过屋顶，立时匀匀实实一道白，白得透亮，白得清爽。有人说这蘸浆的手法有高招，有人说这调浆的配料有秘方。曹小三哪里看得出来？只见师傅的手臂悠然摆来，悠然摆去，好赛伴着鼓点，和着琴音，每一摆刷，那长长的带浆的毛刷便在墙面"啪"地清脆一响，极是好听。啪啪声里，一道道浆，衔接得天衣无缝，刷过去的墙面，真好比平平整整打开一面雪白的屏障。可是曹小三最关心的还是刷子李身上到底有没有白点。

刷子李干活还有个规矩。每刷完一面墙，必得在凳子上坐一大会儿，抽一袋烟，喝一碗茶，再刷下一面墙。此刻，曹小三借着给师傅倒水点烟的机会，拿目光仔细搜索刷子李的全身，每一面墙刷完，他搜索一遍。居然连一个芝麻大小的粉点也没发现。他真觉得这身黑色的衣服有种神圣不可侵犯的威严。

可是，当刷子李刷完最后一面墙，坐下来，曹小三给他点烟时，竟然瞧见刷子李裤子上出现一个白点，黄豆大小。黑中白，比白中黑更扎眼。完了！师傅露馅了，他不是神仙，往日传说中那如山般的形象轰然倒去。但他怕师傅难堪，不敢说，也不敢看，可忍不住要扫一眼。

这时候，刷子李忽然朝他说话："小三，你瞧见我裤子上的白点了吧。你以为师傅的能耐有假，名气有诈，是吧！傻小子，你再细瞧瞧吧——"说着，刷子李手指捏着裤子轻轻往上一提，那白点即刻没了，再一松手，白点又出现了，奇了！他凑上脸用神再瞧，那白点原是一个小洞！

刚才抽烟时不小心烧的。里边的白衬裤打小洞透出来，看上去就跟粉浆落上去的白点一模一样！

刷子李看着曹小三发怔发傻的模样，笑道："你以为人家的名气全是虚的？那你是在骗自己。好好学本事吧！"曹小三学徒头一天，见到听到学到的，恐怕别人一辈子也未准明白呢！

24. 阅读第一、二自然段，说说"刷子李"称呼的由来。（2分）

25. 如何理解文中画线句子的含义？（3分）

26. 在写刷子李展现绝活之前，先写关于他的"传说"，分析这种写作手法及作用。（4分）

27. 作为天津码头上的能人，刷子李身上有哪些职业品质？（2分）

28. 阅读最后一段，你从中受到哪些启示？（4分）

六、（本大题45分）

29. 阅读下面的材料，根据要求完成作文。

韩愈在《师说》中强调："无贵无贱，无长无少，道之所存，师之所存也。"

其实，不只是课堂上的老师教给我们为人之道、处世之理，让我们获取知识，修养品格；亲朋好友、书籍网络、音乐舞蹈、山水田园……皆可成为我们的老师。

请以"_____亦为吾师"为题目，写一篇作文。

要求：①补全题目；②除诗歌外，文体不限；③不少于700字；④文中不得透露本人相关信息。

期中检测试题（二）

一、基础知识（每小题3分，共30分）

1. 下列词语中加点字的读音完全正确的是（　　）。
   A. 惊惶（huāng）　尘芥（jiè）　行家里手（háng）　群雄角逐（jué）
   B. 瘦削（xiāo）　携手（xié）　如履薄冰（báo）　少不更事（gēng）
   C. 须臾（yú）　呜咽（yè）　设身处地（chǔ）　量体裁衣（liáng）
   D. 形骸（hái）　筵席（yán）　令行禁止（jìn）　当之无愧（dāng）

2. 下列词语中，没有错别字的是（　　）。
   A. 寒暄　踟蹰　没精打彩　毫不介意
   B. 诧异　窥视　觥筹交措　口若悬河
   C. 祭祀　鄙薄　逍遥自在　异乎寻常
   D. 怠漫　唾弃　别来无恙　杯盘狼藉

3. 依次填入下列各句横线处的词语，最恰当的是（　　）。
   ①如果我们不能在物质文明建设的同时，_____出刚健峻拔的民族品格和自信自谦的民族精神，最终，精神的贫乏将使中华民族难以真正崛起。
   ②新任市长每天都会接到大量的群众来信，即便工作再忙，他也_____作出答复。
   ③严格地讲，语言和文化的关系，不是一般的并列关系，_____部分和整体的对峙关系，_____说是点面对峙的关系。

   A. 培育　择要　而是/或者　　B. 培植　择要　就是/或许
   C. 培植　摘要　而是/或者　　D. 培育　摘要　就是/或许

4. 下面语段中画线的词语，使用不恰当的一项是（　　）。
   近年来，我国历史文学巨匠的诗文专集、选集及各种汇编的整理问世，更是卷帙浩繁，<u>蔚为大观</u>。随着国际文化交流的日益繁盛，各国文学读物大量出现，使人<u>自顾不暇</u>，

— 107 —

这里有各种文化珍品的精译精编,有各国新作的争奇斗艳,也有选材不严的作品,鱼目混珠,为读者所诟病,但就其主流来看,文学翻译家的辛勤劳动,大有益于我们文学的"外为中用",大有助于文学新人的迅速成长,因此也是值得重视的。

A. 蔚为大观　　　　B. 自顾不暇　　　　C. 鱼目混珠　　　　D. 诟病

5. 下列句子中,标点符号使用都正确的是(　　)。

A. 心里有时湿湿的,暖暖的,像饱满的河水,可有时又空落落的,像干枯的河床。

B. 金融危机来了,并不都是冰雪一片,寻寻觅觅,绿草、红花也时有所见,关键是我们要有像罗丹说的"一双善于发现美的眼睛。"

C. 社区居民闻讯后踊跃报名,参加"学双语、学礼仪、学技能"的各类培训班,积极性和热情程度大大超出组织者想象。

D. 从书目中可以知道过去有哪些书,现在出版了哪些书,各学科门类有哪些书?

6. 下列句子中,没有语病的是(　　)。

A. 这个问题你应该原原本本解释清楚,否则不可能让人产生怀疑。

B. 新建的长江公路大桥所应用的桥梁技术是我国目前最先进的斜拉悬索桥。

C. 他对工作认真负责的态度,同志们都很尊敬他。

D. 卫生部专家组根据临床表现以及流行病学调查结果,诊断该患者为传染性非典型肺炎疑似病例。

7. 将下列句子排列,顺序正确的是(　　)。

①网络防御是指为保护己方信息网络系统和信息安全而进行的防御,在一定程度上也体现了一个国家对网络攻防技术的掌控能力。

②网络攻击技术种类繁多,其中用于军事层面的网络攻击技术以计算机病毒攻击为主。

③智能战场中的网络攻防主要分为网络攻击和网络防御两大部分。

④网络防御技术主要分为被动防御、主动防御、综合防御三种类型,三种技术各司其职又交相辉映。

⑤未来的时代是信息的时代,未来的智能战场是网络化战场。

⑥网络攻击是指针对计算机信息系统、基础设施、计算机网络或个人计算机设备的进攻动作。

A. ⑥②①④③⑤　　B. ③⑥①②④⑤　　C. ⑤③⑥②①④　　D. ①④⑥②⑤③

8. 下列文学、文化常识的表述,正确的是(　　)。

A. 鲁迅是中国现代伟大文学家、思想家、革命家,著有小说集《呐喊》《彷徨》,散文集《朝花夕拾》《野草》,杂文集《热风》《华盖集》等。

B. 施耐庵编著的《三国演义》和《水浒传》《西游记》《红楼梦》合称为"中国古典小说四大名著"。

108

C. 曹禺是中国当代著名剧作家,被称为"东方的莎士比亚",代表作有《雷雨》《日出》《原野》等。

D. 戏剧按表演形式,分为话剧、歌剧、舞剧、戏曲等,《雷雨》是话剧。

9. 下列交际用语,使用不得体的是(　　)。

A. 涂鸦之作,不足当先生一哂,如蒙赐正,小子不胜感激!

B. 欣闻敝校百年校庆,本人忝为校友,因事不能躬临为歉!

C. 吉日良辰,花好月圆,恭祝一对璧人并蒂同心、白首偕老!

D. 家母古稀之庆,承蒙各位亲友光临,略备薄酒,敬答厚意!

10. 下列对张养浩《山坡羊·潼关怀古》的理解分析,不正确的是(　　)

山坡羊·潼关怀古
张养浩

峰峦如聚,波涛如怒,山河表里潼关路。望西都,意踟蹰。伤心秦汉经行处,宫阙万间都做了土。兴,百姓苦;亡,百姓苦。

A.《山坡羊·潼关怀古》是一首元代散曲,"山坡羊"是曲牌名,"潼关怀古"是曲的标题。

B. "山河表里潼关路"这句勾画出潼关外有黄河、内有华山,山河雄伟,地势险要的特点。

C. 曲中的"聚"字赋予静止的峰峦以动感,"怒"字则生动地表现出波涛汹涌澎湃的情态。

D. 作者在曲中表达出深深的伤感悲愤之情,他伤感悲愤的最主要原因是"宫阙万间都做了土"。

二、阅读理解(共55分)

(一) 阅读文段,完成后面的练习。(13分)

祝福
鲁迅

旧历的年底毕竟最像年底,村镇上不必说,就在天空中也显出将到新年的气象来。灰白色的沉重的晚云中间时时发出闪光,接着一声钝响,是送灶的爆竹;近处燃放的可就更强烈了,震耳的大音还没有息,空气里已经散满了幽微的火药香。我是正在这一夜回到我的故乡鲁镇的。虽说故乡,然而已没有家,所以只得暂寓在鲁四老爷的宅子里。他是我的本家,比我长一辈,应该称之曰"四叔",是一个讲理学的老监生。他比先前并没有什么大改变,单是老了些,但也还未留胡子,一见面是寒暄,寒暄之后说我"胖了",说我"胖了"之后即大骂其新党。但我知道,这并非借题在骂我:因为他所骂的还是康有为。

但是，谈话是总不投机的了，于是不多久，我便一个人剩在书房里。

1. 下面是对《祝福》题目意义的分析，不恰当的一项是(　　)。(3分)

A. 祥林嫂死于"天地圣众""预备给鲁镇的人们以无限的幸福"的祝福声中，从而揭露了封建礼教和封建迷信的罪恶。

B. 用祝福的热闹繁忙来反衬祥林嫂死得寂寞、冷清，使"凶人愚妄的欢呼"和"悲惨的弱者的呼号"形成强烈的对比，从而增强了祥林嫂之死的悲剧性，有力地表现了主题。

C. 作者深深同情祥林嫂的悲惨命运。《祝福》这个标题，寄托了作者对祥林嫂的悼念和祝福之意。

D. 小说起于祝福，结于祝福，中间一再写到祝福，情节的发展与祝福有着密切的关系。

2. 《祝福》开头景物描写的作用是(　　)。(3分)

A. 具体交待了故事发生的特定环境。

B. 衬托"我"及时回到故乡过年的欢愉心情。

C. 表现"我"对故乡鲁镇深沉的感情。

D. 真实地描绘了鲁镇旧历年底的欢庆气氛。

3. 《祝福》运用倒叙的写法，这样写的好处是(　　)。(3分)

A. 有利于人物形象的刻画。

B. 是展开情节必不可少的因素，可以造成悬念，吸引读者去探索。

C. 设置强烈悬念，可以造成极浓重的悲剧色彩，产生震撼人心的力量，也深化了主题。

D. 这是小说惯用的手法，在于使结构多样化。

4. 《祝福》开头一段文字中对鲁四老爷语言、外貌描写的作用是什么？(4分)

_____

_____

(二) 阅读文段，完成后面的练习。(15分)

乡土中国

费孝通

从基层上看去，中国社会是乡土性的。我们不妨先集中注意那些被称为土头土脑的乡下人。他们才是中国社会的基层。

我们说乡下人土气，虽则似乎带着几分藐视的意味，但这个土字却用得很好。乡下人离不了泥土，因为在乡下住，种地是最普通的谋生办法。而且，据说凡是从这个农业老家里迁移到四围边地上去的子弟，也老是很忠实地守着这直接向土里去讨生活的传统。最近我遇着一位到内蒙旅行回来的美国朋友，他很奇怪地问我：你们中原去的人，到了这最适宜于放牧的草原上，依旧锄地播种，一家家划着小小的一方地，种植起来，真像是向土里一钻，看不到其他利用这片地的方法了。

靠种地谋生的人才明白泥土的可贵。城里人可以用土气来藐视乡下人，但是乡下，"土"是他们的命根。在数量上占着最高地位的神，无疑是"土地"。他们象征着可贵的泥土。我初次出国时，我的奶妈偷偷地把一包用红纸裹着的东西，塞在我箱子底下。后来，她又避了人和我说，假如水土不服，老是想家时，可以把红纸包裹的东西煮一点汤喝。这是一包灶上的泥土。

直接靠农业来谋生的人是黏着在土地上的。我遇见过一位在张北一带研究语言的朋友。我问他说在这一带的语言中有没有受蒙古话的影响。他摇了摇头，不但语言上看不出什么影响，其他方面也很少。他接着说："村子里几百年来老是这几个姓，我从墓碑上去重构每家的家谱，清清楚楚的，一直到现在还是那些人。乡村里的人口似乎是附着在土上的，一代一代的下去，不太有变动。"——这结论自然应当加以条件的，但是大体上说，这是乡土社会的特性之一。我们很可以相信，以农为生的人，世代定居是常态，迁移是变态。

无论出于什么原因，中国乡土社区的单位是村落，从三家村起可以到几千户的大村。乡土社会的生活是富于地方性的。地方性是指他们活动范围有地域上的限制，在区域间接触少，生活隔离，各自保持着孤立的社会圈子。

乡土社会在地方性的限制下成了生于斯、死于斯的社会。常态的生活是终老是乡。假如在一个村子里的人都是这样的话，在人和人的关系上也就发生了一种特色，每个孩子都是在人家眼中看着长大的，在孩子眼里周围的人也是从小就看惯的。这是一个"熟悉"的社会，没有陌生人的社会。

"我们大家是熟人，打个招呼就就是了，还用得着多说么？"乡土社会里从熟悉得到信任。这信任并非没有根据的，其实最可靠也没有了，因为这是规矩。乡土社会的信用发生于对一种行为的规矩熟悉到不假思索时的可靠性。这自是"土气"的一种特色。这种办法在一个陌生人面前是无法应用的。陌生人所组成的现代社会是无法用乡土社会的风俗来应付的。

(选自《乡土中国》，有删改)

1. 根据原文内容，下列分析不正确的一项是(　　)。(3分)

A. 土地神象征着可贵的泥土，种地谋生的人崇拜它们是因为明白泥土的可贵。

B. 乡土社会中的村落各自保持着孤立的社会圈子，头闸镇徐家园子村和邵家桥村的村名就寄存着这样的信息。

C. 关渠村的老张二话没说就借了发小老王2万元钱，在现代社会中这是很正常的。

D. 乡土社会里，乡下人一旦不在乡下住，他们就会失去谋生的办法。

2. 下列关于原文内容的理解和分析，不正确的一项是(　　)。(3分)

A. 以农为生的人，世代定居是常态，迁移是变态，这是乡土社会的一个特性。

B. 乡土社区的单位村落各自保持着孤立的社会圈子，人们生于斯，死于斯。

C. 那些被称为乡人的人是中国社会的基层，从基层上看去中国社会是乡土性的。

D. 乡下人离不了泥土，在乡下住，种地是最普通的谋生办法，从而遭到城里人的藐视。

3. 下列对原文论证的相关分析，正确的一项是(　　)。(3分)

A. 奶妈塞给"我"灶上的泥土，有力地证明了"土是靠种地谋生的乡下人的命根"这一论断。

B. 文中美国朋友的说法说明中原人除了耕种找不到利用土地的其他方法。

C. 乡土社会里熟人打个招呼就行的办法，没法应付陌生人组成的现代社会。

D. 以农为生的人，世代定居是常态，所以张北地区的农民受游牧习俗的影响很少。

4. 这段选文揭示了"乡土社会"的哪些特性？请结合具体事例谈谈你的感受（不少于30字）。(6分)

_____

_____

(三) 阅读下面的文段，完成后面的练习。(12分)

正在消失的土地

土地是支撑包括人类在内的地球上所有生物的重要资源，但近年来世界各地土地都在逐渐丧失。事实上，农业活动是土地消失的一个重要原因。因岩石风化而形成新土壤的过程在地球表面一直持续着，据估计，岩石风化形成新土的速度每年大约为0.1毫米厚。在日本，土壤的厚度大约为1米，所以现有土壤大概是经历1万年左右的时间形成的。在没有人类活动的自然状态下，这种成土过程逐渐形成新土的同时，现有的土壤也会因雨水和冰雪融化的水而流失（水蚀）或被风吹走（风蚀）而稍有损失。当两者基本均衡时，整体土量会不变，或是土层稍有增长。不过，如果为了农业活动而大规模开垦土地，就会一下子打破这种微妙的平衡。覆盖表面的植被会因耕作表土而消失，造成土壤裸露，结果导致水蚀和风蚀的速度远远快于形成新土的速度，土壤就会迅速流失。

例如，在20世纪20—30年代，美国利用农业机械和化学肥料在中西部的黑钙土上大规模种植小麦和玉米，结果，草原变成了裸露的农田，大量土壤被风吹走，频繁出现被称为"尘盆"（dust bowl，尘暴区）的沙尘暴，结果导致300多万农民不得不抛弃农田而迁移他乡。由于这种因农业所导致的土壤退化，使美国中西部地区黑钙土的黑色土层厚度在过去一百年间大约减少了一半。

即使土壤本身没有减少，但由于森林砍伐等原因而导致植物消失，地表的水分蒸发量会超过降雨量。这样一来，土壤就会变得逐渐干燥，水中所含的盐分也会积累到地表，出现"盐碱化"现象。另外，由于干燥，土壤温度会升高，微生物分解腐殖质的速度会加快，土壤中的营养成分也会随之流失。这种人为造成的沙漠化的土壤已经无法生长植物了。

在全球范围内，每年因盐碱化而荒废的农田面积大约为1.5万平方千米。目前，全球人口约为78亿，估计到2050年将会超过100亿。而农田面积已经达到顶点。据预测，如果肥沃的土壤以目前的速度继续减少，2050年的全球粮食总产量将比现在减少20%。面对这种情况，为了今后养活地球上100亿人，研究人员正在努力寻找一些方法。作为防止土壤流失的方法之一，在北美黑钙土的土地上正在广泛推广不耕作农田的"免耕栽培"技术。收获农作物后，通常要翻地，把茎和叶翻到土里。与此相反，免耕栽培则是让收获后剩下的茎和叶子就地枯萎，堆积在地表。这样做，虽然可能会减少收成或增加病虫害的风险，但可以保护表土，防止因风蚀等原因造成的土壤流失。

另外，研究人员也正在考虑比以往更加有效利用"堆肥"技术，也就是说，把落叶和家畜的粪便堆积起来，利用微生物自然分解后用作肥料，就像利用动植物的遗骸形成腐殖质那样，堆肥也有增加土壤中有机物的效果。另外，如果土壤中的有机物增多，能够封存的碳就会增多，从而减少大气中的二氧化碳，有望起到缓和气候变化的作用。最新研究表明，如果全球土壤中碳含量每年增加0.4%，就可以阻止大气中二氧化碳的增加。因此，为了抑制全球气候变暖，2015年召开的国际会议（第21届联合国气候变化大会，COP21）通过了"巴黎协定"，规定了世界各国行动内容协议，并确定了"千分之四全球土壤增碳计划"，目的是通过增加土壤中的有机物，将来既可继续维持粮食生产，又能抑制全球气候变暖。

（选自《科学世界》2021年第7期）

1. 根据原文表述，下列各项中与土壤流失原因无关的一项是（　　）。（3分）

A. 农业活动会造成覆盖土壤表面的植被消失。

B. 土壤裸露时，风蚀的速度会加快土壤流失。

C. 土壤裸露时，水蚀的速度会加快土壤流失。

D. 土壤中的有机物增多会加快土壤流失。

2. 下列各句与原文意思相符的一项是（　　）。（3分）

A. 地球上现有的土壤大概是经历1万年左右的时间形成的。

B. 美国中西部地区黑钙土的黑色土层厚度在过去一百年间大约减少了一半的根本原因是大量种植了小麦和玉米。

C. "堆肥"是把落叶和家畜的粪便堆积起来，利用微生物自然分解，以增加土壤肥力的技术。

D. 如果肥沃的土壤以目前的速度继续减少，2050年的全球粮食总产量将减少到现在的20%。

3. 下列各项中与土壤盐碱化无密切关系的一项是（　　）。（3分）

A. 乱砍滥伐致使地表植物消失。

B. 农民抛弃农田迁移他乡。

C. 地表水分的蒸发量超过降雨量。

D. 土壤内水中所含的盐分逐渐积累到地表。

4. 根据原文提供的信息，下列说法不正确的一项是(　　)。(3分)

A. 如果土壤中能够封存大量的碳，一定不会减缓气候变化。

B. 现有土地的耕作方式，不能够满足即将到来的100亿人口时代的需要。

C. 免耕栽培技术是防止土壤流失的有效措施之一。

D. 如果土壤中微生物分解腐殖质的速度加快，土壤中的营养成分会随之流失。

(四) 阅读下面的文段，完成后面的练习。(15分)

爱的注视

当那个漂亮的女人拄着盲棍小心翼翼地上车时，全车的乘客都对她报以同情的目光。她把车钱付给司机，摸索着走到司机留给她的座位上坐下，然后将公文包放在膝盖上，那根白色的棍子就靠在她的腿边。

她是34岁的苏莎，一年前由于一次意外，她陡然间失去视力，从此被抛入黑暗、愤怒、沮丧和对自己的怜悯之中。她曾经是一位相当要强的人，但如今，命运将她变成了失去生活自理能力的人，成为周围人的负担。"为什么会发生这种事？"她不明白，心中充满了愤怒。但是无论怎样地哭喊、祈求，她知道自己不得不面对这样一个残酷的事实——永远失去了视力，将在无尽的黑暗之中度过余生。

阴云笼罩着曾经生活乐观的苏莎。每一天，她都在痛苦沮丧与疲惫不堪中度过，她唯一所依靠的就是她的丈夫马骏。

马骏是一位军官，他深深地爱着苏莎。当看到失明令苏莎那么沮丧与痛苦时，他便决心帮助妻子鼓起勇气与信心去开始新的生活。马骏的军旅生涯曾训练他如何面对困难，但是他知道这一次却是最为困难的一场战斗。

最终，苏莎感到自己可以回去上班了。她过去是乘公交车上班，但现在却害怕一个人去。于是马骏每天开车去送她。但是，马骏很快意识到这不是长久之计。他对自己说："苏莎必须学会自己搭公交车上班。"但是，她还是如此脆弱，失明引起的怨恨还没有从心中消除。这个时候提这些，她会怎么想？

正如马骏所预料的那样，苏莎害怕再搭公交车。"我是个瞎子！"她愤怒地说，"我怎么知道自己到了哪儿？我想你是嫌我累赘了，想扔下我不管了！"

苏莎的话让马骏的心都要碎了，但他知道什么是必须做的。他向苏莎保证每个早晨和晚上都会陪她一起乘车，接送她，直到她完全能够应付为止。

接下来的两个星期，马骏身穿制服，每天都同苏莎一起乘车。他教会她如何依靠其他感官，特别是听力，来判断自己到了什么地方；如何适应周围新的环境。他帮助她与司机搞好关系，让他们照看她，为她留个座位。他逗她开心，不论是在苏莎摸摸索索不太顺利地下车时，还是在她把公文包丢到车厢里的时候。

每天早上他们一起出发，把她送到地方以后，马骏再乘出租车去自己的办公室。终于，在一个星期一的早上，离家前，苏莎眼睛里充满泪水，她深情地对他说："再见！"之后，这么长时间以来，他们第一次各自走各自的。

　　星期一、星期二、星期三、星期四，每一天苏莎都很顺利，眼盲之后她从没感到这样好过。她成功了！她终于可以自己去上班了！

　　星期五早上，苏莎像往常一样坐车上班。当她付车费时，司机说："孩子，我真羡慕你。"苏莎不知道司机是否在同她说话，还有谁会羡慕一个双目失明、挣扎着寻找生活下去的勇气的女人呢？她不由好奇地问："为什么你会羡慕我这样的人？"司机回答说："因为照顾和保护你一定是件快乐的事。"

　　司机的话让苏莎感到纳闷，于是她又问道："你这是什么意思？"

　　司机说："你知道吗？过去几天，每个早上，在你下车时，都有一个穿着一身军装的、长得很帅的小伙子站在拐角对面的街上注视着你，在确定你安全地穿过街道并走进办公室以后，他会向你的方向抛一个飞吻，然后才转身离开。你真是一个幸运的女人。"

　　幸福的泪水滑下苏莎的脸颊，尽管她再也无法看见马骏，但她却能始终感觉到他的存在。

(选自《青年文摘》，有删改)

1. 文中"最为困难的一场战斗"指的是什么？(2分)

2. 马骏为什么认为"苏莎必须学会自己搭公交车上班"？(3分)

3. 从全文看，作者采用什么方法刻画马骏这一形象？概括马骏的品质特征。(3分)

4. 结尾部分司机与苏莎对话，这一情节设计有什么特点和作用？(3分)

5. 亲情之爱、师生之爱、朋友之爱……在"爱的注视"下，我们不断成长。结合苏莎失明后情感的变化过程，谈谈你对"爱的注视"的感受。(4分)

三、作文（35分）

请根据下面的材料，写一篇文章。

　　我们在长辈的环绕下成长，自以为了解他们，其实每一位长辈都是一部厚书，一旦重新打开，就会读到人生的事理，读到传统的积淀，读到时代的印记，还可以读出我们自己，读出我们成长同时他们的成长与成熟，读出我们和他们之间认知上的共识或分歧……

十八岁的我们已经长大，今天的重读，是成年个体之间平等的心灵对话、灵魂触摸，是通往理性认知的幽径。

请结合自己的生活阅历深入思考，围绕"重读长辈这部书"写一篇作文。

要求：①自选角度，自拟标题；②文体不限（诗歌除外），文体特征鲜明；③不少于700字；④不得抄袭，不得套作。

第五单元

一　在马克思墓前的讲话

＊世间最感人的坟墓

【内容结构】

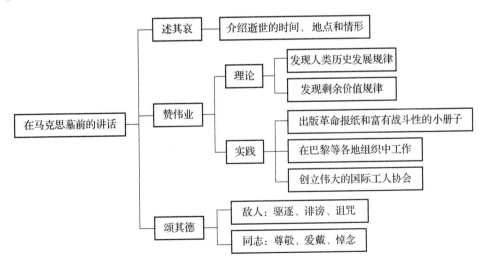

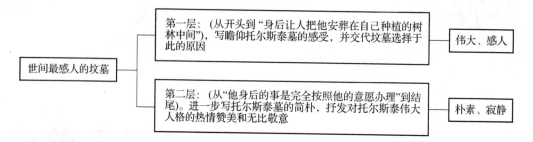

【写作特点】

《在马克思墓前的讲话》写作特点：

1. 综合运用记叙、议论、描写、抒情等多种表达方式。例如：对马克思的革命实践活动，多用叙述方式；对马克思各种贡献的阐述和评价，采用议论方式；在叙述和议论之中，又运用了带有强烈感情色彩的词句，字里行间蕴含着对马克思逝世的悼念和惋惜之情，悲伤却不消沉，沉痛却不压抑。作者对马克思杰出贡献和伟大人格的崇敬赞颂之情溢于言表，具有感人的力量。

2. 课文语言准确严密，感染力强。如对马克思逝世的痛惜与悼念，对他的斗争精神和崇高人格的赞美，对他伟大历史功绩的高度评价，以及对反动派的蔑视等，遣词用句都非常贴切、精当。

3. 运用多种修辞手法，表达效果鲜明。如用"停止思想""永远地睡着"这样的讳饰手法来表述马克思的逝世，用"豁然开朗"与"在黑暗中摸索"进行比较，揭示出马克思发现剩余价值规律的划时代意义，用"蛛丝"比喻敌人的攻击，生动形象，增强了讲话的感染力。

《世间最感人的坟墓》写作特点：

1. 通过对比手法突出托尔斯泰墓的伟大和感人。作者运用了一些对比性描述，突出两者的极大反差，让读者进一步体会为什么托尔斯泰墓给人印象最深刻、最感人，让人感受到托尔斯泰崇高的人格魅力。

2. 多处运用排比、比拟等修辞，把浓厚真挚的情感渗透进所描述的事、物、情、景之中，摇曳多姿。如写托尔斯泰墓是"一个小小的矩形土丘""没有十字架，没有墓碑，没有铭文"，运用的是排比；"唯有人们的敬意守护着这位永不休息的人的最后安息"，运用的是比拟。阅读这样的文字，如同接受一次美的享受，经受一次的感情的洗礼。

3. 运用夹叙夹议，淋漓尽致地抒发了作者的情感。如"通常人们总是对陵墓的壮观感到好奇，而在这里却以一睹坟茔的出奇简朴为快""它们的气象都不及这座在树林之中、非常安谧的无名坟茔感人至深,因为在它上面只有风儿在絮絮低语,而坟茔本身却没有留下任何文字和话语"等,都将作者的感受明明白白地告诉读者,以强烈的情感抒发充分展现"更伟大、更感人""感人至深"的丰富内涵,给人以教育和启示。

【相关链接】

悼词是对死者表示哀悼的话或文章。它有广义和狭义之分:广义的悼词指向死者表示哀悼、缅怀与敬意的一切形式的悼念性文章,狭义的悼词专指在追悼大会上对死者表示敬意与哀思的宣读式的专用哀悼的文体。

斯蒂芬·茨威格,奥地利小说家、诗人、剧作家、传记作家。他的小说《象棋的故事》《心灵的焦灼》,自传《昨日的世界:一个欧洲人的回忆》,传记《三大师》等,都流传甚广,广受赞誉。茨威格的自传《昨日的世界:一个欧洲人的回忆》通过记述自己经历的人与事,展示了他生活过的城市和国家的文化和生活风貌,描摹了他与一些世界级的诗人、作家、雕塑家、音乐家交往的情景,披露了世界文化名人一些鲜为人知的生活趣闻。

列夫·尼古拉耶维奇·托尔斯泰(1828—1910年),俄国作家、思想家,19世纪俄国伟大的批判现实主义作家,是世界文学史上的杰出作家之一,被称颂为具有"最清醒的现实主义"的"天才艺术家"。他以自己漫长一生的辛勤创作,登上了欧洲批判现实主义文学的高峰。他被列宁称为"俄国革命的镜子",主要作品有长篇小说《战争与和平》《安娜·卡列尼娜》《复活》等。《战争与和平》是他前期创作的高峰;《安娜·卡列尼娜》代表他创作的第二个里程碑;《复活》则是他长期思想探索的艺术总结,是他对俄国地主资产阶级社会批判最全面、最深刻、最有力的一部长篇小说。

【基础知识】

1. 下列词语中,加点字的读音全都正确的一组是(　　)。

A. 诬蔑(miè)　　嫉恨(jì)　　卓有成效(zhuó)

B. 诅咒(zǔ)　　尘嚣(xiāo)　　豁然开朗(huò)

C. 诽谤(fěi)　　穹隆(qióng)　　扣人心弦(xuán)

D. 荫庇(yìn)　　空白(kōng)　　不可估量(liáng)

2. 下列词语中,有错别字的一组是(　　)。

A. 领域　爱戴　豁然开朗　浅尝辄止

B. 建树　繁芜　永垂不朽　坚忍不拔

C. 甜蜜　功绩　卓有成效　不可估量

D. 自豪　逝世　衷心喜悦　顾名思意

3. 依次填入下列句子中横线上的词语,恰当的一组是(　　)。

①由于剩余价值的发现,这里就豁然开朗了,而先前无论资产阶级经济学家或者社会主义批评家所做的一切研究都只是在黑暗中____。

②马克思在他所研究的每一个领域,甚至在数学领域,都有____的发现。

③在这干旱、荒凉的旷野上,生长着一棵棵_____的骆驼草。

A. 摸索　独特　坚韧　　　　　B. 摸索　独到　坚韧

C. 探索　独到　坚忍　　　　　D. 探索　独特　坚忍

4. 下列各句中,加点的成语使用恰当的一项是(　　)。

A. 一些青年人做学问缺乏长远眼光,刚入门便打退堂鼓,浅尝辄止的做法贻误了多少青春。

B. 马克思的科学见解,远远超出同时代人,对一些问题的看法出神入化。

C. 他查阅了许多繁芜丛杂的资料,终于找到了那篇重要的论文。

D. 他偶尔在一些报刊上发表几首小诗,对他崭露头角的才华和卓有成效的表现,同学们赞不绝口。

5. 下列句子使用的修辞手法,判断不正确的一句是(　　)。

A. 当我们进去的时候,便发现他在安乐椅上安静地睡着了——但已经永远地睡着了。(讳饰)

B. 他对这一切毫不在意,把它们当作蛛丝一样轻轻拂去,只是在万不得已时才给以回敬。(比喻)

C. 他被埋葬在那里,就像一个被偶然发现的流浪汉,或者像一个不知姓名的士兵。(比喻)

D. 夏天,风儿在俯临这座无名者之墓的树木之间飒飒响着,和暖的阳光在坟头嬉戏。(拟人)

6. 下列各句中没有语病的一句是(　　)。

A. 尤瓦尔·赫拉利写作了《人类简史》一经上市就登上了以色列畅销书排行榜第一名,蝉联榜首长达100周,30多个国家争相购买版权。

B. 英国著名物理学家霍金通过自己杰出的大脑,倾尽毕生精力,以整个宇宙为研究对象,试图解开关于时空和存在的本质。

C. 文化创意产业属于知识密集型新兴产业,具有高知识、高融合性、高带动性等优势,是创建宜居"智慧新城"的有力推手。

D. 无论是在天津,还是在比赛现场,都有支持热爱天津女排的一批球迷与这支队伍同呼吸共命运。

【阅读理解】

（一）

①一生中能有这样两个发现，该是很够了。即使只能作出一个这样的发现，也已经是幸福的了。但是马克思在他所研究的每一个领域，甚至在数学领域，都有独到的发现，这样的领域是很多的，而且其中任何一个领域他都不是浅尝辄止。

②他作为科学家就是这样。但是这在他身上远不是主要的。在马克思看来，科学是一种在历史上起推动作用的、革命的力量。任何一门理论科学中的每一个新发现——它的实际应用也许还根本无法预见——都使马克思感到衷心喜悦，而当他看到那种对工业、对一般历史发展立即产生革命性影响的发现的时候，他的喜悦就非同寻常了。例如，他曾经密切注视电学方面各种发现的进展情况，不久以前，他还密切注视马赛尔·德普勒的发现。

③因为马克思首先是一个革命家。他毕生的真正使命，就是以这种或那种方式参加推翻资本主义社会及其所建立的国家设施的事业，参加现代无产阶级的解放事业，正是他第一次使现代无产阶级意识到自身的地位和需要，意识到自身解放的条件。斗争是他的生命要素。很少有人像他那样满腔热情、坚韧不拔和卓有成效地进行斗争。最早的《莱茵报》（1842年），巴黎的《前进报》（1844年），《德意志-布鲁塞尔报》（1847年），《新莱茵报》（1848—1849年），《纽约每日论坛报》（1852—1861年），以及许多富有战斗性的小册子，在巴黎、布鲁塞尔和伦敦各组织中的工作，最后，作为全部活动的顶峰，创立伟大的国际工人协会，——老实说，协会的这位创始人即使没有别的什么建树，单凭这一成果也可以自豪。

④正因为这样，所以马克思是当代最遭嫉恨和最受诬蔑的人。各国政府——无论专制政府或共和政府，都驱逐他；资产者——无论保守派或极端民主派，都竞相诽谤他，诅咒他。他对这一切毫不在意，把它们当作蛛丝一样轻轻拂去，只是在万不得已时才给以回敬。现在他逝世了，在整个欧洲和美洲，从西伯利亚矿井到加利福尼亚，千百万革命战友无不对他表示尊敬、爱戴和悼念，而我敢大胆地说：他可能有过许多敌人，但未必有一个私敌。

1. "他作为科学家就是这样，但是这在他身上远不是主要的。"对加点词语的理解正确的一项是（　　）。

　　A. "这样"和"这"指代的是同一内容。

　　B. "这样"指代上段中马克思在许多领域都有深刻的研究。"这"指代"他作为科学家"。

　　C. "这样"指代他的两个发现以及在许多领域的深刻研究。"这"指代"他作为科学家就是这样。"

　　D. "这样"指代上段中马克思在许多领域都有深刻的研究。"这"指代"他作为科学家就是这样"。

2. "感到衷心喜悦"与"他的喜悦，就非同寻常了"，两种喜悦程度是不同的，对这种差别说明正确的一项是(　　　)。

A. 理论科学和应用科学相比，马克思更看重应用科学。

B. 马克思主要从人类社会的进步，从革命的角度注视科学的发展。

C. 马克思认为应用科学是立竿见影的，只有应用科学才是在历史上起推动作用的、革命的力量。

D. 马克思认为理论必须与实际相结合，才能发挥作用。

3. （1）请试着概括第①段的大意。（不超过15个字）

_____

_____

（2）文中"把它们当作蛛丝一样轻轻拂去"中"拂去"一词，有的版本译为"抹去"，你认为这两种翻译哪一种更好？请说明理由。

_____

_____

（二）

马克思之墓（节选）

南帆

①在英国，可以见到许多名流的塑像，威灵顿、丘吉尔、司各特、牛顿，等等。牛津大学的图书馆是某个富豪捐赠的，图书馆门前就有一尊这个富豪的铜像。伦敦的某一个地铁站口甚至塑起了一尊福尔摩斯像。

②海德公园里矗立着一座金碧辉煌的纪念碑。这座纪念碑如此之高，以至于拍照时不得不用广角镜头。纪念碑纪念的是一个叫阿尔勃特的男人。没有多少人知道他的生平事迹，他最为重要的身份是女王的丈夫。据说他去世之后，伤心的女王大约有七年的时间不理朝政。这座纪念碑应当是爱情和皇家财富的共同象征。

③其实，英国人更为热衷的是戴安娜王妃的故事。纪念戴安娜的活动至今不衰。戴安娜逝世的周年忌日，无数人自愿地献上鲜花和花圈。海德公园几条主道的路面上，不远的距离就钉有一面铜牌子——因为戴安娜曾经从这几条路上走过。人们爱戴戴安娜的原因不仅是她的美貌，更重要的是她的平民精神。她时常以王妃的身份参加各种慈善活动，不太在乎皇室装腔作势的清规戒律，也没有刻意将那一场举世瞩目的婚礼作为摆脱平民世界的仪式。

④可是，这种爱戴之中是不是仍然隐藏了某些势利之心？戴安娜的传奇寄托了众多凡

人的白日梦，而且，戴安娜故事的后半段仍然是这种故事的延续。她可以大步跨出肯辛顿宫的大门，然而，接走她的仍然是埃及巨富多迪的奔驰轿车。

⑤热衷于戴安娜所代表的平民精神的英国人大概不太能想到马克思了。没听说英国的什么地方有马克思的塑像。马克思说了一些权贵们不爱听的话，有钱人当然不想为他树碑立传。令人感叹的是平民的沉默。穷困的马克思为无产者呐喊了一辈子，风雨无阻；然而，那么多人却慷慨地将鲜花和花圈掷给了象征性地参加过几次慈善活动的戴安娜。这个世界肯定有什么地方出了差错。

⑥当然，不是所有的人都被电视或者报纸上名流表演的消息收买。还有人懂得马克思和《资本论》。英国的BBC主持了一项调查——谁是影响20世纪的十位名人？广泛投票的结果，马克思竟然名列榜首。这个消息令许多人意外，也令许多人惊喜。这个消息令人恢复了一些信心：历史的天平仍然存在。

⑦前往拜谒马克思墓的时候才知道，马克思所葬的海格特公墓已经私有化，一个毕生倡导公有制的思想家还是无法让他的葬身之地脱离旧世界。收购海格特公墓的是一个老妇人，她规定进入公墓必须交费。尤为苛刻的是，每带入一台照相机必须加付一英镑。

⑧马克思的墓原先夹杂在一大堆坟墓之间，平躺于地上。20世纪50年代中期，英国工人和各国共产党合力重建了马克思墓。新的马克思墓位于公墓东北角的路边，墓碑是花岗岩砌就的一个高8英尺的方柱，方柱顶上安放着马克思的铜铸头像。"哲学家们只是用不同的方式解释世界，而问题在于改变世界。"——看着墓碑上镌刻的这一句马克思的名言，心中无限感慨。

⑨返回的时候，有人问起马克思的后代。据说伦敦还有一个，不知是第几代孙子或外孙，在开出租车。如果这个传闻属实，那么，他至今应该还是标准的工人阶级的一员吧。

(有删改)

1. 下列对原文有关内容的理解和分析，正确的一项是（　　）。

A. 文章在写英国人对名流的态度时语含讥讽，鲜明地表现出作者对世俗观念的否定，以及对英国平民的批判。

B. 本文以"马克思之墓"为题，却用大量篇幅写了社会名流和权贵的塑像和纪念碑，这种欲扬先抑的手法，有力地突出了本文的主题。

C. 作者写到世人对马克思的态度和评价时情感复杂，但态度鲜明：能多给这位伟人一些注视的世界才是清醒公正的世界。

D. 文章结尾关于马克思后代的传闻看似闲笔，实则意蕴深刻，因为作者从中得到安慰，马克思主义后继有人了。

2. 本文的标题为"马克思之墓"，但文章开头却用了很大篇幅写英国"名流"的塑像和纪念碑，有什么用意？

3. 第⑧段中，作者为什么会"看着墓碑上镌刻的这一句马克思的名言，心中无限感慨"？请结合文意概括说明。

【写作表达】

阅读下面的材料，根据要求写作。

巴金先生在散文《灯》中写道："我的心常常在黑暗的海上漂浮，要不是得着灯光的指引，它有一天也会永沉海底。"

作家刘同《向着光亮那方》里则有这样的话："抱怨身处黑暗，不如提灯前行。愿你在自己存在的地方，成为一束光，照亮世界的一角。"

以上两则言论对我们的未来发展颇具启示意义，请结合材料写一篇不少于300字的短文，体现你的感悟与思考。

【语用提升】

阅读下面的文字，完成1~2题。

又是一年槐花儿飘香的季节，小伙伴们有没有想起儿时那些带有妈妈专属味道的槐花美食？不过，槐花 ① 。常见的槐花有三种：淡黄色的国槐花，夏末开花，可以入药 ② ；白色的刺槐花（也叫洋槐花），夏初开花，花香味甜，可食用但不可入药；红色的槐花（变种）仅供观赏，既不能食用， ③ 。也就是说，我们吃的槐花美食来自白色刺槐。白色刺槐是我国重要的蜜源、食花和景观植物，原产北美。而我国土生土长的树种，是国槐。国槐在我国不只是一种常见的良木，而且作为一种文化元素融入传统文化之中，比如被奉为"神树"，种植在敬神祭祖的社坛周围；作为吉祥的象征，种植在庭前屋后。古代社会，槐树还是三公（太师、太傅、太保）宰辅之位的象征，并出现了一些由

"槐"字构成的具有政治寓意的词,如槐岳(朝廷高官)、槐蝉(高官显贵)、槐第(三公的宅第)等。槐树因此也受到读书人的喜爱。

1. 请在文中横线处补写恰当的语句,使整段文字语意完整连贯,内容贴切,逻辑严密,每处不超过8个字。

_____

_____

2. 下列选项中,加点的词语和文中"槐蝉"所用修辞手法不同的一项是(　　)。
A. 主人下马客在船,举酒欲饮无管弦。
B. 埋骨何须桑梓地,人生无处不青山。
C. 六军不发无奈何,宛转娥眉马前死。
D. 心非木石岂无感,吞声踯躅不敢言。

【诗歌赏析】

阅读下面这首唐诗,完成 1~2 题。

投长沙裴侍郎
杜荀鹤

此身虽贱道长存,非谒朱门谒孔门。
只望至公将卷读①,不求朝士致书论。
垂纶雨结渔乡思,吹木风传雁夜魂。
男子受恩须有地,平生不受等闲恩。

【注】①至公:科举时代对主考官的敬称。

1. 下列对这首诗的理解和分析,不正确的一项是(　　)。
A. 诗人表示,虽然自己的社会地位低下,但对儒家思想的信奉坚定不移。
B. "朱门""孔门"分别代指世俗的权势与精神的归依,形成鲜明的对比。
C. 诗人希望自己能凭借真才实学通过正常渠道进身,而不愿去寻找捷径。
D. 诗人表达了自己对待恩惠的态度,不随便接受别人的恩惠,受恩必报。

2. 诗歌的颈联描写了两个具体场景,与其他各联直抒胸臆的写法不同,这样写在情感表达和结构安排方面有什么作用?

_____

_____

【轻松一刻】

山有山的高度,水有水的深度,没必要一味攀比;风有风的自由,云有云的温柔,没必要总是模仿;每个人都有自己的长处;每个人都有自己的个性。你认为快乐的,就去寻找;你认为值得的,就去守候;你认为幸福的,就去珍惜。没有不被评说的事,没有不被猜测的人。不要太在乎别人的看法，不要太盲目追求一些东西，做最真实、最朴实的自己，依心而行，无憾今生。

二 飞向太空的航程

【内容结构】

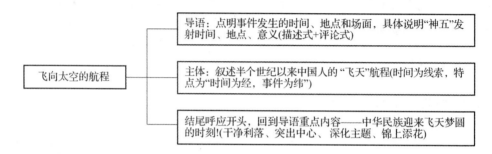

【写作特点】

1. 标题简约醒目，富有特色。简短的几个字，既概括了课文的主要内容，限定了写作范围，又一语双关，生动形象。标题还巧用动词"飞"，并且与"航程"搭配，富有动感，令人印象深刻。

2. 课文将新闻事件置于历史的大背景中，立意高远。新闻的主体部分没有承接导语部分，去叙述神舟五号飞船发射的经过、情景，而是把这一事件放在历史的语境中去看，按照时间顺序，叙述了我国的"飞天梦"以及我国几代航天人实现飞天梦的艰辛过程。这样的构思和立意，使读者认识到神舟五号发射的成功，是中国几代航天人近半个世纪努力的结果，是中国航天史上具有里程碑意义的事件，不仅使课文有一种历史的纵深感和厚重感，而且与同题材的其他新闻报道相比独具特色。

3. 语言凝练生动，且饱含情感，自始至终渗透着浓郁的抒情性。如"中国是嫦娥的故乡，火箭的发射地，是诞生了人类'真正的航天始祖'万户的国度。在航天时代到来之际，中国，不能再一次落伍"，句式整散结合、抑扬顿挫，把中国的历史和中国人不懈追求的精神融合起来，极具感染力。

【相关链接】

神舟系列飞船历次发射情况

神舟号	发射时间	乘组	发射地点
神舟一号	1999年11月20日06时30分	无人飞船	酒泉卫星发射中心
神舟二号	2001年01月10日01时00分	无人飞船	
神舟三号	2002年03月25日22时15分	搭载模拟人	
神舟四号	2002年12月30日00时40分	搭载模拟人	
神舟五号	2003年10月15日09时00分	杨利伟	
神舟六号	2005年10月12日09时00分	费俊龙、聂海胜	
神舟七号	2008年09月25日21时10分	翟志刚、刘伯明、景海鹏	
神舟八号	2011年11月01日05时58分	搭载模拟人	
神舟九号	2012年06月16日18时37分	景海鹏、刘旺、刘阳	
神舟十号	2013年06月11日17时38分	聂海胜、张晓光、王亚平	
神舟十一号	2016年10月17日07时30分	景海鹏、陈冬	
神舟十二号	2021年6月17日9时22分	聂海胜、刘伯明、汤洪波	
神舟十三号	2021年10月16日0时23分	翟志刚、王亚平、叶光富	
神舟十四号	2022年6月5日10时44分	陈冬、刘洋、蔡旭哲	
神舟十五号	2022年11月29日23时08分	费俊龙、邓清明、张陆	
神舟十六号	2023年5月30日9时31分	景海鹏、朱杨柱、桂海潮	
神舟十七号	2023年10月26日11时14分	汤洪波、唐胜杰、江新林	

【基础知识】

1. 下列词语中加点字的读音，有误的一项是（　　）。

A. 响彻（chè）　　九霄（xiāo）　　不辍耕耘（chuò）

B. 翌年（yì）　　横亘（gèn）　　摘星揽月（lǎn）

C. 着陆（zhuó）　　耸入（sǒng）　　可供借鉴（gōng）

D. 应用（yìng）　　苛刻（kē）　　载人飞船（zǎi）

2. 下列各句中没有错别字的一项是（　　）。

A. 他们都经过了进乎苛刻的各种身体测试。

B. 一个民族迎来了飞天梦圆的辉煌时刻。

C. 然而，由于经济实力有限等各种原因，中国的飞天梦想只能沉封在一张张构思草图中。

D. 中国科学家们把目光投向了更远的地方，提出一鼓做气载人飞天。

3. 下列句子标点符号使用正确的一项是(　　)。

A. 乳白色的"神舟五号"飞船内，杨利伟——中国第一个航天员正静候着一个举国关注的时刻。

B. 毛泽东同志在中共八届二中全会上，挥动了他那扭转乾坤的大手说："我们也要搞人造卫星！……"。

C. 中国是嫦娥的故乡，火箭的发源地，是诞生了人类"真正的航天始祖"万户的国度。

D. 特别是神舟三号四号在全载人状态下连续发射成功，标志着中国已具备了把自己的航天员送上太空的能力。

4. 下列各句中没有语病的一项是(　　)。

A. 当人体免疫力大幅受损的情况下，"超级真菌"会乘虚而入，使病情雪上加霜，加速病人死亡，因此它被贴上了"高致死率"的标签，使人闻之色变。

B. 近年来，《战狼Ⅱ》《流浪地球》等一批精良艺术品质和积极价值取向的文艺作品受到观众广泛认可，这充分证明过硬品质是新时代文艺实现文化引领的基本条件。

C. 中国的哲学蕴含于人伦日用之中，中国建筑处处体现着人伦秩序与和而不同的东方智慧，五千年前的中华文明正是良渚大量建筑遗址的见证者。

D. 当前，以芬太尼类物质为代表的新型毒品来势凶猛，已在一些国家引发严重的社会问题；将芬太尼类物质整类列入管制，是中国政府处理毒品问题的创新性举措。

5. 填入下面横线上的语句，顺序恰当的一项是(　　)。

从载人航天工程立项开始，中国航天人在短短7年时间就攻克了载人航天的一道道难题：＿＿＿＿；＿＿＿＿；＿＿＿＿；＿＿＿＿。

①建立了体现尖端和前沿科技集成的飞船应用系统　②研制出了高安全性、高可靠性的"长征"二号F型运载火箭　③在北京建立了航天员培训中心　④新建成了载人飞船发射场、陆海基载人航天测控通信网和飞船着陆场

A. ②①③④　　　B. ④②①③　　　C. ③①④②　　　D. ③②①④

6. 下列各句中，表达不得体的一项是(　　)。

A. 使用公筷广告：长筷短筷，筷筷都是你我的爱。

B. 论文答辩致谢语：感谢聆听，敬请专家评委指教。

C. 垃圾分类宣传语：各得其所，细微处的文明之光。

D. 经典阅读推荐：智慧火源，值得为之付出热忱。

【阅读理解】

(一)

2003年10月15日清晨，朝阳辉映着酒泉卫星发射中心载人航天发射场耸入云天的发射架。

乳白色的神舟五号飞船内，杨利伟——中国第一位航天员正静候着一个举国关注的时刻。

上午9时整，随着一声惊天动地的巨响，巨型运载火箭喷射出一团橘红色的烈焰，托举着载人飞船腾空而起，直刺云霄……

这是人类航天史上一次不同凡响的发射，它标志着中国从此成为世界上第三个依靠自己的力量将航天员送入太空的国家。

为了这个飞天梦想，一个古老的民族已经等待了几百年，一代又一代航天人已经努力了近半个世纪。

1957年10月4日，哈萨克大荒原一个小小的角落里，发出一声沉闷的巨响，一枚顶端载着一个直径58厘米铝制圆球的火箭，梦幻般地升上了星空。

苏联成功发射人造卫星的消息，震动了最早具有飞天梦想的中国人。中国是嫦娥的故乡，火箭的发源地，是诞生了人类"真正的航天始祖"万户的国度。在航天时代到来之际，中国，不能再一次落伍。

面对天疆的呼唤，翌年5月17日，毛泽东在党的八大二次会议上，挥动了他那扭转乾坤的大手："我们也要搞人造卫星！"

1. 文章第一段，除了交代时间、地点、人物、事件等新闻要素外，还有什么作用？

2. 仔细阅读文章第四段，分析其在文中有何作用。

3. 文章描写火箭发射的情景时用了一系列动词，找出这些动词，简要说明这些词语在表达上的作用。

（二）

"嫦娥"奔向月宫

新闻资料：嫦娥工程

我国的月球探测工程作为一项国家战略性科技工程，整个工程规划贯彻"有所为、有所不为"的方针，选择有限目标，突出重点，集中力量，力求在关键领域取得突破，循序渐进，持续发展，为深空探测活动奠定坚实的基础。

嫦娥工程将实施三步战略。第一步是发射我国第一颗月球探测卫星，突破至地外天体的飞行技术，实现首次绕月飞行。第二步是发射月球软着陆器，并携带月球巡视勘察器（俗称"月球车"），在着陆器降落区附近进行就位探测，这一阶段将主要突破在地外天体上实施软着陆技术和自动巡视勘测技术。在人类进行的月球与深空探测活动中，环绕探测、软着陆探测和巡视勘察是最主要的探测手段，软着陆更是踏上另一个星球进行实地科学探测的第一步，从获取探测数据的直接性和丰富性的角度来看，软着陆和巡视勘察是其他探测形式所不能替代的，在月球与深空探测技术发展中占据着十分重要的地位。第三步是发射月球采样返回器，软着陆在月球表面特定区域，并进行分析采样，然后将月球样品带回地球，在地面上对样品进行详细研究。这一步将主要突破返回器自地外天体自动返回地球的技术，完成月球表面采样，以实施对月壤、月壳和月球形成和演化的深度认识，为月球探测后续工程提供数据支持。

相关链接一：_____

嫦娥的传说来自古代中原地带。几千年前，中国人就已经给月亮编织了一个美丽的故事：上面有月宫，琼楼玉宇；有仙子，美丽的广寒宫主嫦娥；有伐桂的吴刚，有捣药的玉兔，那里是一个天上人间。这反映出古代人民对月亮美丽的幻想。

"嫦娥不是一个真实存在的人物。"南开大学文学博士生导师李剑国教授说。古代的月神叫作"常仪（音娥）"，后来这两个字转化为"嫦娥"。嫦娥最早的名字是"姮娥"，而"姮"这个字在古代和"嫦"同音，到了汉代为了避讳汉文帝刘恒，遂改为"嫦娥"。

公元14世纪一位名叫"万户"的官员，在一把椅子上绑了47支火箭，椅子两侧安装了两个自制的大风筝。然后坐在上面，并命仆人点燃火箭，随着火箭的轰鸣，这位世界上首个利用火箭飞行的人就消失在火焰中。他以生命的代价向着神秘的太空发起了第一次冲锋。20世纪70年代，国际天文联合会将月球背面一座环形山命名为"Wan Hoo"，以纪念这位勇敢的探索者。

相关链接二：诗人与月亮

传统的中秋佳节到了，赏月将成为人们欢度节日的一项重要内容。于是，万种风情、千姿百态的咏月诗便因此而生，历久不衰。无数文人墨客把明月当作传情达意的物象，追月抒情，千种思绪，万般情感，自然涌上心头，留下不少千古流传的动人诗篇。

宋代苏轼的咏月诗对后人影响较大。同样一轮明月，在不同情况下不同心境中，他都有不同的展示。如春夜里"淡月朦胧"，秋末时"清夜无尘，月色如银"，离乡时"明月明年何处看"，酒兴时"对酒卷帘邀明月"，失意时"明月几时有？把酒问青天"，傍晚时分"画檐初挂弯弯月"等。

古人笔端的美好意境，为后人留下了心灵漫游的广阔天地。今天，我们读点咏月诗，不仅是一种美的享受，也是对我国传统文化的一种亲近和回敬。

(有删改)

1. 新闻的价值在于提供有效信息，试概括"新闻资料"中最有效的一条信息。（不超过30字）

2. 请结合"新闻资料"给"相关链接一"拟一个恰当的标题。

3. 苏轼的咏月诗具有怎样的特点？请概括说明。

4. 结合上述三则材料，谈谈你对"嫦娥工程"的认识与评价，不少于100字。

【写作表达】

阅读下面的材料，根据要求写作。

2021年度感动中国人物栏目组对中国航天人的颁奖辞是：发射，入轨，着陆，九天探梦一气呵成；跟跑，并跑，领跑，五十年差距一载跨越；环宇问天，探月逐梦，五星红旗一次次闪耀太空，中国航天必将行稳致远。

2022年4月24日，是第七个中国航天日，其主题是"航天点亮梦想"。国家航天局局长张克俭表示，我们要弘扬航天精神，接力航天强国建设的梦想之路，激发青少年崇尚科学，探索未知，树立理想，在奔跑中成就梦想。

近年来，我国航天事业飞速发展，"跟跑、并跑、领跑"这一现象，给人以深刻启示。作为新时代青年学子，你对于"跟跑、并跑、领跑"有怎样的思考和看法？请结合自身体验，写一篇短文。

要求：选好角度，确定立意，明确文体，自拟标题，不少于300字。

【语用提升】

阅读下面的文字，完成下面小题。

那时，小镇上的人们和其他地方的人们一样，一律到照相馆留影。而且，小镇只有一家照相馆。照相而入"馆"，___①___，这样的场所不大不小，半家常、半神秘，不单规模、形制上端庄含蓄，其幽暗也给人一种___②___的高贵感，牵动人心，令人神往。自上中学后，我曾和多位好友去照合影，进了这个面积不大的地方，交费、开票、整理衣服，就要坐到照相的凳子上了,大家经常会发出这样的问话:我脸洗得干净吗?眼睛亮吗?牙齿露出来好,还是不露出来好?我们男孩平时不大在意的问题,照相的时候会一下子冒出来。不过没关系,旁边总会有别的人提醒:你脸上粘了个东西,你头发乱了,你牙上有韭菜。那时,小镇上的孩子们不可能有什么照相的条件,只得依赖照相馆来存放我们的青春、温情、期待。照完相,我们会依然惦记着这件事,甚至兴奋得晚上睡不着,＿＿③＿＿地想看到照片上的自己,等待在取相单上所标的"某月某日下午三点"或"某月某日上午十点半"那个时刻看到照片。在我的记忆中,取相片这件事从来没有出现过忘记或滞后的情况。照片即将从简陋的纸袋里抽出来的那一刻,我们经常心脏狂跳不止。

1. 请在文中横线处填入恰当的成语。

2. 文中画波浪线的两处,都由三句话并列而成,但第一处主语"我"只出现一次,第二处主语"你"再三出现,二者的表达效果有什么差别?请简要说明。

【诗歌赏析】

阅读下面这首诗,完成1~2题。

早秋过龙武李将军书斋
[唐] 王建

高树蝉声秋巷里,朱门冷静似闲居。
重装墨画数茎竹,长著香薰一架书。
语笑侍儿知礼数,吟哦野客任狂疏。
就中爱读英雄传,欲立功勋恐不如。

1. 诗题中"过"字的意思是_____,首联中"_____"一词点出了李将军的地位。

2. 全诗是如何运用多种手法塑造李将军的独特形象的?请结合诗句分析。

【轻松一刻】

一位女士到医院的整形外科做了除皱和除双下巴的手术。手术结束后,大夫问她:"您还有什么其他要求吗?"女士说:"你们有什么方法能让我的眼睛变得更大一点,更有神一点吗?"大夫回答:"哦,有的,您只需要看看您的账单就可以了。"

三 景泰蓝的制作

＊画里阴晴

【内容结构】

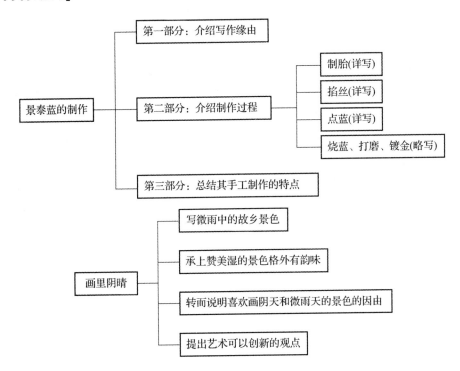

【写作特点】

《景泰蓝的制作》写作特点：

1. 课文能抓住事物的特征和内在联系，条理有序地加以说明。如交代的景泰蓝的工艺程序就十分明晰，制胎→掐丝→点蓝→烧蓝→打磨→镀金，文章严格按照景泰蓝的这六大生产工序依次逐项介绍。而就每个工序来说，也是按制作程序来说明的。例如说明"掐丝"这一工序时，依次写"粘铜丝烧焊→硫酸煮清水洗"；说明"点蓝"这一工序时，依次写"研磨色料→筛选色料填上色料→三涂三烧"。作者十分注意各道工序内容之间的衔接，注意使用起过渡作用的词语，将各道工序交代明白，衔接紧密。

2. 课文语言准确、简明、平实，堪称说明文体的语言典范。文中恰当运用了一些工艺术语，如"掐丝""点蓝""烧焊""打磨""镀金"等。这些术语的运用，能使说明的语言更加准确、精练，也能使读者轻松把握某道工序的内容和特点。一些科学术语的使用，如"延展性""膨胀率""机械力"等，看似深奥却并不难懂，读者通过上下文也能较好理解术语的含义。如提到"延展性"后，紧接着提出"容易把它打成预先设计的形式，要接合的地方又容易接合"，读者即使对"延展性"了解不多，也能大体明白它的含义。文中还多处使用平实的口语，好似作者在用白话式的语言解说，既通俗朴实，又有亲切感。

3. 课文综合运用多种说明方法，如分类别、下定义、举例子、打比方、作比较等，各种说明方法彼此间形成互补和配合，将制作景泰蓝的各个工序说得翔实而完备，具体且生动，增强了课文的趣味性和说服力。

《画里阴晴》写作特点：

1. 议论视角独特，选材小中见大。课文论述的是艺术创作的重大原则问题，却选择了一个很小的切入点，仅从中外画家对"阴"和"晴"的不同感受、不同主张、不同表现着笔，在选材上深得随笔小中见大的"三味"。结构上先叙事绘景，后抒情议论。绘景时精心点染，笔笔轻盈；谈艺时温文尔雅，句句含情，娓娓道来，水到渠成。

2. 语言平实易懂，鲜明生动。课文谈的是绘画艺术，但全文几乎没有用一个艰深的绘画术语，而是力求平实通俗，却又不失幽默和生动。如第1自然段对江南春雨的描绘，寥寥几笔，意境全出。文末"定居"和"落户"的比喻，幽默中透出智慧。

【相关链接】

绘画是一种艺术形式，通过使用颜料、画笔或其他工具在平面上创作形象来表达艺术家的思想和感情。绘画种类繁多，根据不同的分类标准，可以分为多种不同的类型。

1. 按工具材料和技法的不同，分为中国画、油画、版画、水彩画、水粉画等。

中国画：又称国画，主要是用毛笔、软笔或手指，以墨、颜料、水为颜料，在宣纸或帛上作画。中国画强调"意境"，追求笔墨情趣。根据绘画风格和技法的不同，又分为工笔画、写意画和兼工带写。

油画：以油性颜料为主要媒介，用刮刀、画笔等工具在画布上作画。油画强调色彩和光影效果，注重构图和透视。根据绘画风格和技法的不同，又分为古典主义、印象派、表现主义等。

版画：用刀具或化学药品等在平面材料上刻制或蚀制图案，如木版画、石版画、铜版画等。版画强调图案的美感和装饰性。

水彩画：以水性颜料为主要媒介，用画笔等工具在纸或其他材料上作画。水彩画注重色彩和光影效果，以及水分的运用和掌握。

水粉画：又称粉画，以粉质颜料为主要媒介，用画笔等工具在画布上作画。水粉画强调色彩和光影效果，以及色彩的覆盖力和表现力。

2. 按题材内容的不同，分为人物画、风景画、静物画等。

人物画：以人物形象为主题的绘画，包括肖像画、风俗画、历史画等。人物画强调对人物性格、表情、姿态等的描绘和表现。

风景画：以自然风光为主题的绘画，包括山水画、海景画、花鸟画等。风景画强调对自然景色的表现和对空间透视的运用。

静物画：以静态物体为主题的绘画，包括蔬果画、瓶花画、文物画等。静物画强调对物体形态、质地、色彩等的表现和对光影的运用。

3. 按表现形式的不同，分为具象绘画、抽象绘画、表现主义绘画等。

具象绘画：以客观现实为表现对象，通过对形象、色彩、构图等元素的描绘来表现现实世界。具象绘画强调对真实性的追求和对客观规律的遵循。

抽象绘画：不以客观现实为表现对象，而是以形式、色彩、线条等元素为主要内容进行创作。抽象绘画强调对形式美感的追求和对主观情感的表达。

表现主义绘画：强调对主观感受的表现和对现实世界的扭曲、夸张、变形等处理。表现主义绘画强调对情感和感受的表达以及对形式和技巧的创新。

【基础知识】

1. 下列词语中加点的字读音全正确的是（　　）。

A. 铁砧（zhēn）　着力（zhuó）　剥落（bāo）
B. 铁屑（xiè）　瓶颈（jǐng）　白芨（jī）
C. 粘满（zhān）　譬如（pì）　蘸浆（zàn）
D. 缜密（shěn）　铁椎（chuí）　裸露（lù）

2. 下列词语字形全部正确的是（　　）。

A. 搀和　譬如　铁砧　恰如其份
B. 繁复　反复　膨涨　推陈出新
C. 篮球　蓝色　重叠　重峦叠嶂
D. 摩擦　打磨　干躁　专心致志

3. 下列横线上依次填入的词语是（　　）。

（1）景泰蓝要涂上色料，铜丝粘在上面，涂色料就有了_____。

（2）且不说自在画怎么生动美妙，图案画怎么工整细致，单想想那么多密密麻麻的铜丝没有一条不是专心一志粘上去的，粘上去以前还得费尽心思把它曲成最适当的笔画，那是多么大的_____！

（3）咱们的手工艺品往往费大工夫，刺绣，刻丝，象牙雕刻，全都在_____上显能耐。

（4）小块面积小，无论热胀冷缩都比较_____，又比较禁得起外力……

A. 界限　功夫　细微　精细
B. 界线　功夫　精细　细微

C. 界限　工夫　细密　细微　　　　D. 界线　工夫　细密　精细

4. 下列各句中，加点成语使用不恰当的一句是（　　）。

　　A. 尽管喜欢二胡的如歌如泣，它仍是我不敢碰触的乐器，因为琴筒一侧蒙着显眼的蟒皮。

　　B. 我国正在紧锣密鼓地进行"神舟"七号飞行的各项准备工作。

　　C. 市中心许多商业广告牌被庆祝反法西斯战争胜利日的宣传画取而代之。

　　D. 古人中不乏刻苦学习的楷模，悬梁刺股者、秉烛达旦者、闻鸡起舞者，在历史上汗牛充栋。

5. 下列各句中标点符号使用正确的一项是（　　）。

　　A. 在北京、湖南、上海、广州……等地，"爱心家园"每周不间断地组织"助孤、敬老、扶贫"公益活动。

　　B. 景泰蓝的制作一共有六道工序：制胎、掐丝、点蓝、烧蓝、打磨和镀金（叶圣陶《景泰蓝的制作》）。

　　C. 有一种恶习就是求全责备、吹毛求疵。你说"春江水暖鸭先知"，他会问"难道鹅就不知吗？鱼就不知吗？"

　　D. 多年前，有人曾经心惊于油价突破了五元；现在或许人们感慨的是：该咋办啊！油价就要涨到十元了。

6. 下列各句中没有语病的一项是（　　）。

　　A. 由于美术家和掐丝工人的合作，使景泰蓝器物推陈出新，博得多方面人士的爱好。

　　B. 采取各种办法，大力提高和培养工人的现代技术水平，是加快制造业发展的一件迫在眉睫的大事。

　　C. 这家乒乓球馆设施齐全，可为乒乓球爱好者提供不同档次的球台、球拍、球衣、球鞋等乒乓器材。

　　D. 起瓜楞的花瓶就不能套在转轮上打磨，因为表面有高有低，洼下去的地方磨不着。那非纯用手工打磨不可。

【阅读理解】

（一）

　　粘在铜胎上的图画全是线条画，而且一般是繁笔，没有疏疏朗朗只用少数几笔的。这里头有道理可说（甲）景泰蓝要涂上色料，铜丝粘在上面，涂色料就有了界限。譬如柳条上的每片叶子由两条铜丝构成，绿色料就可以填在两条铜丝中间，不至于溢出来。其次，景泰蓝内里是铜胎，表面是涂上的色料，铜胎和色料，膨胀率不相同。要是色料的面积占得宽，烧过以后冷却的时候就会裂。还有，一件器物的表面要经过几道打磨的手续，打磨的时候着力重，容易使色料剥落。现在在表面粘上繁笔的铜丝图画，实际上就是把表面分成无数小块，小块面积小，无论热胀冷缩都比较细微，又比较禁得起外力，因而就不至于破裂、剥落。通常谈文艺有一句话，（乙）。咱们在这儿套用一下，是制作方法和物理决定了景泰蓝掐丝的形式。咱们看见有些景泰蓝上画的图案画，在图案画以外，或是红地，或是蓝地，只要占的面积相当宽，那里就嵌几条曲成图案形的铜丝。为什么一色中间还要嵌铜丝呢？无非使较宽的表面分成小块罢了。

1. 文中（甲）处应添加的标点是(　　)。
   A. 句号　　　　B. 冒号　　　　C. 逗号　　　　D. 破折号
2. 文中（乙）处应填入的一句话是(　　)。
   A. 主题制约内容　　　　　　B. 内容与形式统一
   C. 内容决定形式　　　　　　D. 形式反作用于内容
3. 第二句的"道理"是指什么，下列表述不对的一项是(　　)。
   A. 铜丝粘在铜胎上，涂色料就有了界限，不至于溢出来。
   B. 掐丝这道工序要把扁铜丝粘在铜胎表面上，为了美观而粘繁笔线条画。
   C. 铜胎和色料膨胀率不同。不让色料的面积占得宽，以免烧过以后冷却时破裂。
   D. 铜胎表面分成小块后，比较禁得起外力，打磨时不至于破裂、剥落。
4. 对本段段意概括得正确的一项是(　　)。
   A. 说明了在铜胎上粘上繁笔的线条画的作用。
   B. 说明了在铜胎上粘上繁笔的线条画的原因。
   C. 说明了在铜胎上粘上繁笔的线条画的经过。
   D. 说明了在铜胎上粘上繁笔的线条画的影响。

（二）

彩陶——中国远古文化的辉煌代表

陶器是新石器时代人类最重要的发明之一，也是现代了解原始文化的最重要的依据之一。考古发掘显示，世界各地绝大多数新石器时代的陶器，都或前或后不约而同地经历了素陶、彩陶、釉陶的发展阶段。所谓彩陶，是远古先民在制作好的陶胚内外壁上用矿物颜料绘制各种纹饰，然后入窑烧制定型的一种带彩陶器。彩陶集实用和雕塑、绘画、烧制等各种艺术、工艺于一体，展现了那个时代人类物质生产和精神生活的最新成果和最高水平，反映了原始社会数千年的社会状况和人的生存情境。可以说，<u>彩陶是一本浓缩的、独特的"史书"</u>。

中国是世界上最早发明陶器的地区之一，并在距今大约8 000年前就出现了彩陶。中国彩陶的发展、繁荣和衰亡历经4 000年之久。尽管彩陶文化并非一种考古文化，但在中国新石器时代的文化遗存中，除了各种各样的石器外，绝大多数是以陶器为其重要表征的。其中，色彩绚丽、图形优美、造型多样、工艺精湛、数量较多的各种彩陶，更成为这一时段最有系统、最具规模、最有价值的文化遗存，并因此而成为华夏远古文化的一种鲜明特征。"仰韶文化"的命名就是以在遗址中发掘的红底黑彩的陶片作为重要证据，而"仰韶文化"之所以又被划分为两种类型，即以鱼纹为主的半坡类型和以鸟纹、花卉纹为主的庙底沟类型，也是以遗址出土的彩陶纹饰作为区分的主要标志。

据估计，中国出土的彩陶约有5万多件，很可能是世界上出土彩陶数量最多的国家。这些彩陶绝大多数都是日常实用器皿，如盆、碗、壶、罐等等，分布的地域几乎遍布全国。这些彩陶的形体虽然简单，但在造型设计上却颇具匠心。制作时对器物的各部分运用不同的比例变化。构成各种柔和优美的轮廓曲线，其式样繁多，并随各地习俗的不同而各具特色。在图案设计方面，中国的史前彩陶都能结合不同器形的特点和装饰部位的不同，或疏或密，或繁或简，饰以不同纹样，图案丰富多彩。有的宜于俯视，有的适于平观，将器物的实用性质和使用的审美效果结合起来。其中大量出现的编织纹和几何形纹，具有彩纹和底色相互衬托虚实相应的作用，形成"双关图案"。这种构图方式一直延续至今，成为中国传统工艺美术的一种基本装饰手法。

探索中国文明的起源。无论是文字的始创、艺术的发端，原始巫术的产生，还是远古神话与图腾崇拜的出现，都离不开彩陶。因为彩陶除了作为原始人类日常生活器物之外，还是原始宗教、图腾崇拜的重要器物；彩陶的器形和陶壁上的纹饰，既体现了远古先民对美和艺术的追求，也是原始文字创造的一个重要源泉。在作为中国史前文化起源研究依据的几类原始文化遗存，如玉石器、彩陶、雕塑和岩画中，玉石器和雕塑的数量都较少，岩画的年代又往往引起争论。唯有彩陶数量最多，年代也最准确，因而最具有可靠性和系统性。可以说，彩陶是中国远古文化的辉煌代表。

1. 下列对"彩陶"的解释，不正确的一项是（   ）。

A. 彩陶是一种陶壁上有各种彩纹的远古陶器，其纹饰的特点有时作为原始文化类型划分的依据。

B. 彩陶是一种集实用、审美等文化功能于一体的远古陶器，在中国原始文化遗存中具有代表性。

C. 彩陶是中国远古先民发明的一种带彩陶器，在距今大约8 000年前就已经出现。

D. 彩陶是在素陶基础上发展而来的一种带彩陶器，体现了中国远古先民对美的追求。

2. 下列对"彩陶是一本浓缩的、独特的'史书'"这句话的理解，错误的一项是（   ）。

A. 彩陶保留着几千年原始社会人类生活变迁的痕迹，反映了新石器时代人类历史发展的状况。

B. 彩陶呈现出不同地域的新石器时代人类生活的不同特点，再现了原始人类生活的独特情境。

C. 彩陶包含多重原始文化意蕴，为探索人类文明的起源提供了重要信息。

D. 彩陶上的纹饰具有原始文字的性质和作用，原始人类用它来记载历史。

3. 下列对文章内容的分析和概括,不正确的一项是(　　)。

A. 世界各地绝大多数新石器时代的陶器,都或前或后不约而同地经历了素陶、彩陶、釉陶的发展阶段。

B. 中国的彩陶制作精美,文化信息丰富,出土数量众多,分布地域广泛,年代最为准确,是中国远古文化的辉煌代表。

C. 彩陶的形体虽然简单,但造型设计却颇具匠心,例如让编织纹和几何形纹的彩纹与底色相互衬托,产生虚实相应的双关效果。

D. 彩陶虽然是原始人类生产的一种器物,但它的一些制作经验却对后世工艺美术的发展产生了深远影响。

4. 根据原文提供的信息,下列推断不正确的一项是(　　)。

A. 彩陶是中国远古文化的辉煌代表,也是其他经历过彩陶阶段的国家远古文化的辉煌代表。

B. 彩陶文化并非一种考古文化,因为从考古学来说,彩陶文化其实是从属于新石器时代文化的。

C. 彩陶的制作颇具匠心,体现了远古先民的审美追求,但它的制作主要还不是出于审美的需要。

D. 彩陶虽然是原始人类生产的一种器物,但它的一些制作经验却对后世工艺美术的发展产生了深远影响。

【写作表达】

阅读下面的材料,根据要求写作。

中华优秀传统文化是民族的根与魂,五千多年来,中华民族之所以屹立不倒、绵延不绝,就在于凝结了独特的文化追求和精神标识;在历史沉浮跌宕中之所以愈挫愈勇、不断发展,就在于锻造了与时俱进、革故鼎新的文化共同体。没有高度的文化自信,没有文化的繁荣兴盛,就没有中华民族的伟大复兴。

学校将举行以"继承优秀传统文化,树立远大人生目标"为主题的即兴演讲比赛,请你结合材料,写一段文字,阐述自己的观点。

要求:结合材料,选好角度,确定立意;不少于300字。

【语用提升】

阅读下面的文字，完成下面小题。

近日，眼科门诊一连来了几名特殊患者，都是晚上熬夜看手机，第二天早上看不见东西了，这种疾病被称为"眼中风"。"中风"一词原指脑中风，包括缺血性和出血性脑中风，近几年被引入眼科。临床上，眼科医生把视网膜动脉阻塞这类缺血性眼病和视网膜静脉阻塞这类出血性眼病统称为"眼中风"。"眼中风"是眼科临床急症之一，不及时治疗会导致严重的视力损害。

_____①_____。第一种是中央动脉阻塞，会造成患者视力丧失，甚至永久失明。第二种是分支动脉阻塞，视力下降程度不像第一种那么严重，多表现为视野缺损。第三种是睫状动脉阻塞，_____②_____，经过治疗可能得到一定程度恢复。视网膜动脉阻塞时，_____③_____，对视功能危害越大。缺血超过90分钟，视网膜光感受器组织损害不可逆；缺血超过4小时，视网膜就会出现萎缩，即使恢复了血供，视力也很难恢复，因此患者最好能在2小时内、最迟不超过4小时内接受治疗，并尽可能保住自己的视力。

视网膜静脉阻塞主要表现为眼底出血，并由此导致视物模糊变形、视野缺损或注视点黑影等，不及时治疗也会导致严重后果。

1. 请在文中横线处补写恰当的语句，使整段文字语意完整，内容贴切，逻辑严密。每处不超过12个字。

2. "眼中风"因和脑血管疾病"中风"有诸多相似而得名。与此类似，"打笔仗"源自"打仗"。请简述"打笔仗"的含义并分析它得名的缘由。

3. 文中画波浪线的句子有语病，请进行修改，使语言表达准确流畅。可少量增删词语，不得改变原意。

【诗歌赏析】

阅读下面这首唐诗，完成1~2题。

学诸进士作精卫衔石填海
韩愈

鸟有偿冤者，终年抱寸诚。

口衔山石细，心望海波平。
渺渺功难见，区区命已轻。
人皆讥造次，我独赏专精。
岂计休无日，惟应尽此生。
何惭刺客传，不著报雠名。

1. 本读前六句是怎样运用对比手法勾勒精卫形象的？请简要分析。

_____

_____

2. 诗歌后六句表达了作者什么样的人生态度？

_____

_____

【轻松一刻】

古时候的一个灾年，某县的县令向农民询问灾情，他问道："今年麦子、谷子、棉花各收了几成？"农民如实回答："都只有三成。"县官一听，知道灾情严重，表面却怒道："这加起来都有九成的收成了，哪里算什么灾情严重，简直是瞎胡闹！遇到县令的这种强盗逻辑，农民的反击也很机智。他说："怎么不算灾情严重？我都活了150多岁了，都没有见过这样的灾年！"县官喝道："大胆，竟敢蒙骗本官，你哪有150岁？"农民镇定地回答："按照大人刚才算收成的加法，我现在虽然有70多岁，但大儿子50多岁，小儿子30多岁，这加起来不就是150多岁吗！"县官顿时哑口无言。

最困难之时，就是我们离成功不远之日。
——恺撒

不登高山，不知天之大也；不临深谷，不知地之厚也。
——荀况

人生最终的价值在于觉醒和思考的能力，而不只在于生存。
——亚里士多德

第六单元

一 青蒿素：人类征服疾病的一小步

【内容结构】

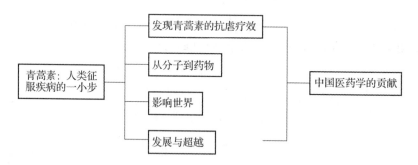

【写作特点】

1. 主题明确，饱含情感。课文介绍科学发现成果，叙述科学研究过程，平实的陈述中融入了作者丰富的情感，体现了科学家的探索精神和执着追求。

2. 结构完整，思路清晰。作者用五个小标题概括了青蒿素从发现到制药的不同阶段，介绍了中医药对人类做出的重大贡献。课文采用"总—分—总"的结构，按照由一般到特殊、由个别到一般的顺序展开，整篇文章结构完整，行文思路清晰。

3. 语言严谨、朴实、准确，充满了理性的力量。

课文的语言逻辑严谨，清晰地呈现了青蒿素的发展历程，展现了作者严谨的科学态度。课文对青蒿素的发展，没有运用浓墨重彩的笔调进行描述，而是使用以朴实、准确的语言加以述说。平静的语言之下，蕴藏的是作者对科学研究的扎实态度和淡泊名利的奉献精神。

【相关链接】

屠呦呦，出生于浙江宁波，毕业于北京医学院（今北京大学医学部），中国中医科学院的首席科学家、药学家、诺贝尔生理学或医学奖获得者。屠呦呦的名字取自《诗经·小雅》中的名句"呦呦鹿鸣，食野之蒿"，而根据朱熹的注释，这里的"蒿"指的正是青蒿。她1951年考入北京大学，在医学院药学系生药专业学习。2011年9月，屠呦呦因发现青蒿素获得拉斯克奖和葛兰素史克中国研发中心"生命科学杰出成就奖"。2015年10月，屠呦呦获得诺贝尔生理学或医学奖。

【基础知识】

1. 下列词语中，加点字的读音全都正确的一项是(　　)。
   A. 青蒿（hāo）　　呦呦（āo）　　疟疾（nüè）　　宝藏（zàng）
   B. 奎宁（kuí）　　精髓（suí）　　秘鲁（mì）　　肆虐（nüè）
   C. 症候（zhēng）　羟基（qiǎng）　衍生（yǎn）　　水渍（zì）
   D. 相悖（bèi）　　给予（gěi）　　福祉（zhǐ）　　粟米（sù）

2. 下列选项中，没有错别字的一项是(　　)。
   A. 称诵　热衷　表彰　活血化瘀
   B. 繁衍　发掘　成分　辩证施治
   C. 赠予　启示　欣慰　震奋人心
   D. 受挫　幅度　症状　君臣佐使

3. 依次填入下列各句横线处的词语，最恰当的一项是(　　)。
   ①青蒿素的发现，则是中医药学____人类的瑰宝。
   ②屠呦呦从传统中医文献中获得新的灵感和____。
   ③1986年，青蒿素成为我国新药审批办法____以来的第一个一类新药。
   ④屠呦呦的团队成功地从青蒿中____并提取出青蒿素。
   A. 赠予　启示　实施　发现
   B. 赠予　启事　实施　发明
   C. 赠与　启事　施行　发明
   D. 赠与　启示　施行　发现

4. 下列句子中，标点符号使用正确的一项是(　　)。
   A. 屠呦呦的父亲给她起名"呦呦"，源自《诗经》中的诗句"呦呦鹿鸣，食野之萍。"
   B. 1967年，中国政府启动"523"项目来抗击疟疾。
   C. 1979年，国家科学技术委员会授予屠呦呦团队国家发明奖，表彰青蒿素的发现。
   D. 屠呦呦的学术论著有《银柴胡》、《中药炮炙经验集成》、《一种新型的倍半萜内酯——青蒿素》等。

5. 下列语句中没有语病的一项是(　　)。

A. 屠呦呦带领她的团队提取并寻找可能具有抗疟疗效的成分。

B. 屠呦呦获2015年诺贝尔生理学或医学奖，这不仅是中医药走向世界的一个重要里程碑，更是屠呦呦及其研究团队的巨大成功。

C. 针对目前打车难的问题，济南市政府建议采取电话叫车、网络平台预约和站点候车等多种新方式加以推广，以方便广大市民出行。

D. 为了倡导节俭之风，多家餐饮公司纷纷推出避免浪费的新举措，顾客把菜吃光或剩菜打包，商家都将给予打折优惠，对此消费者表示赞同。

6. 依次填入下面一段文字横线处的语句，衔接最恰当的一组是(　　)。

屠呦呦兴高采烈地回到北京，满以为胜利在望，不想一连串儿的麻烦在等着她。_____，不可用于人类。有人背着屠呦呦，把不知从哪弄来的、带有挥发性的东西喂给猫狗吃，让军代表看猫狗食后抽风的模样，以证实屠呦呦所制药物的危害性。有人还就相信了这种诽谤。

①接着有人贴出大字报
②公开声称屠呦呦实验工艺有问题
③烧毁很多设备
④首先是在屠呦呦中午离开实验室时
⑤实验室内莫名其妙地着了一把大火
⑥青蒿提取物有毒

A. ①③②⑥⑤④　　B. ④②⑥①③⑤　　C. ③①②⑥⑤④　　D. ④⑤③①②⑥

【阅读理解】

(一)

中医药学的贡献

青蒿素是中医药学给予人类的一份珍贵礼物。和植物化学的其他发现在药物开发中的应用相比，从青蒿提取物到青蒿素的研发历程相当快速，然而，这绝不是中医药智慧的唯一果实。中国的基础和临床研究还发现，具有悠久应用历史的中药砒霜，用于治疗白血病颇具疗效，已经成为治疗白血病的重要选择。对治疗失忆有效的石杉碱甲，也是从中草药"千层塔"中提取的，是我国用于治疗老年性精神障碍的一种临床用药。

然而，单一药物治疗某一特定疾病的现象在中医实践中非常少见，复方用药才是中医几千年来的主要用药形式。通常，中医师按中医理论和方法诊断病人症候，对症开出由多种中药按君臣佐使组成的处方，并随着病情的发展和症候的变化，随时调整处方的药味和剂量，以达到良好的疗效。这样的辨证施治疗法和有效方药的积累对中华民族的繁衍昌盛做出了积极贡献。我们从中药青蒿研发出抗疟药物青蒿素，仅是发掘中医药宝库的努力之一。

第六单元

　　心血管疾病的治疗也受益于中医药学。中医的一个治则是活血化瘀，这一治则也适用于冠心病的术后维护。中药提取的芍药苷等被用于防止经皮冠状动脉介入治疗后的血管再狭窄，临床显示再狭窄率大幅降低。还有许多其他证据支持中医活血化瘀的临床疗效。

　　和心脑血管疾病相关的一个新领域也正在发展，即所谓的生物力药理学，旨在将中药的药效和血流的生物力学影响相结合，用于防病治病。实验研究表明，保健运动可提高血流剪应力，再联合使用某些活血中药，可以减少动脉粥样硬化的形成。

　　这里所举中医药对人类健康的贡献，不过沧海一粟。我的梦想是：在同威胁人类健康与生命的疾病的斗争中，中医药学进一步发挥威力，为维护世界人民的健康与福祉做出新贡献！

1. 赏析"青蒿素是中医药学给予人类的一份珍贵礼物"的表达效果。

_____

_____

2. 画线句子在文章结构上有什么作用？

_____

_____

3. "这绝不是中医药智慧的唯一果实""我们从中药青蒿研发出抗疟药物青蒿素，仅是发掘中医药宝库的努力之一""这里所举中医药对人类健康的贡献，不过沧海一粟"这三句话在文章内容上有什么作用？

_____

_____

4. 下列对选文有关内容的理解，不正确的一项是（　　）。
A. 从青蒿提取物到快速研发青蒿素，这体现出了中医药的智慧。
B. 中医大都采用复方用药来治疗病人疾病，而不会采用单一药物来治疗疾病。
C. 有许多证据证明中医药学对于治疗心血管疾病具有重要意义。
D. 利用某些活血中药可以减少动脉粥样硬化的形成，达到防病治病的疗效。

5. 下列对选文内容的分析，不正确的一项是（　　）。
A. 从中药青蒿中研发出抗疟药物青蒿素，这是中医药学对人类健康的贡献。
B. 中医师主要采用复方用药的形式，其处方由多种中药根据主次按一定比例组成。
C. 中华民族之所以繁衍昌盛，是因为我们的中医采用了辨证施治疗法和有效方药的积累。
D. 青蒿素的提取与研发再次证明，中医药对人类健康的保障具有不可替代的作用。

6. 从节选的文段来看，中国药学有哪些突出贡献？请分条概括归纳。

_____

_____

— 145 —

（二）

中国建筑的希望

梁思成

建筑之始，本无所谓一定形式，更无所谓派别。所谓某系或某派建筑，其先盖完全由于当时彼地的人情风俗、政治情况之情形，气候及物产材料之供给，和匠人对于力学知识、技术巧拙之了解等复杂情况总影响所产生。一系建筑之个性，犹如一个人格，莫不是同时受父母先天的遗传和朋友师长的教益而形成的。中国的建筑，在中国整个环境总影响之下，虽各个时代各有其特征，其基本的方法及原则，却始终一贯。数千年来的匠师们，在他们自己的潮流内顺流而下，如同欧洲中世纪的匠师们一样，对于他们自己及他们的作品都没有一种自觉。

19世纪末叶及20世纪初年，中国文化屡次屈辱于西方坚船利炮之下以后，中国却忽然到了"凡是西方的都是好的"的段落，又因其先已有帝王骄奢好奇的游戏，如郎世宁辈在圆明园建造西洋楼等事为先驱，于是"洋式楼房""洋式门面"，如雨后春笋，酝酿出光宣以来建筑界的大混乱。正在这个时期，有少数真正或略受过建筑训练的外国建筑家，在香港、上海、天津……乃至许多内地都邑里，将他们的希腊罗马哥特等式样，似是而非地移植过来，同时还有早期的留学生，敬佩西洋城市间的高楼霄汉，帮助他们移植这种艺术。这可说是中国建筑术由匠人手中升到"士大夫"手中之始；但是这几位先辈留学建筑师，多数却对于中国式建筑根本鄙视。近来虽然有人对于中国建筑有相当兴趣，但也不过取一种神秘态度，或含糊地骄傲地用些抽象字句来对外人颂扬它；至于其结构上的美德及真正的艺术上的成功，则仍非常缺乏了解。现在中国各处"洋化"过的旧房子，竟有许多将洋式的短处，来替代中国式的长处，成了兼二者之短的"低能儿"，这些亦正可表示出他们对于中国建筑的不了解态度了。

欧洲大战以后，艺潮汹涌，近来风行欧美的"国际式"新建筑，承认机械及新材料在我们生活中已占据了主要地位。这些"国际式"建筑，名目虽然笼统，其精神观念，却是极诚实的。这种建筑现在已传至中国各通商口岸，许多建筑师又全在抄袭或模仿那种形式。但是对于新建筑有真正认识的人，都应知道现代最新的构架法，与中国固有建筑的构架法，所用材料不同，基本原则却一样——都是先立骨架，次加墙壁的。这并不是他们故意抄袭我们的形式，乃因结构使然。我们若是回顾到我们古代遗物，它们的每个部分莫不是内部结构坦率的表现，正合乎今日建筑设计人所崇尚的途径。这样两种不同时代不同文化的艺术，竟融洽相类似，在文化史中确是有趣的现象。

我们这个时期，正该是中国建筑因新科学、材料、结构而又强旺更生的时期，也是中国新建筑师产生的时期。他们自己在文化上的地位是他们自己所知道的；他们对于他们的工作是依其意向而设计的；他们并不像古代的匠师，盲目地在海中漂泊，他们自己把定了舵，向着一定的目标走。我认为，他们是最有希望的。

（有删改）

1. 分析文中"兼二者之短的'低能儿'"出现的原因。

2. 文中"'国际式'新建筑"的内涵是什么？

3. 中国建筑的希望体现在哪些方面？请联系全文，简要概述。

【写作表达】

屠呦呦是 2015 年感动中国人物之一，请结合课文内容以及你对屠呦呦的了解，为她写一段颁奖词。

【语用提升】

阅读下面的文字，完成下列小题。

科学家栾恩杰当年高考时报考的是电机系，因为服从国家安排改学自动控制，从此与国防和航天事业有了__①__。

20 世纪 60 年代，栾恩杰到第七机械工业部工作后参与的第一个重大任务就是我国潜地导弹"巨浪一号"的研制，潜地导弹作为秘密武器，在欧美国家是__②__的国防项目，鲜有资料可供借鉴，在没有国外技术援助、自身又缺乏技术力量的情况下，整个团队按照先在陆上发射台发射、再把导弹装进发射筒以模拟水下发射环境、最后进行潜艇发射的规划开始了"巨浪一号"的研制攻关。这三步被称为"台、筒、艇"，但每一步都失败过。

失败在航天领域的研发过程中是__③__的。栾恩杰从导弹研究的技术员到中国探月工程首任总指挥，经历过各种各样的失败，大到火箭里面的特殊装置出现问题，小到一个插头插错了。这些失败意味着什么？意味着多少个日夜的辛苦付之一炬，意味着接下来的工作更加艰苦卓绝，意味着你在世界的航天格局中可能突然之间换了赛道。栾恩杰认为：失败也是在给我们上课，当问题一一解决的时候，成功就在我们前面。

1. 请在文中短横线处填入恰当的成语。

2. 请将文中画波浪线的部分改成几个较短的语句。可以改变语序、少量增删词语，

— 147 —

但不得改变原意。

3. 文中画长横线的句子使用了设问和排比的修辞手法，请结合材料简要分析其表达效果。

【诗歌赏析】

阅读下面的诗歌，完成 1~2 题。

出门

[清] 陆次云

回首望家山，渐远山渐低。
倾听岸旁语，乡音已渐移。
放舟入大河，烟水无端倪①。
偶逢相识人，遥呼心依依。
无如②交行舟，倏忽已远离。

【注】①端倪：边际。②无如：无奈。

1. 下列选项中，适宜用来评价本诗的一项是（　　）。
A. 取境之时，须至难至险，始见奇句。（皎然《诗式》）
B. 夫诗，比兴错杂，假物以神变者也。（李梦阳《缶音序》）
C. 景乃诗之媒，情乃诗之胚。（谢榛《四溟诗话》）
D. 以乐景写哀，以哀景写乐，一倍增其哀乐。（王夫之《姜斋诗话》）

2. 诗人将情感波动寓于叙事之中，这一写法颇有特色。请结合全诗对此加以赏析。

【轻松一刻】

一位年过半百的贵妇人问作家萧伯纳："您看我有多大年纪?""看您晶莹的牙齿，像18岁；看您蓬松的卷发，有19岁；看您扭捏的腰肢，顶多14岁。"萧伯纳一本正经地说。

贵妇人高兴得跳了起来:"您能否准确地说出我的年龄?""请把我刚才说的三个数字加起来!"萧伯纳接着给出了回答。

二 青纱帐——甘蔗林

*晨昏诺日朗

【内容结构】

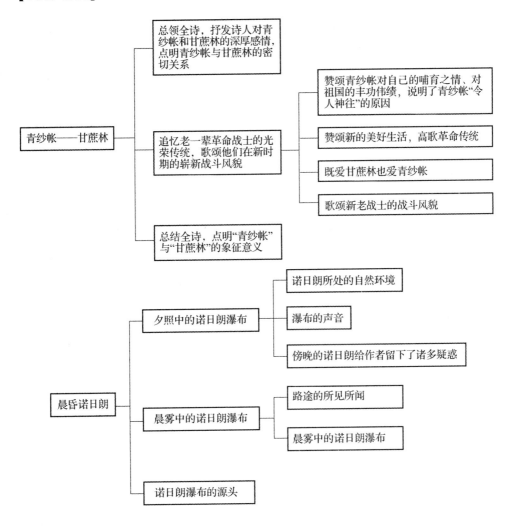

【写作特点】

《青纱帐——甘蔗林》的写作特点：

1. 富含哲理。作者通过火一样的激情，书写当时的革命激情，富有鲜明的时代特色。诗歌的表现形式新颖，思想深邃而富含哲理，在情感的抒发中闪现出真理的光芒。

2. 想象丰富。甘蔗林与青纱帐这两种农作物本没有什么联系，但在诗人的奇妙联想中，分别构成了两个时代的象征意象。作者在诗中反复歌颂甘蔗林和青纱帐，既歌颂了当代，也缅怀过去的岁月。

3. 新辞赋体。这首诗代表着郭小川新辞赋体的艺术特色，即回环往复的艺术形式，铺张、排比、复沓、对仗的修辞手法，节奏自由而富有韵味，语言流畅而饱含感情。

《晨昏诺日朗》写作特点：

1. 多角度表现事物的不同特点。文章按时间顺序描写了作者三次观赏诺日朗的景象：夕照和暮色中的诺日朗、晨雾中的诺日朗以及诺日朗瀑布的源头。作者时而远观，时而近看，从不同的时空角度，描写出了诺日朗瀑布的不同特点，给读者一个立体的诺日朗的印象。

2. 语言清新明丽，凝练流畅，色彩感强。课文运用了一些形象的比喻和拟人的语句，新颖生动，韵味独特。如"却是群龙飞舞，自由的水之精灵在宁静山谷中合唱出一曲震撼天地的壮歌"，把瀑布比喻成"群龙"，写出了瀑布的神奇气势，呈现出很强的动态感，并以拟人手法强烈地表达出由衷的赞美之情。

【相关链接】

郭小川（1919—1976年），河北丰宁人，现代诗人，曾任中国作协书记处书记、《诗刊》编委、《人民日报》特约记者等。《青纱帐——甘蔗林》写于1962年3月，6月至9月在中国海防前哨改成。当时，中国人民战胜了连续三年的严重困难。诗人满怀革命激情，访问了祖国的北方和南方，深深为人民群众伟大的精神和气魄所激动，接连写出了一些基调高昂、激人奋进的诗篇。作者巧妙地将青纱帐和甘蔗林这南北互不相属的事物联系在一起，并赋予深刻的象征意义，相互映衬，体现了战争年代和社会主义革命与建设时期的内在联系，抒发了对老一代永葆革命青春，新一代健康成长，新老两代并肩战斗，建设和保卫祖国的欣慰之情。

作家陈村写过一篇《我认识的赵丽宏》，提及赵在崇明时学过绣花，自己画图样，一针一针照着绣。"为了磨性子。"赵丽宏向陈村解释。他希望陈村不要写这个细节，"没什么意思。"赵丽宏更愿意讲述的是一段近乎传奇的经历：在农村时，农民们看到这位上海知青闷闷不乐，又知道他喜欢书，于是纷纷把家里的书拿给他，有《二刻拍案惊奇》《唐诗三百首》《七侠五义》《卧虎藏龙》等各种书，一位老太太甚至送了一本康·巴乌斯托夫斯基的短篇小说集。他找到了一个乡村学校的图书馆——曾有当地乡绅办学，农民们从那里拿书做火媒，对他而言却似发现了一个宝藏。有了书，眼前的苦难可以对付了。在

《躲进书里》一文里，已经是专业作家的赵丽宏写道："我已有七八个书橱，大概有好几千册书吧。要想把所有的书都读一遍，几乎不可能。于是我常常站在书橱前，慢慢地扫视着那一排排五彩斑驳的书脊，心里在想：今天，我能躲进哪一本书中去呢？"

——摘自2016年12月30日《南方人物周刊》

【基础知识】

1. 下列词语中加点字的读音全都正确的一项是（　　）。
   A. 衷肠（zhōng）　朝阳（zhāo）　同胞（pāo）　高亢（kàng）
   B. 炽烈（zhì）　挑衅（xìn）　薄云（bó）　山脊（jǐ）
   C. 剔透（tī）　幽谧（mì）　淡薄（bó）　粗犷（guǎng）
   D. 袒露（lù）　伎俩（jì）　缄默（jiān）　妊娠（shēn）

2. 下列选项中有错别字的一项是（　　）。
   A. 秸竿　衷肠　锻炼　苍茫　　　B. 炽烈　琼浆　挑衅　明澈
   C. 凛冽　盛装　明朗　照耀　　　D. 罗网　衰老　滋养　甘蔗

3. 依次填入下列各句横线处的词语，最恰当的一项是（　　）。
   ①从调查的结果来看，整个事件盘根错节，关系复杂，个中_____决不是三言两语就能说清楚的。
   ②对这起在高速公路上发生的事故，负责道路维护的主管部门是_____不了责任的。
   ③与常规计算机相比，生物计算机具有密集度高的突出优点。_____用DNA分子生物电子元件，将比常规电子元件小得多，_____可以小到十亿分之一。
   A. 委曲　推托　要是/而且　　　B. 委屈　推托　如果/甚至
   C. 委屈　推脱　要是/而且　　　D. 委曲　推脱　如果/甚至

4. 下列句子中，标点符号使用正确的一项是（　　）。
   A. 中国是嫦娥的故乡，火箭的发源地，是诞生了人类"真正的航天始祖"万户的国度。
   B. 科学家们研究了许多防热材料；做了许多大型试验；甚至连飞船运输车和航天员吃的食品都做了出来。
   C. 这年3月，由4位著名科学家联名上报党中央的"国家高新技术发展建议"被邓小平批准。这就是著名的《863计划》。
   D. 由钱学森等专家学者负责制定的人造卫星发展规划草案，提出了分三步走的设想：第一步，发射探空火箭，第二步，发射一二百公斤重的卫星，第三步，再发射几千公斤重的卫星。

5. 下列语句中没有语病的一项是（　　）。
   A. 只有走好人生的每一步，我们才能真正拥有一个灿烂的明天。
   B. 由于母亲对我的悉心培育，使我从小就养成了勇敢的性格。

C. 综艺节目深受欢迎的主要原因是其形式多样造成的。

D. 谁能否认李时珍没有对中国的医学事业做出过巨大贡献呢？

6. 依次填入下面一段文字横线处的语句，衔接最恰当的一组是(　　)。

黄梅时节，忽阴忽晴，原野间绿阴沉沉，_____，给摇曳的小草挡住，就生出几缕与波纹直交的浪痕，相互交错着。

①姜黄的叶尖成行成列地散点在水面上②有的尚未插秧③田里面积水盈盈④微风吹过，波纹如绉⑤看去白茫茫的一片，只偶然有几根草露出水面⑥有的刚刚插下了秧

  A. ③②①⑥⑤④　　B. ③⑥①②⑤④　　C. ⑤②⑥①③④　　D. ④②⑤⑥①③

【阅读理解】

(一)

青纱帐是属于北方的，它粗犷、豪放、壮阔，像北方汉子一样(　　)。青纱帐是在盛夏时节形成规模的，一人多高的玉米、高粱，士兵一列队而立，一列列，一排排，一片片，齐整而又周密，像绿色的帷帐。<u>一直到立秋，北方的沃野上青纱帐坚守着青纱帐，铺展开来的全都是密不透风的阵地。</u>那是土地史上最绿的时代，绿得(　　)，波澜壮阔。风过时，绿波起伏，仿佛绿绸一般荡漾着。

小时候，我喜欢站在高处俯视壮阔的青纱帐。秋风起，我和伙伴们攀上高高的土坡，居高临下，挥着手臂在风中高呼："风儿风儿好凉快，庄稼庄稼快熟咧……"青纱帐好像听到我们的呼声，发出"唰啦啦"的声响，似乎是在回应我们。青纱帐里，玉米、高粱们(　　)，迎风而动，它们修长的叶子摇摆着，仿佛(　　)的女子。那么多玉米、高粱，站成了无比壮观的青纱帐。居高临下看青纱帐，只觉得眼前绿色奔涌，波澜壮阔。如果不是在高处，人会淹没在绿海里的，找都找不到。

1. 文中画波浪线的句子有语病，下列修改最恰当的一项是(　　)。

  A. 一人多高的玉米、高粱，士兵一样列队而立，一片片，一列列，一排排，齐整而又周密，像绿色的帷帐。一直到立秋，青纱帐恪守着阵地，北方的沃野上铺展开来的全都是密不透风的青纱帐。

  B. 一人多高的玉米、高粱，士兵一样列队而立，一列列，一排排，一片片，齐整而又严密，像绿色的帷帐。一直到立秋，青纱帐恪守着阵地，北方的沃野上铺展开来的全都是密不透风的青纱帐。

  C. 一人多高的玉米、高粱，士兵一样列队而立，一片片，一列列，一排排，齐整而又周密，像绿色的帷帐。一直到立秋，青纱帐坚守着阵地，北方的沃野上铺展开来的全都是密不透风的青纱帐。

  D. 一人多高的玉米、高粱，士兵一样列队而立，一列列，一排排，一片片，齐整而又严密，像绿色的帷帐。一直到立秋，青纱帐坚守着阵地，北方的沃野上铺展开来的全都是密不透风的青纱帐。

2. 依次填入文中括号处的成语，全都恰当的一项是(　　)。

A. 顶天立地　　熙熙攘攘　　欣欣向荣　　长袖善舞
B. 顶天立地　　水泄不通　　亭亭玉立　　翩翩起舞
C. 巍然屹立　　水泄不通　　欣欣向荣　　翩翩起舞
D. 巍然屹立　　熙熙攘攘　　亭亭玉立　　长袖善舞

(二)

沿着湿漉漉的林间小道，我一步一步走近诺日朗。随着和大瀑布之间的距离不断缩短，那轰鸣的水声也越来越大，迎面飘来的水雾也越来越浓。等走到瀑布跟前时，头发、脸和衣服都湿了。这时抬头仰观大瀑布，才真正领略到了那惊天动地的气势。云雾迷蒙的天上，仿佛是裂开了一道巨大的豁口，天水从豁口中汹涌而下，浩浩荡荡，洋洋洒洒，一落千丈，在山谷中激起飞扬的水花和震耳欲聋的回声。此时诺日朗的形象和声音，吻合成一个气势磅礴的整体。站在这样的大瀑布面前，感觉自己只是漫天飘漾的水雾中的一颗微粒。我想起许多年前在雁荡山看瀑布时的情景，站在著名的大龙湫瀑布跟前，产生的联想是在看一条巨龙被钉在崖壁上挣扎，此刻，却是群龙飞舞，自由的水之精灵在宁静山谷中合唱出一曲震撼天地的壮歌，使人的灵魂为之颤栗。面对这雄浑博大、激情横溢的自然奇景，人是多么渺小，多么驯顺！

1. 这段描写诺日朗瀑布的文字，从哪几个角度表现其"气势磅礴"？

2. 文中为什么提到"许多年前雁荡山看瀑布时的情景"？

3. "此刻，却是群龙飞舞，自由的水之精灵在宁静山谷中合唱出一曲震撼天地的壮歌"，这一句用了什么修辞手法？有什么作用？

【写作表达】

借鉴《晨昏诺日朗》的写景方法，以"校园的早晨"为题，写一段文字，不超过300字。

【语用提升】

阅读下面文字，完成下列小题。

节日期间，无论是家人团圆，还是老友欢聚，"吃"往往是必不可少的。因此，节后很多人会增添新的烦恼，那就是"节日肥""过年肥"，减肥也就提到日程上来。事实上，生活中你会发现，有许多整天嚷嚷着要减肥或者正在减肥的人，其实根本不胖，反而是一些真正应该减肥的人对此却毫不在意。那么，怎么判断是否需要减肥呢？从医学角度来说，身材是否肥胖，____①____。体质指数是用体重千克数除以身高米数之平方而得出的数字，国人的健康体质指数为18.5~23.9，如果低于18.5，就是偏瘦，不需要减肥，而高于23.9，就可以考虑减肥了。

提到减肥，不少人都为之"奋斗"过，节食、跳绳、跑步都是常用的减肥方法。临床中还发现，很多人用不吃晚饭来减肥，这种方式不但难以长期坚持，____②____，有人就因此得了严重的胃病。而且，如果以后恢复吃晚饭，____③____，甚至比以前更胖。不仅如此，不吃晚餐，营养素供给不足，蛋白质供应下降，肌肉量也会随之减少，体重反弹后，在同样的体重下，体脂率反而会比减肥前更高。因此，减肥一定要讲究科学。

1. 下列句子中的"你"和文中画横线处的"你"，用法相同的一项是(　　)。

　A. 你要觉得这段话对深化文章的主题没什么帮助，就删了吧。

　B. 听了老师的话，三个人你看看我，我看看你，都不吭声了。

　C. 他是个非常用功的同学，尤其是钻研精神叫你不得不佩服。

　D. 请你选三名学生参加今年五月的"青春和梦想"演讲比赛。

2. 请在文中横线处补写恰当的语句，使整段文字语意完整连贯，内容贴切，逻辑严密，每处不超过10个字。

【诗歌赏析】

阅读下面这首唐诗，完成下面小题。

白下驿饯唐少府
王勃
下驿穷交日，昌亭旅食年。
相知何用早？怀抱即依然。
浦楼低晚照，乡路隔风烟。
去去如何道？长安在日边。

1. 下列对这首诗的理解和赏析，不正确的一项是(　　)。
A. 这首诗系饯行之作，送别的对象为唐少府，是诗人早年的知心好友。
B. 诗人与唐少府都曾有过潦倒不得志的经历，这也是他们友谊的基础。
C. 颈联中的"低""隔"，使得饯别场景的描写有了高低远近的层次感。
D. 颔联和尾联中的问句，使语气起伏，也增添了诗作的豪迈昂扬气概。

2. 本诗与《送杜少府之任蜀州》都是王勃的送别之作，但诗人排遣离愁的方法有所不同。请结合内容简要分析。

【轻松一刻】

古代人写文章不加标点，因此产生了不少笑话。有一位教书先生，应聘一个财主家的家庭教师，列出的条件是"无鸡鸭也可无鱼肉也可唯青菜豆腐不可少不得半文钱"。地主一看就聘了他，天天给他吃青菜豆腐。不久，教书先生就提出异议。财主说："你不是明写着吗？无鸡鸭也可，无鱼肉也可，唯青菜豆腐不可少，不得半文钱。"先生说："我写的是：无鸡，鸭也可；无鱼，肉也可；唯青菜豆腐不可。少不得半文钱。"结果，自然是可想而知。

三　哦，香雪

【内容结构】

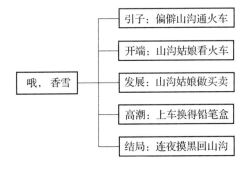

【写作特点】

1. 小说构思精巧。作者极力在"一分钟"里开掘，有层次地展开火车给宁静的山村带来的波澜与影响：先写香雪与姐妹们与火车上的人攀谈、询问，进而写香雪们与他们做生意,最后写香雪用鸡蛋换铅笔盒。小说的线索清晰自然而又富于情趣。

2. 诗化的手法与风格。小说以清新婉丽的笔调,将特定的山村生活场景诗化,创造了空灵、蕴藉的艺术境界;小说于淡雅中贮满诗情,笔墨所至,大自然的一切均被赋予了生命和灵性。叙述语言清丽、简洁、流畅,富有诗歌的意味。

【相关链接】

如果说对现代文明的追求使香雪无所畏惧,那么人与人之间的相互关爱则给香雪以莫大的精神支撑,这种关爱使人们的内心世界感到充实和幸福。母亲对女儿的信任和喜爱,让她相信40个鸡蛋换个铅笔盒是值得的,尽管娘知道40个鸡蛋对贫穷的山村人意味着什么。初次谋面的矿冶学院的女学生"她一定要把铅笔盒送给香雪,还说她住在学校吃食堂,鸡蛋带回去也没法吃"。从这些文字里可以看出她对山村姑娘的理解与关切。"台儿沟再穷,她也从没白拿过别人的东西。"独立自尊的香雪越发令人喜爱和佩服,这种美的精神不正是当下社会某些人所缺失的吗?正是这美的心灵使香雪常常得到姐妹们的支持和接应。"台儿沟在哪儿?她向前望去,她看见迎面有一颗颗黑点在铁轨上蠕动。再近一些她才看清,那是人,是迎着她走过来的人群。第一个是凤娇,凤娇身后是台儿沟的姐妹们。""她们叫着香雪的名字,声音是那样奔放、热烈;她们笑着,笑得是那样不加掩饰、无所顾忌。"群山也被感动了——"它发出洪亮低沉的回音,和她们共同欢呼着。"这是爱的回音,这是美的赞歌。情美、景美、人美,与感天动地的爱交织在一起,弹奏着人间文明向上的乐曲。

——周立利:《论铁凝的短篇小说〈哦,香雪〉》

【基础知识】

1. 下列词语中加点字的读音全都正确的一项是(　　)。
 A. 褶皱(zhě)　　给予(gěi)　　纤细(xiān)　　隧道(suì)
 B. 粗糙(zāo)　　笨拙(zhuō)　　温馨(xīn)　　怂恿(sǒng)
 C. 窸窣(sū)　　虔诚(qián)　　脊背(jí)　　推搡(sǎng)
 D. 辗轧(yà)　　咋呼(zhā)　　挟带(xié)　　虔诚(qián)

2. 下列选项中,没有错别字的一项是(　　)。
 A. 山梁　斟酌　震颤　昂首阔步　　B. 嘟囔　宽恕　刹那　梳装打扮
 C. 磨蹭　胳肢　黯淡　五彩缤纷　　D. 战粟　顾忌　蠕动　惊鸿一瞥

3. 依次填入下列各句横线处的词语,最恰当的一项是(　　)。
 (1) 山谷里突然____了姑娘们欢乐的呐喊。
 (2) 她第一次听清一树树核桃叶在风的____下"豁啷啷"地歌唱。
 (3) 香雪站住了,月光好像也____下来。
 (4) 为躲避敌人的追捕,她____成一个老太太。

A. 爆发　怂恿　黯淡　化装　　　　B. 爆发　唆使　黯淡　化妆
C. 暴发　怂恿　暗淡　化装　　　　D. 暴发　唆使　暗淡　化妆

4. 下列句子中，标点符号使用正确的一项是（　　）。

A. 两根纤细，闪亮的铁轨延伸过来了。

B. 台儿沟有人要出远门吗？山外有人来台儿沟探亲访友吗？

C. 台儿沟有石油储存？还是有金矿埋藏呢？

D. 草丛里的"纺织娘"、"油葫芦"总在鸣叫着提醒她。

5. 下列语句中没有语病的一项是（　　）。

A. 这些感人至深的助人事迹，对于我们是非常熟悉的。

B. 学习成绩的提高，取决于学生自身是否努力。

C. 作为纪检书记的他，负责掌管对全校教职员工的纪律监督。

D. 能使用工具的人类的出现，据说距今已有两三百万年了。

6. 下列句子中，修辞手法不同于其他三句的是（　　）。

A. 她有点害怕它那巨大的车头，车头那么雄壮地吐着白雾，仿佛一口气能把台儿沟吸进肚里。

B. 她们仿照火车上那些城里姑娘的样子把自己武装起来，整齐地排列在铁路旁，像是等待欢迎远方的贵宾，又像是准备着接受检阅。

C. 火车停了，发出一阵沉重的叹息，像是在抱怨着台儿沟的寒冷。

D. 小溪的歌唱高昂起来了，它欢腾着向前奔跑，撞击着水中的石块，不时溅起一朵小小的浪花。

【阅读理解】

(一)

①如果不是有人发明了火车，如果不是有人把铁轨铺进深山，你怎么也不会发现台儿沟这个小村。它和它的十几户乡亲，一心一意掩藏在大山那深深的皱褶里，从春到夏，从秋到冬，默默地接受着大山任意给予的温存和粗暴。

②不久，这条线正式营运，人们挤在村口，看见那绿色的长龙一路呼啸，挟带着来自山外的陌生、新鲜的清风，擦着台儿沟贫弱的脊背匆匆而过……台儿沟，无论从哪方面讲，都不具备挽住火车在它身边留步的力量。

③这短暂的一分钟，搅乱了台儿沟以往的宁静。从前，台儿沟人历来是吃过晚饭就钻被窝，他们仿佛是在同一时刻听到了大山无声的命令。于是，台儿沟那一小片石头房子在同一时刻忽然完全静止了，静得那样深沉、真切，好像在默默地向大山诉说着自己的虔诚。如今，台儿沟的姑娘们刚把晚饭端上桌就慌了神，她们心不在焉地胡乱吃几口，扔下碗就开始梳妆打扮。她们洗净蒙受了一天的黄土、风尘，露出粗糙、红润的面色，把头发

梳得乌亮，然后就比赛着穿出最好的衣裳。有人换上过年时才穿的新鞋，有人还悄悄往脸上涂点胭脂。

④"香雪，过来呀，看！"凤娇拉过香雪向一个妇女头上指，她指的是那个妇女头上别着的那一排金圈圈。"……看，还有手表哪，比指甲盖还小哩！"凤娇又有了新发现。

香雪不言不语地点着头，……但她也很快就发现了别的。"皮书包！"她指着行李架上一只普通的棕色人造革学生书包。就是那种连小城市都随处可见的学生书包。

⑤有时她也抓空儿向他们打听外面的事，打听北京的大学要不要台儿沟人，打听什么叫"配乐诗朗诵"（那是她偶然在同桌的一本书上看到的）。有一回她向一位戴眼镜的中年妇女打听能自动开关的铅笔盒，还问到它的价钱。谁知没等人家回话，车已经开动了。

1. 在以上选段①中，作者交代了故事发生在一座幽静的_____里，是____的出现，打破了这里的宁静。结合全文看，这两者并不仅仅是实物，前者象征着_____，后者象征着_____。

2. 《哦，香雪》是一篇散文化抒情性意味浓厚的短篇小说，语言精练、生动、传神，试赏析以下句子的语言特色。

①它和它的十几户乡亲，一心一意掩藏在大山那深深的皱褶里，从春到夏，从秋到冬，默默地接受着大山任意给予的温存和粗暴。

②台儿沟，无论从哪方面讲，都不具备挽住火车在它身边留步的力量。

3. 从④⑤选段看出，小说的两位人物香雪和凤娇对现代文明都十分渴望，但又有所不同，具体体现在

4. 香雪梦萦魂牵的"铅笔盒"在小说中多次出现，谈谈这个物象有什么深刻的寓意？

（二）

马兰花

李德霞

大清早，马兰花从蔬菜批发市场接了满满一车菜回来。车子还没扎稳，邻摊卖水果的三孬就凑过来说："兰花姐，卖咸菜的麻婶出事了。"

马兰花一惊："出啥事啦？"

三孬说："前天晚上，麻婶收摊回家后，突发脑溢血，幸亏被邻居发现，送到医院里，

听说现在还在抢救呢。"

马兰花想起来了，难怪昨天就没看见麻婶摆摊卖咸菜。三孬又说："前天上午麻婶接咸菜钱不够，不是借了你六百块钱吗？听说麻婶的女儿从上海赶过来了，你最好还是抽空跟她说说去。"

整整一个上午，马兰花都提不起精神来，不时地瞅着菜摊旁边的那块空地发呆。以前，麻婶就在那里摆摊卖咸菜，不忙的时候，就和马兰花说说话，聊聊天。有时买菜的人多，马兰花忙不过来，不用招呼，麻婶就会主动过来帮个忙……

中午，跑出租车的男人进了菜摊。马兰花就把麻婶的事跟男人说了。男人说："我开车陪你去趟医院吧。一来看看麻婶，二来把麻婶借钱的事跟她女儿说说，免得日后有麻烦。"

马兰花就从三孬的水果摊上买了一大兜水果，坐着男人的车去了医院。

麻婶已转入重症监护室里，还没有脱离生命危险。门口的长椅上，麻婶的女儿哭得眼泪一把，鼻涕一把。马兰花安慰了一番，放下水果就出了医院。男人撵上来，不满地对马兰花说："我碰你好几次，你咋不提麻婶借钱的事？"

马兰花说："你也不看看，这是提钱的时候吗？"

男人急了："你现在不提，万一麻婶救不过来，你找谁要去？"

马兰花火了："你咋尽往坏处想啊？你就肯定麻婶救不过来？你就肯定人家会赖咱那六百块钱？啥人啊！"

男人铁青了脸，怒气冲冲地上了车。一路上，男人把车开得飞快。

第二天，有消息传来，麻婶没能救过来，昨天下午死在了医院里。麻婶的女儿火化了麻婶，带着骨灰连夜飞回了上海。

男人知道后，特意赶过来，冲着马兰花吼："钱呢？麻婶的女儿还你了吗？老子就没见过你这么傻的女人！"

男人出门时，一脚踢翻一只菜篓子，红艳艳的西红柿滚了一地。

马兰花的眼泪在眼眶里打转转。

从此，男人耿耿于怀，有事没事就把六百块钱的事挂在嘴边。马兰花只当没听见。一天，正吃着饭，男人又拿六百块钱说事了。男人说："咱都进城好几年了，住的房子还是租来的。你倒好，拿六百块钱打了水漂儿。"

马兰花终于憋不住了，眼里含着泪说："你有完没完？不就六百块钱吗？是个命！就当麻婶是我干妈，我孝敬了干妈，成了吧？"

男人一撂碗，拂袖而去，把屋门摔得山响。

日子水一样流淌。转眼，一个月过去了。

这天，马兰花卖完菜回到家。一进门，就看见男人系着围裙，做了香喷喷的一桌饭菜。马兰花呆了，诧异地说："日头从西边出来啦？"

上小学二年级的女儿嘴快，说："妈妈，是有位阿姨给你寄来了钱和信，爸爸高兴，说是要犒劳你的。"

马兰花看着男人说:"到底咋回事?"

男人挠挠头,嘿嘿一笑说:"是麻婶的女儿从上海寄来的。"

"信里都说了些啥?"

男人从抽屉里取出一张汇款单和一封信,说:"你自己看嘛。"

马兰花接过信,就着灯光看起来。信中写道:"兰花姐,实在是对不起了。母亲去世后,我没来得及整理她的东西,就大包小包地运回上海。前几天,清理母亲的遗物时,我意外地发现了一个小本本,上面记着她借你六百块钱的事,还有借钱的日期。根据时间推断,我敢肯定,母亲没有还过这笔钱。本来母亲在医院时,你还送了一兜水果过来,可你就是没提母亲借钱的事……还好,我曾经和母亲到你家串过门,记着地址。不然,麻烦可就大了。汇去一千元,多出的四百元算是对大姐的一点心意吧。还有一事,我听母亲说过,大姐一家住的那房子还是租来的。母亲走了,房子我用不上,一时半会也卖不了,大姐如果不嫌弃,就搬过去住吧,就当帮我看房子了,钥匙我随后寄去。"

马兰花读着信,读出满眼的泪水……

(有删改)

1. 下列对这篇小说思想内容与艺术特色的分析和鉴赏,最恰当的两项是(　　)。

A. 马兰花刚从市场接菜回来,三孬就急忙告诉她麻婶生病住院的事,还鼓动她到医院向麻婶女儿要钱,说明三孬好嚼舌,是个搬弄是非的人。

B. 马兰花的丈夫因为六百元钱就耿耿于怀,收到一千元的汇款单后又主动为妻子做饭,这些细节惟妙惟肖地写出了这个人物的世故圆滑、反复无常。

C. 小说以麻婶女儿来信作为结局,既在意料之外,又在情理之中,不仅呼应了故事留下的悬念,还巧妙地造成了情节的逆转,颇具艺术匠心。

D. 小说注重于细微处写人,从上海来信中可以看出,麻婶的女儿是一个通情达理的人,又是一个精明的人,她内心深处很不愿意欠别人的情。

E. 发生在马兰花与麻婶两家之间的故事温馨动人,其中也蕴含着作者对当下社会伦理道德和人际关系的忧虑与反思,这是小说的深刻之处。

2. 小说有明暗两条线索,分别是什么?这样处理有什么好处?请简要分析。

3. 小说在刻画马兰花这个形象时,突出了她的哪些性格特征?请简要分析。

4. 小说三次写马兰花流泪，每次流泪的表现都不同，心情也不一样。请结合小说内容进行具体分析，并说明这样写有什么效果。

【写作表达】

运用白描手法，描写你熟悉的一个人物。字数要求：200字左右。

【语用提升】

阅读下面的文字，完成下面小题。

那次云南之行，有一个意外收获，就是看到了腾冲皮影戏。

那天晚上，到一家古色古香具有民族特色的饭店用餐，饭吃到一半，服务员来通知，皮影戏开始了。我放下饭碗，下了楼。《龟与鹤》正在上演，水塘边，一只仙鹤优雅地舞着、踱着、鸣着、顾盼着、寻觅着；另有一只乌龟，爬上了水塘的土墩，舒四肢，伸头颈，享受着宁静，享受着美景。仙鹤发现了乌龟，飞过去停在乌龟背上，用长长的喙去啄乌龟的头，乌龟飞快地把头缩进壳里，四肢也缩了进去，任仙鹤如何啄，如何气恼，如何焦急，乌龟就是岿然不动，让仙鹤 ① ，以至于本应是胜利者的仙鹤，反而着急地叫了又叫……

见我对皮影戏有兴趣，服务员就介绍说，皮影戏是当地居民喜闻乐见的艺术形式，有悠久的历史。皮影是用驴皮或牛皮刻成人物、动物，用细绳拴着，再连接着小竹竿。艺人在幕后操纵着小竹竿，皮影则甩手投足，舞枪弄棍，骑马冲杀，无所不能，往往令观众 ② 。

1. 请在文中横线处填入恰当的成语。

2. 文中画波浪线的部分，如果写成"正优雅地跳舞、踱步、鸣叫、顾盼、寻觅"，表达效果有什么不同？

【诗歌赏析】

阅读下面两首宋诗,完成下面小题。

画眉鸟
欧阳修

百啭千声随意移,山花红紫树高低。
始知锁向金笼听,不及林间自在啼。

画眉禽
文同

尽日闲窗生好风,一声初听下高笼。
公庭事简人皆散,如在千岩万壑中。

1. 下列对这两首诗的理解和赏析,不正确的一项是(　　)。
A. 欧诗和文诗题目大体相同,都是以画眉鸟作为直接描写对象的咏物诗。
B. 欧诗所写的画眉鸟在花木间自由飞行,文诗中的画眉鸟则在笼中饲养。
C. 欧诗认为鸟笼内外的画眉鸟,其鸣叫声有差别,而文诗对此并未涉及。
D. 欧诗中的"林间"与文诗中的"千岩万壑"具有大致相同的文化含意。
2. 这两首诗中,画眉鸟所起的作用并不相同。请简要分析。

【轻松一刻】

饶有趣味的连环联

连环联,又叫"顶针格"联,联中的句子首尾相连,前后承接,产生上递下接的效果,好像串珠子一样,读来饶有趣味。如:

断桥桥不断,残雪雪未残。
鱼钓钓鱼鱼骇钓,马鞭鞭马马惊鞭。
烧火火烧烧火杖,渡船船渡渡船人。
水上冻冰冰积雪,雪上加霜;空中腾雾雾成云,云开见日。

再如:

天心阁,阁落鸽,鸽飞阁未飞;水陆洲,洲停舟,舟走洲不走。

这是湖南长沙天心阁的一副对联,联语综合运用了顶真、同音异字等多种手法,联中"阁阁""鸽鸽""洲洲""舟舟"为顶真,"鸽阁"和"洲舟"为同音(或谐音),颇具匠心。

还有这样一副对联，综合运用连环与回文技巧，堪称连环联中的妙对：

僧过大佛寺，寺佛大过僧；客上天然居，居然天上客。

在连环联中，颇具代表性的是吴文之对客人联。传说吴文之幼时能对，某日家中来客出对：

桑养蚕，蚕结茧，茧抽丝，丝成锦绣。

吴文之对曰：

草藏兔，兔生毫，毫扎笔，笔写文章。

客人叹为观止。

我要扼住命运的咽喉，它妄想使我屈服，这绝对办不到。——生活这么美好，活它一辈子吧！
　　　　　　　　　　　　　　　　　　　　　　　　　　——贝多芬

不要慨叹生活的痛苦！——慨叹是弱者，但是，却必须为着有自尊心的人，要求得到自由的劳动和自由的生活的权利。　　　　——高尔基（苏联著名作家）

神圣的工作在每个人的日常事务里，理想的前途在于一点一滴做起。
　　　　　　　　　　　　　　　　　　　　　　　　　　——谢觉哉

第七单元

一 归园田居（其一）

【内容结构】

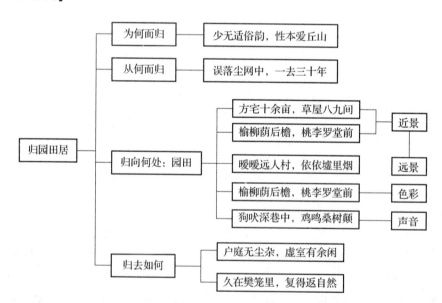

【写作特点】

陶渊明是田园诗派的开创者，其田园诗的深厚意蕴往往以淡淡白描和真情实感托出，平淡之中见神奇，朴素之中见绮丽。

1. 善用比喻。"尘网""樊笼"两个喻词，形象地再现了官场污浊黑暗、关系错综复杂、束缚人性的特点。"羁鸟""池鱼"两个词，是诗人的自比。"旧林""故渊"，即诗人所谓的"丘山"，它们是广阔的山林江河，是无际的田野、静静的村庄，是不受约束、无须做作的精神上的自由呼吸。

2. 采用白描。"方宅十余亩，草屋八九间"，用简笔勾勒出屋舍概貌：宅院不大，占地也有十亩左右；草屋不多，也有八九间供居住使用。"荫""罗"两个动词描绘出树木绿荫覆盖、排列有序的生长状态。

从"榆柳荫后檐，桃李罗堂前"，到"暖暖远人村，依依墟里烟"，镜头由近及远，在袅袅的炊烟中，有农人家庭的温暖，也有诗人内心的安闲。"暖暖""依依"两个叠字，将远近村庄的恬静与祥和烘托出来，给人一种迷茫淡远的美感。

3. 善于抒情。"久在樊笼里，复得返自然"，是诗人直抒胸臆、揭示主旨之句。重返"自然"，心情如出笼之鸟，无以形容。

另外，诗中多处运用对偶句，如："榆柳荫后檐，桃李罗堂前。"还有对比手法的运用，将"尘网""樊笼"与"园田居"对比，从而突出诗人对官场的厌恶、对自然的热爱。

【相关链接】

陶渊明（约365—427年），名潜，字元亮，别号五柳先生，私谥靖节，世称靖节先生，东晋末年诗人、辞赋家、散文家。他是中国第一位田园诗人，被誉为"隐逸诗人之宗""田园诗派之鼻祖"。代表作品有诗歌《饮酒》，散文《桃花源记》《五柳先生传》及辞赋《归去来兮辞》等。公元405年（东晋安帝义熙元年），陶渊明在江西彭泽做县令，不过八十多天，便声称不愿"为五斗米折腰向乡里小儿"，挂印回家。从此结束了时隐时仕、身不由己的生活，终老田园。归来后，作《归园田居》诗一组，共五首，描绘田园风光的美好与农村生活的淳朴可爱，抒发归隐后愉悦的心情。课文所选是组诗的第一首，这首诗从对官场生活的强烈厌倦，写到田园风光的美好动人，农村生活的舒心愉快，流露了一种如释重负的心情，表达了对自然和自由的热爱。

【基础知识】

1. 下列词语中加点字的注音全部正确的是（　　）。

A. 暧暧（ài）　　悠悠（yōu）　　呦呦（yōu）
B. 慷慨（kǎi）　　羁鸟（jī）　　阡陌（mù）
C. 樊笼（fán）　　吐哺（bǔ）　　三匝（zhā）
D. 衣衿（jīng）　　掇取（duō）　　狗吠（fèi）

2. 补全诗文，书写要正确。

少无（　　）俗韵，性本爱丘山。误落尘网中，一去三十年。
（　　）鸟恋旧林，池鱼思故（　　）。开荒南野际，守（　　）归园田。

方宅十余亩，草屋八九间。榆柳（　　）后（　　），桃李罗堂前。
（　　）远人村，依依（　　）里烟。狗吠深巷中，鸡鸣桑树（　　）。
户（　　）无尘杂，（　　）室有余闲。久在（　　）笼里，复得（　　）自然。

3. 《归园田居（其一）》中的"＿＿＿＿＿＿，＿＿＿＿＿＿"两句，与王籍《入若耶溪》中"蝉噪林逾静，鸟鸣山更幽"两句在写法上有异曲同工之妙。

4. "＿＿＿＿＿＿，＿＿＿＿＿＿"两句，表现了脱离官场、如释重负的愉快心情，是陶渊明《归园田居（其一）》的点睛之笔。

5. 下列对《归园田居（其一）》中词语的解说，不正确的一项是（　　）。

A. "尘网"，指世俗的种种束缚。

B. "羁鸟"，以被关在笼中的鸟自喻。

C. "故渊"，即篇末所说的"自然"。

D. "樊笼"，指囚牢般的社会制度。

6. 下面有关作者的表述不正确的一项是（　　）。

A. 陶渊明，东晋著名诗人、散文家、辞赋家，一名潜，字元亮，自号靖节先生，因宅旁长有五棵柳树，世人以"五柳先生"称之。

B. 陶渊明的成就主要是诗，他歌咏隐居田园、饮酒赏菊、乐天知命的闲适生活，意境恬淡，词句质朴自然。他被看作田园诗的开创者，唐代王维、孟浩然都受到他的诗作的影响。

C. 陶渊明也写过"金刚怒目"式的作品，如《读山海经》中"刑天舞干戚，猛志固常在"，表现了他对当时腐败政治的批判精神和强烈的反抗意识。

D. 毛泽东有诗云"陶令不知何处去，桃花源里可耕田"，这里的"陶令"就是陶渊明，因为他做过八十余天的彭泽县令，故以陶令相称。

【阅读理解】

(一)

归园田居

陶渊明

少无适俗韵，性本爱丘山。误落尘网中，一去三十年。
羁鸟恋旧林，池鱼思故渊。开荒南野际，守拙归园田。
方宅十余亩，草屋八九间。榆柳荫后檐，桃李罗堂前。
暧暧远人村，依依墟里烟。狗吠深巷中，鸡鸣桑树巅。
户庭无尘杂，虚室有余闲。久在樊笼里，复得返自然。

1. 下面对诗句的解说不恰当的一项是（　　）。

A. "狗吠"两句，描绘了一幅鸡鸣狗叫的农村生活图景，一切那么自然，那么纯朴。

B. "方宅"句，意思是说围绕住宅的土地有十来亩。方，围绕的意思。

C. "榆柳"两句，描写了榆柳、桃李遍布房前屋后的情景。

D. "暧暧"两句，远村、墟烟构成一幅远景。"暧暧"与"依依"在诗中是近义词，因此可以互换。

2. 下列分析不恰当的一项是(　　)。

A. 开头两句中的"俗"指社会风尚，就读书人来说，也就是读书做官的那一套。"丘山"代表远离官场仕途的田园山林。

B. 本诗描绘了诗人由官场回归农村之后的田园生活，字里行间洋溢着置身于大自然怀抱之中的欢快和对官场生活的厌恶。

C. "久在樊笼里"一句中的"樊笼"就是"误落尘网中"一句中所说的"尘网"，既指当时复杂的社会关系，也指当时复杂的人际关系。

D. 诗人在诗中对自己的人生进行了深刻的总结，对尘世的生活有清醒的认识，表达了自己的思乡之情。

3. 对这首诗的赏析，不正确的一是(　　)。

A. 全诗语言委婉含蓄，作者极力描绘田园风光的宁静美好，表达自己置身农田劳动生活的真切体验及舒心愉悦的心情。

B. 全诗作者以追悔开始，以庆幸结束，表达自己"误落尘网""久在樊笼"的痛苦，以及自己"复得返自然"的惬意欢欣。

C. "少无适俗韵，性本爱丘山"两句表露了诗人清高自守，不与世俗同流合污的性格，这是他最终辞官归田的主观原因。

D. "三十年"有人认为应是"十三年"，作者从做官到归隐共十三年，平实的叙述中暗含对官场的态度，颇有深意。

（二）

归园田居·其三

种豆南山下，草盛豆苗稀。

晨兴理荒秽，带月荷锄归。

道狭草木长，夕露沾我衣。

衣沾不足惜，但使愿无违。

1. 下面对这首诗的赏析，不准确的一项是(　　)。

A. "带月荷锄归"，为我们描绘了一幅美好的月夜归耕图，其中洋溢着诗人心情的愉快和归隐的自豪。

B. 五六句看似平淡，但这种平淡正好映射了结尾这一句"但使愿无违"。这里的"愿"更蕴含了不要在那污浊的现实世界中失去了自我的意思。

C. "种豆南山下"与"采菊东篱下"有着同样的韵律，同样的韵味。采菊是十分认真的，而种豆则是漫不经心的。

D. 这首诗描绘出劳动中淳朴真率的生活情态。语言自然而平易近人，不加雕饰，是诗人乐于归田隐居、弃绝尘世的精神境界之流露。

2. 诗中"但使愿无违"的"愿"具体指的是什么？

答：_____

_____

3. 结合诗句，简要分析诗歌的语言风格。

答：_____

_____

【写作表达】

《归园田居（其一）》描绘了一幅恬静幽美、清新喜人的田园风光画面。请充分发挥联想与想象，描绘出这幅画面。要求：运用景物描写，采用由近及远、动静结合的写作方法，300字左右。

_____

_____

_____

_____

_____

【语用提升】

阅读下面的文字，完成1～2题。

日常生活中，我们常常会因为忘记重要信息而懊恼，幻想着要是能过目不忘该多好啊！其实，我们更应该庆幸 __A__ ，因为遗忘可以降低记忆带来的认知负荷，使认知系统能够更加高效地工作。而超强记忆力往往是以牺牲抽象、泛化能力为代价的。从下面例子中可以看出一些端倪。

有一位记者，①拥有人们只能望其项背的超强记忆力。②他虽然能轻松地记住一长串数字，③却发现不了其中的规律；④他脑海里充满各种孤立的事实，⑤却不能归纳出一些模式将它们组织起来。⑥这促使他不能理解隐喻等修辞手法，⑦甚至复杂一点的句子。⑧记忆大师奥布莱恩曾多次获得世界记忆锦标赛冠军，⑨虽然他的阅读理解能力比常人低很多，⑩听课的时候也很难集中注意力。也许正是牺牲了一部分记忆，我们才有了独一无二的归纳和抽象思维能力。

网络时代，我们没有办法也没有必要 __B__ ，毕竟互联网随时可以帮我们查阅。不过我们也不能过于依赖互联网，像互联网可以解决所有问题似的。通过一些训练提升记忆力，也一直是我们孜孜以求的目标。

1. 请在文中画横线处补写恰当的语句，使整段文字语意完整连贯，内容贴切，逻辑严密，每处不超过10个字。

2. 文中第二段有三处表述不当，请指出其序号并做修改，使语言表达准确流畅，逻辑严密。不得改变原意。

【诗歌赏析】

阅读下面的作品，完成1~2题。

城中闲游

[唐] 刘禹锡

借问池台主，多居要路津。千金买绝境，永日属闲人。

竹径萦纡入，花林委曲巡。斜阳众客散，空锁一园春。

【注】本诗作于诗人被贬归来，闲居洛阳时。

1. 下列诗歌选集中，可能收录本诗的一项是( )。
A.《古诗源》　　　　　　　　B.《乐府诗集》
C.《唐宋近体诗集》　　　　　D.《万首唐人绝句》

2. 结合全诗，具体分析诗题中"闲游"所寄寓的情感。

【轻松一刻】

新上任的王知县听说少年陶渊明的诗词歌赋很有名气，就到家里来拜访，想试探下他的学识到底如何。王知县环视四周，看到菜园里有一畦向日葵。于是灵机一动，随口道出上联：雏葵俯枝，小脸盘可识地理？陶渊明一听，知道这官员话中含有不信任的蔑视，表面说的是雏葵，实际上是暗中问自己：你这么年轻，能熟识田园里耕作之事吗？于是他略为思考，看见庭前的荷塘里，茁生出鲜红的荷苞，于是就想出了巧妙的下联：新苞出土，大朱笔熟点天文！陶渊明的下联也是话中有话，他的意思表面是说荷苞，实际是说自己，意思是我虽然被埋在污泥里，但是一旦出土，就能点天文地理。王知县看了，暗中惊叹陶渊明的才思敏捷，又出上联：小孩子出言吞天口。这一联除了说陶渊明刚才的口气太大之外，用字上还非常巧妙，因为"吞"是由"天口"两字组成，这样是非常难对的。陶渊明想了想，随即对出下联：老大人苦究志士心。陶渊明表明自己不是口气大，而是靠苦学而成才。因"志"字是由"士心"两字组成，正巧工整对上联的"吞"的吞字。知县才知道陶渊明不仅有学问，还立志苦学，不禁肃然起敬。便站起来紧紧握着他的手，连连赞叹道："小兄弟！果然聪明过人，有志气，佩服！佩服！"从此两人成了忘年交。

二　唐诗二首

【内容结构】

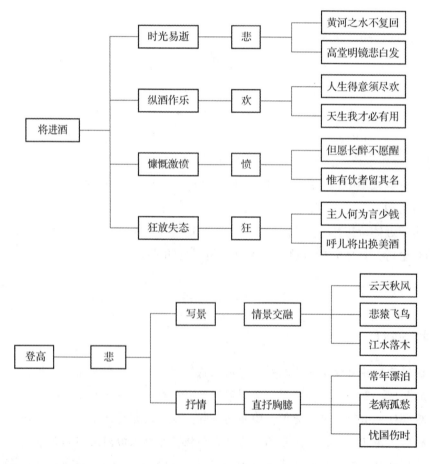

【写作特点】

《将进酒》是李白诗歌的代表作品。李白的诗歌具有强烈的浪漫主义精神，他创造性地运用了一切浪漫主义的手法，使内容和形式得到高度的统一。

1. 感情大起大落。全诗围绕一个"酒"字,感情跌宕起伏:悲伤—欢乐—愤激—狂放,而这所有的情感又都是基于一个"愁"字,作者因愁而悲叹时光易逝,因愁而纵酒作乐,因愁而慷慨愤激,也因愁而狂放失态,表现了一种怀才不遇又渴望用世的矛盾复杂的情感。豪放是它的外壳,愤激才是它的内核。

2. 夸张的写法。夸张让这首诗具有了震撼古今的气势和力量。有些夸张是凭数字表现的,如"一饮三百杯""斗酒千金""万古愁"等。有些属于感觉的夸大,如"君不见黄河之水天上来,奔流到海不复回",一下子就把读者指引到波涛汹涌的黄河岸边,观赏水从天来、东流入海的壮观景象。还有"朝如青丝暮成雪",极言人生短促。

3. 使用比兴。"君不见黄河之水天上来,东流到海不复回。君不见高堂明镜悲白发,朝如青丝暮成雪"开篇两组长句,使用了排比、夸张、对比的修辞,运用比兴手法,显示出黄河的宏伟气魄和浩大声势以及一去不复返。

在诗文大胆的夸张与新奇的比喻中,在诗人的直抒胸臆中,我们看到了悲的李白、乐的李白、愤慨的李白、怀才不遇的李白,同时也看到了一个自信的李白。诗中交织着失望与自信、悲愤与抗争的情怀,体现出诗人强烈的豪纵狂放的个性。

《登高》前四句写景,述登高见闻,后四句抒情,写登高所感。整首诗围绕作者自己的身世遭遇,抒发了穷困潦倒、年老多病、流寓他乡的悲哀之情。

1. 情景交融。先写景,后抒情,抒情中既有直抒胸臆,也有借景抒情。全诗景中有情,情景交融。仅在首联中,我们便可以从诗人笔下所描绘的肃杀、凄清的情景,感受到诗人悲凄、愁苦的情怀。"万里悲秋常作客,百年多病独登台"两句,更是融情于景,诗人将个人身世之悲、不得志之苦等多种丰富的情感融于悲凉的秋景之中,内涵丰富。

2. 多角度写景。首联的写景句中:风声猿声是"声",沙白渚清是"色",即为"有声有色";"鸟飞回""猿啸哀"是动态,"渚清沙白"让洲渚静立,是静态,这里便为"动静结合"。此外,这一联里,写景句也是远近结合,高低相间。"天高"是远处高处,"鸟飞回"是近处低处。声与色,动与静,高与低,远与近,这一切景象的选择与搭配,同样让人感受到诗人写作技巧的炉火纯青。

3. 多种修辞和表现手法交织。比兴、象征、衬托、暗喻、对偶等,都在诗中有体现。而全诗通篇讲究对仗,这与一般律诗只讲究中间两联对仗相比,可以说是再胜一筹,更让人惊叹的是,在诗歌的一二句中还有"句中对",比如"风急""天高""渚清""沙白",对得浑成自然。

【相关链接】

诗仙和诗圣:迥然不同的生命意境

李白之所以被称为诗仙,是因为在诗的国度里,他是一个不遵守人间规则的人。"仙"

的定义非常有趣，李白本身建立起来的个人生命风范，不能够用世俗的道德标准去看待，比如李白的好酒，李白的游侠性格，李白对人世间规则的叛逆。可以说李白把道家的或老庄的生命哲学做了尽情发挥，变成一种典范。杜甫是诗圣，"圣"与儒家学说有关，儒家生命的最高理想是成为圣人。"圣"需要在人间完成。"仙"是个人化的自我解放，"圣"则是个人在群体生活当中的自我锤炼。

杜甫的社会性很强，李白根本没有社会性，"举杯邀明月，对影成三人"，月亮与影子都要解脱社会性。李白鼓励个人把社会性的部分切断，从独与天地精神往来的个人角度思考生命意义和价值。儒家对于一个人生命的意义与价值，一定是放在群体当中考虑，比如孝与忠，是在家族与国家里完成自我，如果抽离了家族和国家，个人的意义无从讨论。李白不讨论这些问题，他就是一个决然的个人。"天生我材必有用"，"我"是一个孤立的个体，而杜甫的每一个动作、每一个行为都是把自己放到群体当中。

圣与仙是非常不同的两种形态。在中国的整个思想极度成熟、文学达到登峰的时刻，李白体现了老庄思想的最高完成，杜甫体现了孔孟哲学的最高完成。

——蒋勋《蒋勋说唐诗》

【基础知识】

1. 下列词语中加点的字注音全都正确的一组是（　　）。

　A. 潦倒（liáo）　　将进酒（qiāng）　　浊酒（zhuó）　　钟鼓馔玉（zuàn）

　B. 双鬓（bìng）　　千金裘（qiú）　　金樽（zhǔ）　　烹羊宰牛（pēng）

　C. 萧条（xiāo）　　岑夫子（jì）　　静谧（mì）　　径须沽取（gū）

　D. 混淆（xiáo）　　对君酌（zhuó）　　徜徉（cháng）　　渚清沙白（zhǔ）

2. 下列诗句没有错别字的一项是（　　）。

　A. 人生得意需尽欢　　　　　　B. 天生我才必有用

　C. 径须沽取对君酌　　　　　　D. 与尔同消万古愁

3. 下列句中加点词释义不正确的一项是（　　）。

　A. 会须一饮三百杯　　会须：会、须，皆有应当之意

　B. 将进酒，杯莫停　　将：请

　C. 斗酒十千恣欢谑　　斗酒：比赛喝酒

　D. 古来圣贤皆寂寞　　寂寞：诗中是被人冷落的意思

4. 下列选项，使用了典故的两句是（　　）。

　A. 烹羊宰牛且为乐，会须一饮三百杯。

　B. 陈王昔时宴平乐，斗酒十千恣欢谑。

　C. 岑夫子，丹丘生，将进酒，杯莫停。

D. 君不见高堂明镜悲白发,朝如青丝暮成雪。

5. 下列有关文学常识的表述,错误的一项是( )。

A. 李白,字太白,号青莲居士,又号"谪仙人",是唐代伟大的浪漫主义诗人,被后人誉为"诗仙",与杜甫并称"李杜"。

B. 杜甫,字子美,自号少陵野老,唐代现实主义诗人,因其诗风沉郁顿挫,忧国忧民,杜甫的诗被称为"诗史"。

C. 杜牧,字牧之,晚唐著名诗人,与李清照并称"小李杜"。因晚年居主在长安城南樊川别墅,故后世又称他为"杜樊川"。

D. 苏轼在散文创作上,继承了韩愈、柳宗元的创作传统,被列为"唐宋八大家"之一;在词创作上,是北宋豪放派的代表词人,与南宋辛弃疾并称"苏辛"。在诗歌创作上,与黄庭坚并称"苏黄"。

6. 补全诗句。

①万里悲秋常作客,_____。

②_____,不尽长江滚滚来。

③人生得意须尽欢,_____。

④天生我材必有用,_____。

【阅读理解】

(一)

登 高

风急天高猿啸哀,渚清沙白鸟飞回。

无边落木萧萧下,不尽长江滚滚来。

万里悲秋常作客,百年多病独登台。

艰难苦恨繁霜鬓,潦倒新停浊酒杯。

1. 下列诗词都是描述秋天景致的,与《登高》一诗意境最为相似的一项是( )。

A. 自古逢秋悲寂寥,我言秋日胜春朝。晴空一鹤排云上,便引诗情到碧霄。

B. 看万山红遍,层林尽染;漫江碧透,百舸争流。鹰击长空,鱼翔浅底,万类霜天竞自由。

C. 秋风萧瑟天气凉,草木摇落露为霜。群燕辞归雁南翔,念君客游思断肠。

D. 待到秋来九月八,我花开后百花杀。冲天香阵透长安,满城尽带黄金甲。

2.《登高》一诗,被人称为"杜集七言律诗第一""古今七言律诗之冠"。下列对其对仗理解不当的一项是( )。

A. 首句"风""天""猿啸"分别与下句的"渚""沙""鸟飞"对仗,读来富有节奏感。

B. 颔联的对仗十分精工,"无边""不尽"使"萧萧""滚滚"更加形象化,沉郁悲凉的对句出神入化。

C. 颈联表现感情,"万里""百年"分别从纵(时间)、横(空间)两方面着笔。

D. 颈联的"万里""百年"和上联的"无边""不尽"还有相互呼应的作用。

3. 对《登高》一诗的赏析,不正确的一项是(　　)。

A. 首联精选意象,多角度写景,既写出了深秋时节的典型特征,又借景抒发了凄凉、孤寂之情。

B. 颔联气象雄浑,境界开阔,为颈联、尾联抒发情感创设了宏大的自然背景,使得个人的痛苦在这个背景下显得分外渺小,倍添悲凉。

C. 颈联中"悲"是全诗的诗眼,它集中表达了诗人在全诗中蕴蓄的复杂情感,诗歌所抒之情缠绵悱恻,含蓄蕴藉。

D. 诗歌前半部分写景,后半部分抒情,由情选景,寓情于景,情与景浑然一体,淋漓尽致地表达了诗人的忧国伤时之情。

(二)

登岳阳楼

[唐] 杜甫

昔闻洞庭水,今上岳阳楼。吴楚东南坼,乾坤日夜浮。

亲朋无一字,老病有孤舟。戎马关山北,凭轩涕泗流。

1. 下列句子中加点词的解释不正确的一项是(　　)。

A. 吴楚东南坼　　坼:分裂,引申为划分

B. 亲朋无一字　　字:文字,指书信

C. 戎马关山北　　关山:关口山岳,指北方边关

D. 老病有孤舟　　老病:拖得时间长的疾病

2. 下列对《登岳阳楼》的赏析有误的一项是(　　)。

A. "昔闻洞庭水,今上岳阳楼",首联"昔""今"对照,虚实交错,拉开时间的帷幕,写出初登岳阳楼的喜悦,为全诗浩大的气势奠定了基础。

B. 颔联写洞庭湖的浩瀚无边。洞庭湖坼吴楚,浮日月,波浪滔天,浩茫无际,写景如此壮阔,令人玩索不尽。

C. 颈联写诗人年老多病,以舟为家,远离亲友,流落在外。面对洞庭湖的汪洋浩渺,更加重了身世的孤危感。

D. 尾联"戎马"，采用借喻的手法，指战争。诗人把个人命运和国家前途联系在一起，抒写了家国之痛，意境深远，余韵无穷。

3. 结合全诗，请概括"凭轩涕泗流"一句蕴含了哪些情感。

【写作表达】

请以"秋天的校园"为题，写一篇写景抒情的片段。要求：抓住景物特征，300字左右。

【语用提升】

阅读下面的文字，完成下面小题。

"飞天梦永不失重，科学梦张力无限"，2022年3月23日下午第三次"天宫课堂"如约举行，在约400公里高的环地球轨道上，神舟十三号航天员翟志刚、王亚平、叶光富三人携手开讲，在近一小时的授课过程中，丰富多彩的科学实验在现场演示，还以天地连线的方式回答了地面学生的问题，并通过多种媒体平台，向全球同步直播此次"天宫课堂"。

抛出去的北京冬奥会吉祥物"冰墩墩"没有沿抛物线方向下降坠落，而是给人以沿着直线匀速运动的感觉，植物油与水在小瓶中混合后，不能自然分离，而用绳子拴住瓶子甩上一阵后，水与油成功分离……第三次"天宫课堂"这些 ① 的瞬间启发很多学生不断思考、回味，兴趣盎然地追寻背后的科学道理。

"天宫课堂"开始于2013年6月20日。彼时，神舟十号航天员王亚平在同伴的配合下，华丽转身为 ② 的科学课教师，在天宫一号空间实验室进行了中国首次太空授课，演示了失重环境下独特的物理现象，并和地面的学生进行了 ③ 的天地互动交流。此后又于2021年和今年两度开课，大大激发了广大青少年探求科学规律、探索宇宙奥秘的热情。

1. 请在文中横线处填入恰当的成语。

2. 文中画波浪线的部分有语病，请进行修改，使语言表达准确流畅，可少量增删词语，不得改变原意。

【诗歌赏析】

阅读下面这首宋诗，完成下面小题。

湖上晚归

[宋] 林逋

卧枕船舷归思清，望中浑恐是蓬瀛。
桥横水木已秋色，寺倚云峰正晚晴。
翠羽湿飞如见避，红蕖香袅似相迎。
依稀渐近诛茅地①，鸡犬林萝隐隐声。

【注】①诛茅地：诗中指人的居所。

1. 下列对这首诗的理解和赏析，不正确的一项是（　　）。
A. 诗人描写自己乘船归家途中所见，笔下画面随着行程逐次展开，自然流畅。
B. 诗人眼中的景物在秋日余晖的映照之下，有动有静，多姿多彩，令人愉悦。
C. 诗人如处仙境的感觉被人居之地的鸡鸣狗吠之声破坏，心情也发生了变化。
D. 诗人调动多种感官，从不同的角度进行描写，状物生动，笔触鲜活而细腻。

2. 王国维说："以我观物，故物皆著我之色彩。"这一观点在本诗中是如何得到印证的？请简要分析。

【轻松一刻】

李白周岁抓周时，抓了一本《诗经》。他父亲很高兴，认为儿子长大后可能成为有名的诗人，就想为李白取一个好名字，于是对儿子起名很慎重，越慎重就越想不出来。直到儿子七岁，还没想好合适的名字。那年春天，李白的父亲在院中作诗："春风送暖百花开，迎春绽金它先来。"妻子想了想接了第三句："火烧杏林红霞落。"李白脱口接了第四句："李花怒放一树白。"父亲一听，拍手叫好，心想这句诗的开头一字不正是自家的姓吗？最后一个"白"字用得真好，说出了一树李花圣洁如雪。于是，他就给儿子起名叫李白。

三 赤壁赋

【内容结构】

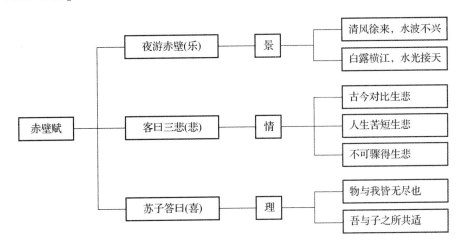

【写作特点】

此赋以作者的主观感受为线索，通过主客问答的形式，表达了吊古伤今之情感、矢志不移之情怀。全赋情韵深致、理意透辟，是文赋中之佳作。

1. 景、情、理融为一体。首段因景生情，文中借物喻理（水、月、风），即以这段写景为下文议论说理做铺垫。第二段中客的议论，以"羡长江之无穷"扣住水，以"抱明月而长终"扣住月，以"托遗响于悲风"扣住风，虚无消极的人生观借助于具体、现实的自然物象表达了出来。第三段苏子反驳，也是以水和月作比譬，深入浅出地说明了事物变与不变的道理。

2. 采用对话手法。主客问答，主与客之间的一难一解、相互辩驳，实则代表了作者内心矛盾斗争的两方面：借客之口宣泄政治失意、人生无常的苦闷，借主之口表达潇洒超脱、返归自然的情怀。这一表现内心挣扎的艺术构思，是作者别具匠心的创造。

3. 骈、散句交错使用。文赋是一种介于韵文与散文之间的文体。这篇赋大量运用了排比和对偶，句式时骈时散，用韵时疏时密，行文舒卷自如，声调和谐优美，如行云流水般自然。

【相关链接】

22岁丧母、30岁丧妻、31岁丧父、44岁自己几死狱中、49岁殇幼子……苏轼的一生并没有一帆风顺。可他始终保持着乐观豁达的人生态度，把"生活的苟且"活成了"诗和远方"。

被贬黄州的路途之中，他题诗赤壁，"大江东去，浪淘尽，千古风流人物"，把自身沉浮放入赤壁的千古风雨、万顷波涛，道尽超逸旷达之情！他最优秀的创作几乎都是在贬谪之地产生，他留给后世的影响，也大多是身为"东坡居士"的创作所留下的。这是艰难的贬谪生涯对于诗人原本意想不到的"报酬"，它丰富、扩大了诗人创作的主题，深化、升华了其思想与艺术的境界。

与朋友春日出游，风雨忽至，同行的人都哀叹连连深感狼狈，唯有苏轼泰然处之。雨过天晴后，他写下千古名句："竹杖芒鞋轻胜马。谁怕？一蓑烟雨任平生。"用旷达解脱失意，不愧是"顶级洒脱"！

【基础知识】

1. 下列词语中加点字读音全部正确的一项是（　　）。
   A. 壬戌（rén）　　窈窕（tiǎo）　　桂棹（zhào）　　冯虚御风（féng）
   B. 嫠妇（lí）　　愀然（qiǎo）　　舳舻（yóu）　　山川相缪（liáo）
   C. 酾酒（shī）　　横槊（shuò）　　江渚（zhǔ）　　正襟危坐（jīn）
   D. 匏樽（páo）　　枕藉（jí）　　蜉蝣（fú）　　一叶扁舟（piān）

2. 下列句中加点词语解释有误的一项是（　　）。
   A. 凌万顷之茫然（旷远的样子）　　冯虚御风（驾）
   B. 渺渺兮予怀（悠远的样子）　　正襟危坐（身体斜着坐）
   C. 击空明兮溯流光（月光下的清波）　　扣舷而歌之（敲击）
   D. 倚歌而和之（循，依）　　而卒莫消长也（到底）

3. 对下列各句中加点词活用情况解说正确的一项是（　　）。
   ①下江陵，顺流而东也　　②况吾与子渔樵于江渚之上
   ③侣鱼虾而友麋鹿　　④西望夏口，东望武昌
   A. ①②不同，③④相同　　B. ①③相同，②④相同
   C. ①②相同，③④不同　　D. ①④不同，②③相同

4. 下列各句中加点的词与现代汉语词义基本相同的一项是（　　）。
   A. 徘徊于斗牛之间　　B. 白露横江
   C. 凌万顷之茫然　　D. 挟飞仙以遨游

5. 下列文学、文化常识解释错误的一项是（　　）。
   A. 既望：已经过了望日，即阴历每月十六日。既，已经。望，阴历每月十五日。
   B. 美人：指所思慕的人，古人作品中常用美人来作为圣主贤臣或美好理想的象征。
   C. 本文作者苏轼是唐宋八大家之一。八大家中另七人是韩愈、柳宗元、欧阳修、苏

洵、苏辙、司马光、王安石。

D. 斗牛：斗宿和牛宿，都是星宿名，二十六宿之一。我国古代天文学家把天上某些星的集合叫宿。

6. 下列表述有误的一项是(　　)。

A. 苏轼是北宋时期著名的文学家，其散文与欧阳修并称"欧苏"，诗与黄庭坚并称"苏黄"，词与辛弃疾并称"苏辛"，是豪放派的创始人。

B. 本文与《后赤壁赋》都是元丰五年（1082年）苏轼被贬到黄州所作，这期间他还写了词《念奴娇·赤壁怀古》。

C. 本文通过主客问答，议论风生，表现出主人公乐观豁达的胸怀。

D. 本文通过叙事，把景与情交融在一起，表现出作者"乐—悲—乐"的感情变化。

【阅读理解】

(一)

苏子愀然，正襟危坐而问客曰："何为其然也?"客曰："'月明星稀，乌鹊南飞'，此非曹孟德之诗乎？西望夏口，东望武昌，山川相缪，郁乎苍苍，①此非孟德之困于周郎者乎？方其破荆州，下江陵，顺流而东也，舳舻千里，旌旗蔽空，酾酒临江，横槊赋诗，②固一世之雄也，而今安在哉？况吾与子渔樵于江渚之上，侣鱼虾而友麋鹿，驾一叶之扁舟，举匏樽以相属。寄蜉蝣于天地，渺沧海之一粟。哀吾生之须臾，羡长江之无穷。挟飞仙以遨游，抱明月而长终。知不可乎骤得，托遗响于悲风。"

苏子曰："客亦知夫水与月乎？③逝者如斯，而未尝往也；盈虚者如彼，而卒莫消长也。盖将自其变者而观之，则天地曾不能以一瞬；自其不变者而观之，则物与我皆无尽也，而又何羡乎！且夫天地之间，物各有主，苟非吾之所有，虽一毫而莫取。惟江上之清风，与山间之明月，耳得之而为声，目遇之而成色，取之无禁，用之不竭，④是造物者之无尽藏也，而吾与子之所共适。"

1. 下列句子中加点词的解释不正确的是(　　)。

A. 正襟危坐而问客曰　　　端坐　　　B. 山川相缪　　　通"缭"，盘绕

C. 下江陵　　　攻占　　　D. 而卒莫消长也　　　消失

2. 下列各组句子中加点词的意义和用法相同的是(　　)。

A. 侣鱼虾而友麋鹿　　　去今之墓而葬焉

B. 举匏樽以相属　　　以吾一日长乎尔

C. 则物与我皆无尽也　　　于其身也，则耻师焉

D. 寄蜉蝣于天地　　　又有若老人咳且笑于山谷中者

3. 下列对文段中画线句子的翻译，正确的是(　　)。

A. ①这不是曹孟德围困周瑜的地方吗？

B. ②本来是一代的英雄啊，可是怎么在（战争中失败）呢？
C. ③流去的（水）像这样（不断地流去），可是并没有流走。
D. ④这大自然无穷无尽的宝藏对我和你都很适合。

4. 下列对文段的理解和分析，不正确的是（   ）。

A. 客人的回答抒发了对曹操的仰慕之情，表达了老当益壮的决心和意志。
B. 苏子借水与月阐发万物和人生变与不变的哲理，表明他能辩证地看问题。
C. 苏子对清风、明月的看法和态度，体现了他旷达乐观的性格特点。
D. 文段多处运用对偶和比喻，句子长短错落，韵脚灵活多变。

（二）

后赤壁赋

苏轼

是岁十月之望，步自雪堂，将归于临皋。二客从予过黄泥之坂。霜露既降，木叶尽脱，人影在地，仰见明月，顾而乐之，行歌相答。

已而叹曰："有客无酒，有酒无肴，月白风清，如此良夜何！"客曰："今者薄暮，举网得鱼，巨口细鳞，状如松江之鲈。顾安所得酒乎？"归而谋诸妇。妇曰："我有斗酒，藏之久矣，以待子不时之需。"

于是携酒与鱼，复游于赤壁之下。江流有声，断岸千尺；山高月小，水落石出。曾日月之几何，而江山不可复识矣。予乃摄衣而上，履巉岩，披蒙茸，踞虎豹，登虬龙，攀栖鹘之危巢，俯冯夷之幽宫。盖二客不能从焉。划然长啸，草木震动，山鸣谷应，风起水涌。予亦悄然而悲，肃然而恐，凛乎其不可留也。反而登舟，放乎中流，听其所止而休焉。

时夜将半，四顾寂寥。适有孤鹤，横江东来。翅如车轮，玄裳缟衣，戛然长鸣，掠予舟而西也。须臾客去，予亦就睡。梦一道士羽衣蹁跹过临皋之下揖予而言曰赤壁之游乐乎问其姓名，俯而不答。"呜呼！噫嘻！我知之矣。畴昔之夜，飞鸣而过我者，非子也邪？"道士顾笑，予亦惊寤。开户视之，不见其处。

1. 下列各组句子中加点的词的意义和用法相同的一项是（   ）。

A. 今者薄暮   此三者，吾遗恨也
B. 以待子不时之需   还军霸上，以待将军来
C. 听其所止而休焉   盘盘焉，囷囷焉
D. 揖予而言   弃甲曳兵而走

2. 对下列句子中加点的词的解释不正确的一项是（   ）。

A. 履巉岩，披蒙茸   登上
B. 适有孤鹤，横江东来   恰好
C. 掠予舟而西也   向西飞去
D. 霜露既降   既然

3. 下列各句，与"将归于临皋"句式相同的一句是(　　)。

A. 青，取之于蓝而青于蓝。

B. 秋以为期。

C. 惟余马首是瞻。

D. 陈涉瓮牖绳枢之子，氓隶之人，而迁徙之徒也。

4. 下列对文中画线部分的断句，正确的一项是(　　)。

A. 梦一道士/羽衣蹁跹/过临皋之下/揖予而言曰/赤壁之游乐乎/

B. 梦一道士羽衣/蹁跹过临皋之下/揖予/而言曰/赤壁之游乐乎/

C. 梦一道士/羽衣蹁跹过/临皋之下揖予/而言曰/赤壁之游乐乎/

D. 梦一道士羽衣/蹁跹过临皋之下/揖予而言曰/赤壁之游乐乎/

5. 下列对原文内容的概括和分析，不正确的一项是(　　)。

A. 本文以时间为序，记述了"我"与客人重游赤壁的经过，情景交融，虚实相生，禅趣幽远。前两段以洗练的笔墨描写了冬夜月景，点明游赤壁的缘起。

B. 本文写在月白风清之夜，作者与客行歌相答。作者先有"有客无酒""有酒无肴"之憾，后有"携酒与鱼"游赤壁之乐。行文在平缓舒展中有曲折起伏。

C. 作者以空灵的文字塑造了一只孤鹤卓尔不群的形象，寄托了自己不与世俗同流合污的志趣；又以浪漫的想象写"我"梦中与道士的邂逅对话，流露出一种消极悲观、欲摆脱现实而不能的苦闷。

D. 《赤壁赋》写江上秋月，景色宁静清爽；《后赤壁赋》写江岸冬景，境界寥落幽峭。两篇文章均以"赋"这种文体写游记散文，一样的赤壁，境界却不相同，然而又都具有诗情画意。

【写作表达】

"料得年年肠断处，明月夜，短松冈"，一排短松，守候着生死离别的深情；"人生如梦，一尊还酹江月"，一杯浊酒，凝结着壮志难酬的感慨；"竹杖芒鞋轻胜马，谁怕？一蓑烟雨任平生"，一袭蓑衣，织就了风吹雨打后的豁达与宁静……

苏东坡的一生，留给了我们太多东西。请以"我从苏东坡的身上读出了……"为开头写一段文字。要求：观点明确，有理有据，300字左右。

＊项脊轩志

【内容结构】

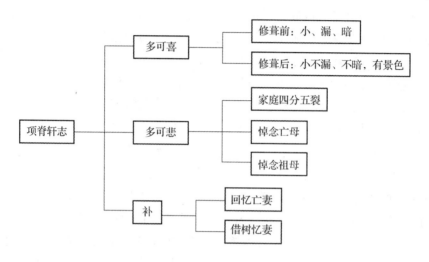

【写作特点】

《项脊轩志》是一篇出色的抒情散文，虽然全文所写的都是日常生活小事，追念的人又分属三代，但读起来却没有一点散漫琐碎的感觉，反而显得非常凝练和集中。

1. 感情真挚饱满。全文无论是描绘景物，还是叙述事件、刻画人物，都渗透着浓郁的抒情色彩。如第一段描绘万籁有声、小鸟相亲、明月珊珊、桂影弄姿的书斋环境，是那样清幽恬静。"诸父异爨"，"内外多置小门"，"东犬西吠，鸡栖于厅"，不露声色的叙事中说明了亲人离心离德，分庭抗礼，呈现出作者内心厌恶不满，但又无可奈何之情。

2. 布局精巧得体。文章写景叙事，表面看似乎随手拈来，散漫无章，实际都与项脊轩有关。可以说项脊轩是贯串全文的一条主线。文章可分四个部分。最后两段补记亡妻在轩中的生活和轩后来的变迁。纵观全文，真正是事断情不断，形散神不散，一线穿珠，脉络清晰。

3. 注重细节描写。"儿寒乎？欲食乎？""'吾儿，久不见若影，何竟日默默在此，大类女郎也？'比去，以手阖门……"亲切的语气，精细的动作，老祖母的神态、性格以及对孙辈那种又是责备、又是疼爱、又是喜悦的复杂心理，都栩栩如生地刻画出来了。

另外，作者还善用叠词，如"寂寂""珊珊""呱呱""亭亭""默默"等，不仅增强了文章的表现力，也烘托了气氛，很有情致。

【相关链接】

归有光,明代散文家,字熙甫,号项脊生。昆山(今属江苏)人。世称震川先生。嘉靖进士。官至南京太仆寺丞。曾于嘉定安亭江上读书讲学,生徒常达数十百人,被称为震川先生。著有《震川先生集》。

归有光所作散文,朴素简洁,善于叙事,很受当时人推重。他把生活琐事引到载道的古文中来,使古文更紧密地和生活联系,显得面目清新。如《项脊轩志》,作者借百年老屋的几经兴废,回忆亲人生前对自己的关怀,表达了人亡物在、三世变迁的感喟,及对死去亲人的深切怀念。文章简洁生动,是一篇脍炙人口的古文名篇。

【基础知识】

1. 下列各句中加点字的注音不全正确的一项是( )。

A. 尘泥渗漉(shèn)　　呱呱而泣(gū)

B. 余稍为修葺(qì)　　以手阖门(hé)

C. 偃仰啸歌(yǎn)　　垣墙周庭(yuán)

D. 旧时栏楯(dùn)　　扃牖而居(jiōng yǒu)

2. 下列句子中加点词语的解释不恰当的一项是( )。

A. 借书满架,偃仰啸歌　　偃仰:俯仰,这里指休闲

B. 冥然兀坐,万籁有声　　兀坐:坐在高高的凳子上

C. 令人长号不自禁　　长号:大哭

D. 后五年,吾妻来归　　来归:女子嫁到男方家来

3. 下列句中加点的词语,与"吾妻死之年所手植也"中的"手"的用法不同的一项是( )。

A. 东犬西吠,客逾庖而宴　　B. 垣墙周庭,以当南日

C. 尘泥渗漉,雨泽下注　　D. 余稍为修葺,使不上漏

4. 下列句子中加点词语的意义和用法相同的一组是( )。

A. ①每移案,顾视无可置者　　②妪每谓余曰:"某所,而母立于兹。"

B. ①又杂植兰桂竹木于庭　　②客逾庖而宴,鸡栖于厅

C. ①内外多置小门　　②顾视无可置者

D. ①庭中始为篱,已为墙　　②今已亭亭如盖矣

5. 理解性默写。

(1) 又杂植兰桂竹木于庭,_____,_____。

(2) 瞻顾遗迹,_____,_____。

(3) 然余居于此,_____,_____。

6. 下列对课文中相关文化常识的解说，不正确的一项是(　　)。

A. 归有光，号震川，又号项脊生，世称震川先生。"五柳先生""樊川先生""聊斋先生"指的分别是东晋诗人陶潜、唐代诗人杜牧、清代小说家蒲松龄。

B. 表，古代奏章的一种，多用于臣子向君王陈情谢贺，同书、疏、序、铭、赋等一样，都属于古文中的常用文体，都是下级对上级或晚辈对长辈陈事时使用。

C. 古代表示官职变迁的词汇比较丰富，如"拜""授""封"等表示授官，"升""拔""擢"等表示升职，"贬""谪"等表示降职，"罢""免"等表示罢官。

D. 古代常以亲属关系的远近来区分丧服的轻重。按旧制，凡为长辈如祖父母、伯叔父母、未嫁的姑母等，平辈如兄弟、姐妹、妻子等服丧，均穿期服。

【阅读理解】

(一)

先是庭中通南北为一。迨诸父异爨，内外多置小门墙，往往而是。东犬西吠，客逾庖而宴，鸡栖于厅。庭中始为篱，已为墙，凡再变矣。家有老妪，尝居于此。妪，先大母婢也，乳二世，先妣抚之甚厚。室西连于中闺，先妣尝一至。妪每谓余曰："某所，而母立于兹。"妪又曰："汝姊在吾怀，呱呱而泣；娘以指叩门扉曰：'儿寒乎？欲食乎？'吾从板外相为应答。"语未毕，余泣，妪亦泣。余自束发读书轩中，一日，大母过余曰："吾儿，久不见若影，何竟日默默在此，大类女郎也？"比去，以手阖门，自语曰："吾家读书久不效，儿之成，则可待乎！"顷之，持一象笏至，曰："此吾祖太常公宣德间执此以朝，他日汝当用之！"瞻顾遗迹，如在昨日，令人长号不自禁。

1. 下列句中，加点词与"比去，以手阖门"中的"比"词义相同的一项是(　　)。

A. 其两膝相比者　　　　　　B. 每自比于管仲、乐毅

C. 今虽死乎此，比吾乡邻之死则已后矣　　D. 比至南郡，而琮已降

2. 比较下列两组加点词的意义和用法，判断正确的一项是(　　)。

①能以足音辨人

②此吾祖太常公宣德间执此以朝

③吾从板外相为应答

④儿童相见不相识，笑问客从何处来

A. ①与②相同，③与④不同　　B. ①与②不同，③与④相同

C. ①与②相同，③与④相同　　D. ①与②不同，③与④不同

3. 下列对文章的理解和分析不正确的一项是(　　)。

A. 本文是一篇抒情散文，通过记叙与自己的书斋项脊轩相关的人事变迁、家庭琐事来抒发悲喜之情。

B. 这段文字主要写了三件事：一是大家庭的分崩离析和破落，二是母亲对子女的无

微不至的关怀,三是写祖母对作者的牵挂、赞许和期盼。

C. 这段文字,将大家庭分崩离析、破落之感慨,对祖母、母亲的深深怀念与眷恋,及怀才不遇、功名未就之喟叹与对亡妻的真挚感情巧妙地结合在一起,产生了动人的魅力。

D. 文章的叠词增加了形象性和音乐美,如用"寂寂"来烘托环境之清静,用"往往"来渲染门墙之杂乱,用"呱呱"来描摹小儿的哭声,用"默默"来状写作者攻读之刻苦。

4. 翻译下列句子。

(1) 庭中始为篱,已为墙,凡再变矣。

译文:＿＿＿＿＿＿＿＿＿＿＿＿＿＿＿＿＿＿＿＿＿＿＿＿＿＿＿＿＿＿＿＿＿＿＿

(2) 妪,先大母婢也,乳二世,先妣抚之甚厚。

译文:＿＿＿＿＿＿＿＿＿＿＿＿＿＿＿＿＿＿＿＿＿＿＿＿＿＿＿＿＿＿＿＿＿＿＿

(二)

归府君墓志铭

归有光

府君姓归氏,讳椿,字天秀。大父讳仁,父讳祚,母徐氏。嘉靖十五年初八日卒,年七十一。

按,归氏出春秋胡子,后灭于楚,其子孙在吴,世为吴中著姓。至唐宣公,仍世贵显,封爵官序,具载唐史。宋湖州判官罕仁,居太仓。其别子居常熟之白茆。居白茆已数世矣,由湖州而下,差以昭穆。府君,我曾大父城武公兄弟行也。

府君初为农,已乃延礼师儒,教训诸孙,彬彬向文学矣。府君少时,亦尝学书,后弃之,夫妇晨夜力作。白茆在江海之墟,高仰瘠卤,浦水时浚时淤,无善田。府君相水远近,通溪置闸,用以灌溉。其始居民鲜少,茅舍历落数家而已。府君长身古貌,为人倜傥好施舍,田又日垦,人稍稍就居之,遂庐舍市肆,如邑居云。晚年,诸子悉用其法,其治数千亩如数十亩,役属百人如数人。吴中多利水田,府君家独以旱田。诸富室争逐肥美,府君选取其硗①者,曰:"顾我力可不可,田无不可耕者。"人以此服府君之精。

盖古之王者之于田功勤矣,下至保介、田畯、遂师、遂大夫、县正、里宰、司稼,设官用人,如是悉也。汉二千石遣令长、三老、力田及里父老善田者,受田器,学耕种养苗状。时赵过、蔡癸之徒,皆以好农为大官。今天下田,独江南治耳。中原数千里,三代畎浍②之迹未有复也。议者又欲放前元海口万户之法③,治京师濒海葭苇之田,以省漕、壮国本。兹事行之实便,而久不行,岂不以任事者难其人邪?<u>或往往叹事功之不立谓世无其人若府君岂非世之所须也?</u>

(选自《震川先生集》)

【注】①硗(qiāo):土质坚硬瘠薄之地。②畎浍(quǎn kuài):田间水沟。③海口万户之法:元大臣虞集曾建议京东沿海土地应让民开垦,"海口万户之法"即源于此说。

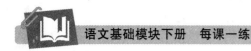

1. 对下列加点词的解释不正确的一项是(　　)。
A. 役属百人如数人　　属：同类
B. 已乃延礼师儒　　延：招请
C. 府君相水远近　　相：察看
D. 具载唐史　　具：详备

2. 下列对文中加点词语相关内容的解说不正确的一项是(　　)。
A. 三代，指夏商周三代，也指曾祖、祖父、父亲三代，文中是后一个意思。
B. 府君，古代对郡相、太守的尊称，也指子孙对其先世的敬称，文中是后一个意思。
C. 别子，即庶子。古代宗法制度称天子、诸侯嫡长子以外之子为"别子"。
D. 大父，既指祖父，也指外祖父，文中是"祖父"的意思，"大"是敬辞。

3. 下列对文中画线部分的断句，正确的一项是(　　)。
A. 或往往叹/事功之不立/谓世无其人若府君/岂非世之所须也
B. 或往往叹事功之不立/谓世无其人若府君/岂非世之所须也
C. 或往往叹事功之不立/谓世无其人/若府君/岂非世之所须也
D. 或往往叹/事功之不立/谓世无其人/若府君/岂非世之所须也

4. 把文中画线的句子翻译成现代汉语。
(1) 兹事行之实便，而久不行，岂不以任事者难其人邪？
译文：_____
(2) 田又日垦，人稍稍就居之，遂为庐舍市肆，如邑居云。
译文：_____

5. 陈维崧评此文是"湛深经术之文"，请简要概括文中归有光的"经国之思"。
_____
_____

【写作表达】

陶渊明借助田园表达了远离官场、回归自然的人生追求；李白在美酒引发的狂放激愤中坚信"天生我材必有用"；苏轼夜游赤壁，在清风明月中探寻生命的意义；归有光借助家庭日常小事、生活场景来表现人物的风貌，寄托自己的深情……

他们都采用了"借物抒情"的写作手法，请使用这种方法写一个片段，表达自己或欣喜，或激动，或落寞，或悲伤的心情。

要求：语句通顺，融情于景，300 字左右。

【语用提升】

阅读下面的文字，完成下面小题。

"耳机一戴，谁也不爱"。周围的世界有时太嘈杂了，但想安静一下不被打扰也很容易，____①____。可是最近，樊女士发现，自从经常戴上耳机听着歌入睡以来，耳朵里开始有了"嗡嗡嗡"的耳鸣声。去医院一看，居然是过度使用耳机造成的突发性耳聋。那么，使用耳机____②____？医学研究告诉我们，这个度包括时间和音量两方面，即音量不宜超过最大音量的60%，时间要限制在60分钟以内。如果超过这个限度，就可能威胁耳朵的健康。比如诱发耳部炎症，导致耳朵疼痛、耳屎变多等。有人觉得这都是小事，忍忍就过去了。但事实上，____③____，还可能逐渐升级。

对耳朵来说，过大的声音就是噪音，噪音会对耳道产生压力，压力又会撞击鼓膜听骨链传到内耳，震荡前庭淋巴液，这一系列连锁反应下来，会出现晕车一样的头晕症状。声音过大还会损坏耳蜗中的听觉毛细胞，导致耳鸣。如果长时间暴露在过大的声音中，会使听觉毛细胞失去敏感性，无法接收声音的信号，形成暂时或永久性听力下降。

1. 下列句子中的"谁"和"耳机一戴，谁也不爱"中的"谁"，意义和用法相同的一项是（　　）。

A. 怅寥廓，问苍茫大地，谁主沉浮？

B. 生活中谁都需要表达和交流。

C. 我本来是跟他开玩笑的，谁知道他竟然生气了。

D. 我越来越深刻地感觉到谁是我们最可爱的人！

2. 请在文中横线处补写恰当的语句，使整段文字语意完整连贯，内容贴切，逻辑严密，每处不超过10个字。

3. 文中画波浪线的部分有语病，请进行修改，使语言表达准确流畅。可增删少量词语，但不得改变原意。

【诗歌赏析】

阅读下面这首诗，按要求作答。

书喜

[南宋] 陆游

雨足郊原正得晴，地绵万里尽春耕。

阴阴阡陌桑麻暗，轧轧房栊机杼鸣。

　　　　亭鼓不闻知盗息，社钱易敛庆秋成。
　　　　天公不负书生眼，留向人间看太平。

【注】作此诗时陆游乡居山阴，时年74岁。

1. 下列对这首诗的理解和赏析，不恰当的一项是(　　)。
　A. 首联写雨过天晴，土地湿润，广袤无垠的田野上，农人忙于春耕的情景。
　B. 颈联写亭中示警的鼓声止息，因此人们才能踊跃交纳社钱来举办祭祀活动。
　C. 整首诗语言平易明畅、生动自然，又不乏用词上的精心锤炼，富有表现力。
　D. 该诗风格不同于陆游金戈铁马式的爱国诗作，体现出诗人多样的诗歌风貌。

2. 诗题为"书喜"，请结合全诗指出诗人因何而喜。

【轻松一刻】

　　苏东坡被贬黄州后，一居数年。一天，他和好友佛印和尚泛舟长江，正举杯畅饮间，苏东坡忽然用手往江岸一指，笑而不语。佛印顺势望去，只见一条狗在啃骨头，顿有所悟，遂将自己手中题有苏东坡诗句的扇子抛入水中。两人面面相觑，不禁大笑起来。原来这是一副哑联。苏东坡的上联是：狗啃河上（和尚）骨。佛印的下联是：水流东坡尸（东坡诗）。

　　一日，苏东坡去拜访佛印。佛印正忙着做菜，刚把做好的鱼端上桌，忽听到小和尚禀报：东坡居士来访。佛印害怕吃鱼的秘密被苏轼发现，忙把鱼扣在一口磬中，便出门迎接苏轼。两人同至禅房喝茶，苏东坡喝茶时，闻到阵阵鱼香，又见桌上反扣着磬，心中有数了。因为磬是和尚做佛事的一种打击乐器，平日里都是口朝上，今日反扣着，必有蹊跷。佛印说："居士今日光临，不知有何见教？"苏东坡有意开老和尚玩笑，装着一本正经的样子说："在下今日遇着一难题，特来向长老请教。"佛印忙双手合十说："阿弥陀佛，岂敢，岂敢。"苏东坡笑了笑说："今日友人出了一上联是：向阳门第春常在。在下一时对不出下联，望长老赐教。"佛印不知是计，脱口而出："居士才高八斗，学富五车，今日怎么这么健忘，这是一副老对联，下联是：积善人家庆有余。"苏东坡不由哈哈大笑："既然长老明示磬（庆）有鱼（余），就请让我来大饱口福吧！"

第八单元

一　了解多媒介

【内容结构】

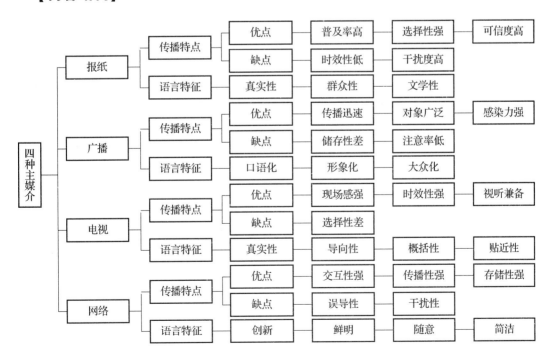

【知识链接】

一、信息化时代

信息化时代就是信息产生价值的时代。大约从20世纪50年代中期开始，其代表性象征为"计算机"，主要以信息技术为主体，重点是创造和开发知识。其社会形态是由工业社会发展到信息社会，与前两次浪潮的农业社会和工业社会最大的区别，就是不再以体能和机械能为主，而是以智能为主。

二、媒介

广义的媒介是指能使人与人、人与事物或事物与事物之间产生联系或发生关系的物质。在当代社会，一般而言，指用以向大众传播消息或影响大众意见的大众传播工具，如机械印刷书籍、报纸杂志、无线电、电视、国际互联网以及手机、移动电视、诸多新媒体等。

三、四大媒介传播特点

1. 报刊

优点：

普及率很高，记录性好，便于读者反复阅读和深入研究，可作为资料长期保存。

具有非强制性传播的特点，读者有较大的主动性和选择权，因而会自觉深入地了解所关心的信息。

可信度高，内容更理性且有深度，受众相对集中。特别是国内的部分报纸，由于与党政机关联系紧密，更被读者奉为权威。

缺点：

时效性和存活率低，通常只有一天（早报）或半天（晚报）的寿命。

干扰度高，许多报纸因为刊登广告过多、印刷质量欠佳而显得杂乱不堪。

2. 广播

优点：

传播迅速，时效性强，渗透性强。

对象广泛，群众性强，简便快捷。

传递的信息较为感性，能较好感染听众情绪，给听众广阔的想象空间，适合用于宣传。

缺点：

广播传递的信息依时间线性传播，稍纵即逝，听众难以获得重复认知。

由于只有听觉接触，听众对获得的讯息可能产生误判。

3. 电视

优点：

现场感强。电视有机结合了视、听、说三类感官，能够把现场直接展现在受众眼前。

亲切感。面对小屏幕，观众感到自己仿佛在和电视中的人物做面对面的交流，身临其境。

信息传播快，受众面广，权威性高，时效性强，影响深远，不受时空限制。

缺点：

信息的选择性较差。由于电视的信息传播具有强制性，观众的选择权相对于报纸杂志要小得多。

4. 网络

优点：

交互性强。新媒体突破了传统媒介单向传播的局限，增强了传播者与接收者之间的互动，实现网络信息资源共享，帮助用户实现无障碍沟通交流。

信息的发布与受众个性化特征明显。新媒体实现了信息传播与收阅的个人化。以网络环境为基础，基于信息用户的信息使用习惯、偏好和特点向用户提供满足其各种个性化需求的服务。受众可以运用互联网选择信息、搜索信息甚至定制信息。

信息传播具有全球性。网络传播的范围突破了空间的限制，具有全球覆盖的特点。

信息的可存储性强、丰富度高。由于介质的特性，网络上的信息容易传播、记录。信息的不断分享和有效记录推动庞大的数据流形成，从而提高信息的丰富度。

缺点：

误导性。信息的高速无障碍传播，给了一些谣言可乘之机，人们很容易在了解真相前被误导，甚至产生相关的负面情绪，做出不当行为。

干扰性。受众通过互联网新媒体接受或传播信息，要投入一定精力，自制力不强的人很容易沉迷网络，一定程度上正常的生活节奏会被打乱。

四、四大媒介的语言特征

1. 报刊

（1）真实性。新闻是建立在真实可信的基础上的，语言首先必须具有准确性，较为严谨规范，是典型的书面语言。

（2）群众性。新闻应尽量使用群众易于接受的语言，站在群众角度写新闻，给群众亲切感，体现媒体对群众的一种关怀。

（3）文学性。要使新闻最大限度地向新闻受众延伸扩展，可以借助文学写作手法，比如，用细节生动地表现人物与事件，运用幽默风趣的笔调增强感染力，拟制形象化标题产生冲击力。

2. 广播

（1）口语化。广播新闻的语言通俗易懂、口语化。"说"给听众听是广播新闻的最大特点，因此，广播新闻语言要朗朗上口，清楚流畅，让人一听就能懂。

（2）形象化。就是运用具体、生动、鲜明和逼真的词语，将广播新闻中听众看不到、摸不透的事件和景象，通过广播的语言独特地展现在听众面前，使听众获得真切的感受，理解事件背后的道理。

（3）大众化。要说群众听得懂的话。采写新闻稿件的语言和播新闻时主持人的语气，都要平易、平和，尽量做到生活化，实现艺术和生活的有机结合。

3. 电视

（1）真实性。电视新闻语言一定要具有真实性的特点。

（2）导向性。鲜活直观的画面使电视新闻具有导向性的特点，加上生动、优美的语言报道后，可以使导向性的特征更加直接、鲜明、突出。

（3）概括性。电视主要从听觉和视觉两个方面对观众的感知系统进行作用，因此电视新闻语言通常应具有一定的概括性，尽量能够高度浓缩、概括，尽可能精练、简洁。

（4）贴近性。电视新闻语言应该贴近群众、贴近生活、贴近实际，尽可能使每个人都能听得懂，因此电视新闻语言应该尽量口语化，少用专业术语和书面语。

4. 网络

（1）创新性。通过对数字、字母、符号、谐音、拆字、错字及符号的运用，创造出新颖奇特的字、词或者语句。比如，"亲亲你"在网络环境中可以写作"771"。

（2）鲜明性。网民会结合自己的个性特征及需求创造性使用网络用语。比如女孩子为在网上树立娇小动人的形象往往在用词上选择用"哒"做尾词，诸如"好哒""明白哒"等。而男孩子则为了彰显时髦与冷峻，则在网络用词上选择"哥"作为自称，诸如"不要迷恋哥""哥很忙"等。

（3）随意性。网络对语言运用限制较小，网民在词语选择上，相对较为随意，会根据字形对文字的原意进行曲解，同时赋予文字新的含义。

（4）简洁性。为避免长篇大论，全面地表达自己的思想及情感，网络语言通常用缩写、谐音、数字或符号等方式将语言缩减、整理，提高沟通的效率。例如，数字"88"表示"拜拜"。

五、媒介环境

媒介环境是指由各种媒介构成的信息传播环境，包括传统媒体和新媒体。传统媒体包括报纸、杂志、电视、广播等。新媒体则包括互联网、社交媒体、移动设备等。媒介环境是各种媒介营造的一种社会情境,这种社会情境是传者、受者及广告商等多力量综合作用的结果。

【阅读理解】

(一)

材料一:

雪花是六瓣的这一事实是什么人最先在文献上发表的呢?是中国人。西汉人韩婴在《韩诗外传》中就指出"凡草木花多五出,雪花独六出"。这比西方早了1 000多年。可是在其后的古文献中,却没有人去研究雪花为何是六瓣的。开普勒出于对几何、对称的兴趣,写了一本小书专门来研究雪花为何是六瓣的,尽管他当时所掌握的知识是不足以解释其成因的,但是,他这个方向是很有意思的。

(摘编自杨振宁《对称与物理》)

材料二:

17世纪初,雪花吸引了德国天文学家开普勒的眼光。当穿过布拉格的一座大桥时,他注意到落在衣服上的一片雪花,并因此思考它六角形的几何形状。开普勒认为雪花呈六角形的原因不能通过"材质"寻找,因为水汽是无形且流动的,原因只能存在于某种机制中,进而,他猜想这个机制可能是冰"球"的有序堆积过程。显微镜发明之后,雪花成了大受欢迎的观察对象。英国物理学家罗伯特·胡克在1665年出版的《显微术》一书中,展现了他借助显微镜画出的雪花图片,并对雪花晶体结构进行了阐述,这被看作是人类首次具体记录雪花的形态。

(摘编自尹传红《由雪引发的科学实验》)

材料三:

雪晶会根据其形成的云层中的温度和过饱和度的不同而生成不同的形状,在一些温度范围内雪晶呈柱状,在另一些温度范围内则呈板状。随着过饱和度的升高,雪晶变得越来越大,形状也越来越复杂。雪晶的基本形状主要取决于温度:在-2℃左右时呈板状,在-5℃左右时呈柱状,在-15℃左右时又呈板状,在低于-25℃时呈柱状或板状。雪晶的结构更多地取决于过饱和度,即取决于生成速度:当温度高时,快速生成的柱状晶体会变成轻软的针状晶体,而六角形板状晶体会变成星状的枝蔓晶体。随着温度的下降,雪晶的形状会在板状和柱状之间来回变化好几次,而且变化很大:在几度温差范围内,雪晶会从又细又长的针状晶体(-5℃)变为薄而平的板状晶体(-15℃)。

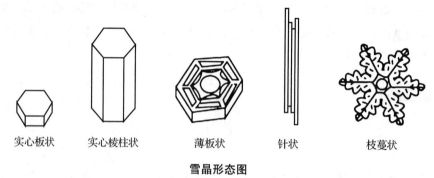

雪晶形态图

（摘编自肯尼思·利布雷希特《冰的形态发生：雪晶中的物理学》，有删改）

1. 下列图解，最符合材料相关内容的一项是(　　)。

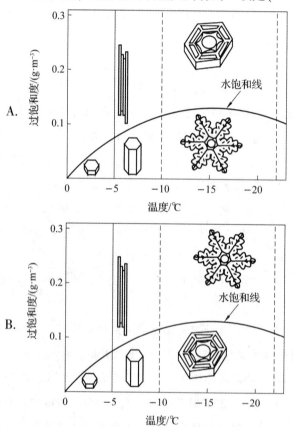

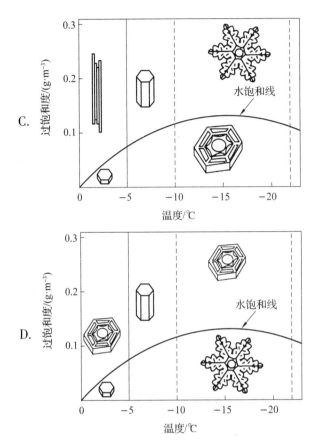

2. 开普勒关于雪花的思考对科学研究有什么意义？给我们带来哪些启示？请简要说明。

(二)

数字化信息时代背景下，结合新的媒体传播形式的特点，让红色文创在数字化时代"活起来"，是当前红色文创设计与传播中需要注意的问题。为此，应开拓红色文化传播的新路径。

在文创产品中，"文化"与"产品"是二元互动的关系。消费者在购买红色文创产品的同时，也促使产品中融合的红色元素得到传播，红色文创产品的流通无形中让产品中的红色文化信息得到推广。我们要利用新媒体、新媒介的融合创新，使之成为红色文化传播的助推器，从而有效实现红色文化的多维度、多渠道传播，提升文化的传播力和影响力。

传统的红色文化产品传播方式往往是单向的、自上而下的，渠道单一、互动不足，所以很难实现文化产品推广效果的最大化。在数字化时代背景下，新媒体社交网络、网络销售平台、VR/AR技术等全媒体传播方式的全面融合，使得红色文化的传播以及相关文创产品的营销，更具有人情味和生活色彩。

抛弃说教味、脸谱化，以细腻丰满的人物刻画、考究的细节还原历史现场，《觉醒年代》这部展现新文化运动、五四运动、中国共产党创建历史进程的电视剧"火出了圈"，从而带动众多年轻人打卡相关旧址和博物馆。"鲁迅说"语录体跨越了"代沟"，再次成为众多新生代年轻人的座右铭。以此为契机，北京鲁迅博物馆以《新青年》和鲁迅先生的作品作为创意，设计开发了一批文创产品，进一步拉近了革命历史与年轻人的距离，带动了大众对新文化运动的热情，收到良好的市场效果。年轻人"一手网上发弹幕，一手线下追文创"，这种线上线下结合的双向互动模式，既是促进文化消费的重要一环，也是深耕红色文化的时代需求。

位于上海望志路106号的树德里是中共一大召开地，也是上海特色石库门建筑的代表。中共一大纪念馆的"一大文创"商店里，百余款以一大元素为主的红色文创产品兼具时尚元素和红色情怀，既应景又实用。文化与科技的结合，赋予了"一大文创"丰富的体验感和更多的应用场景。"树德里1921"AR矿泉水瓶身上，可以"饮水思源扫码学史"，使用手机扫描二维码，中共一大会址大门就会在屏幕上缓缓打开，带领大家探索初心之地，共同领略中国共产党梦想起航的地方。

人体感应、虚拟现实等技术也被应用于红色文创产品的开发和传播中。在中共一大旧址旁，一间电话亭吸引了来往行人的目光。走进这里，通过多媒体屏幕，人们能用自信的笑容制作专属明信片，向百年前的先烈汇报当下美好的生活，为党"打call"。如何让情景与情感真正融为一体，让作品与观众、用户、消费者形成共情和共鸣，是给红色文创设计师提出的新命题。

简而言之，数字化时代背景下，红色文创产品更应从贴近实际、贴近生活、贴近群众的原则出发，注重媒体时代交互作用的"参与式"，推动红色文化由单向度传播思维向交互式传播思维转换，利用数字化的双向交流互动，打破原有单向传播方式，增强人们对红色文化的关注度与参与度。红色资源管理机构应该了解受众的兴趣点，做到有针对性的传播，改进传播方式，更好适应大众的消费习惯，潜移默化地对受众的知、情、意、行产生影响。

(摘编自《文创设计助力红色文化传承》)

1. 下列关于原文内容的理解和分析，不正确的一项是（　　）。

A. 数字化信息时代背景下，我们开拓红色文化传播新途径能够使红色文创在数字时代"活起来"。

B. 红色文创产品的流通实现了红色文化多维度、多渠道的传播，提升了文化的传播力和影响力。

C. 传统的红色文化产品传播方式有局限性，这是难以实现文化产品推广效果最大化的重要原因。

D. "鲁迅说"语录体再次"火"了，北京鲁迅博物馆因此开发了新产品，改变了革命历史与年轻人的距离。

2. 下列对原文论证的相关分析，不正确的一项是（　　）。

A. 文章第四段和第五段为并列关系，阐述了深耕红色文化是时代的需求，亦是"初心"所在。

B. 文章以"一大文创"产品为例，表明优质的红色文创产品应贴近人们的生活和情感。

C. 文章以总分总的结构形式呈现，为我们提供了让红色文创在数字时代"活起来"的策略。

D. 文章事例翔实丰富，使论述具体、有说服力；说理透彻，使论证更深入，富有时代特征。

3. 根据原文内容，下列说法不正确的一项是（　　）。

A. 数字时代，科技为红色文创开拓了广阔的发展空间，红色文创的形态更加多样，传播渠道也更加多元。

B. 年轻人线上线下结合的双向互动，打破了单向为主的传播方式，增强了人们对红色文化的关注度和参与度。

C. 追求"情景共生"与"情感共鸣"，是红色文创设计师提出的助力红色文化传承的重要新命题。

D. 红色文化是重要的精神纽带，历史深处的家国情怀，文物背后的赤子之心，是红色文创的闪亮底色。

【写作表达】

1. 下面是某校学生会招聘流程图，请将这个流程写成一段话，要求：内容完整，表述准确，语言连贯，不超过85个字。

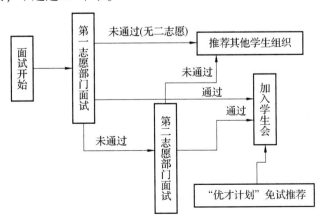

2. 新媒体的崛起，助推了我们语文阅读学习的脚步。根据你对多媒介的了解，请以"语文学习与多媒介"为题，写一篇500字左右的演讲稿。

【语用提升】

阅读下面的文字，完成1~3题。

"偶像养成"是才艺真人秀节目的变种，它淡化海选、淘汰等环节，把镜头转向选手幕后的才艺训练过程，让观众_____其进步和成长过程。参加节目的选手此前只是普通人，经过十几期节目展示训练，表现个人特质与才艺本领，由观众投票决定自己能否成为"偶像"。观众投入大量时间、情感、金钱和精力，_____选手成长，他们自身在现实生活中很难实现的人生跨越，通过"送偶像出道"的方式得以代偿。

其实，不只是真人秀节目，从武侠小说的"英雄不问出处"到当下网络文学的"草根逆袭"，"乌鸦变凤凰"的故事早已_____。不同的是，与文学、影视、舞台等文艺样式相比，打着"真实记录"旗号的真人秀节目给观众，尤其是世界观、人生观、价值观尚未成熟的青少年群体营造了更具迷惑性的"真实"情境。有学者指出，由于电子媒介迅猛发展，今天的生活环境越来越趋向符号化、影像化，它像一面"镜子"，让人分不清现实和幻境。真人秀节目营造的"真实"视听空间，模糊了影像与现实的界限，使观众_____地沉浸其中，更容易接受节目传达的信息和价值观。

1. 依次填入文中横线上的词语，全都恰当的一项是（　　）。

　A. 证明　关怀　习以为常　乐此不疲

　B. 证明　关怀　屡见不鲜　孜孜不倦

C. 见证　关注　习以为常　孜孜不倦

D. 见证　关注　屡见不鲜　乐此不疲

2. 文中画波浪线的句子有语病，下列修改最恰当的一项是(　　)

A. 参加节目的选手此前只是普通人，经过十几期节目展示训练，表现才艺本领与个人特质，由观众投票决定选手能否成为"偶像"。

B. 参加节目的选手此前只是普通人，经过十几期节目训练展示，表现个人特质与才艺本领，由观众投票决定自己能否成为"偶像"。

C. 参加节目的选手此前只是普通人，经过十几期节目训练展示，表现个人特质与才艺本领，由观众投票决定选手能否成为"偶像"。

D. 参加节目的选手此前只是普通人，经过十几期节目展示训练，表现才艺本领和个人特质，由观众投票决定自己能否成为"偶像"。

3. 请把上面新闻稿选段的观点态度压缩成一个单句。要求保留关键信息，句子简明连贯，不超过20个字。

答：_____

【诗歌赏析】

阅读下面这首宋诗，完成下面1~2题。

答友人论学

林希逸

逐字笺来学转难①，逢人个个说曾颜②。

那知剥落皮毛处，不在流传口耳间。

禅要自参求印可，仙须亲炼待丹还。

卖花担上看桃李，此语吾今忆鹤山③。

【注】①笺：注释。这里指研读经典。②曾颜：孔子的弟子曾参和颜回。③鹤山：南宋学者魏了翁，号鹤山。

1. 下列对这首诗的理解和赏析，不正确的一项是(　　)。

A. 诗的首联描述了当时人们不畏艰难、努力学习圣人之道的学术风气。

B. 诗人认为，"皮毛"之下精要思想的获得，不能简单依靠口耳相传。

C. 颈联中使用"自""亲"二字，以强调要获得真正学识必须亲自钻研。

D. 诗人采用类比等方法阐明他的治学主张，使其浅近明白、通俗易懂。

2. 诗的尾联提到魏了翁的名言:"不欲于卖花担上看桃李,须树头枝底方见活精神也。"结合本诗主题,谈谈你对这句话的理解。

___

___

【轻松一刻】

广告集锦

当之无愧——某当铺广告

臭名远扬——某臭豆腐摊广告

寸草不留——某除草机厂广告

任劳任怨,只要还有一口气。——某轮胎厂商广告

它能黏合一切,除了一颗破碎的心。——某品牌黏合剂广告

滴此眼药水后,将眼睛转动几下,可使眼药水遍布全球。——某眼药水广告

眼睛是心灵的窗户,为了保护您的心灵,请为您的窗户安上玻璃。——某眼镜店广告

为了使地毯没有洞,也为了使您肺部没有洞,请不要吸烟。——某公共场所禁烟广告

二 跨媒介阅读

【内容结构】

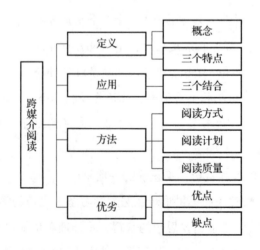

【相关链接】

一、跨媒介阅读定义

1. 概念

跨媒介阅读是指通过多种媒介形式（如文字、图像、声音等）进行阅读的行为，强调阅读的多样性和互动性，鼓励读者通过多种媒介形式获取信息；跨媒介阅读可以提高读者的阅读兴趣和阅读效果，增强读者的理解和思考能力，促进不同媒介形式之间的交流和融合，推动文化传播和创新。

2. 特点

多感官参与、多形式呈现、多维度体验。

二、跨媒介阅读的应用场景

1. 纸质书籍与电子设备的结合

纸质书籍：阅读体验好，便于携带，适合长时间阅读。

电子设备：方便查找资料，便于携带，适合碎片化阅读。

结合方式：纸质书籍与电子设备可以互相补充，提高阅读效率。

应用场景：如阅读电子书时，可以同时使用纸质书籍进行笔记记录，或者使用电子设备进行阅读进度管理。

2. 纸质书籍与网络资源的结合

纸质书籍：提供深度阅读体验，便于理解和记忆。

网络资源：提供快速获取信息的途径，便于查找和分享。

结合方式：纸质书籍与网络资源相互补充，提高阅读效率。

应用场景：学生、教师、研究人员等在不同场景下使用纸质书籍与网络资源进行跨媒介阅读。

3. 电子设备与网络资源的结合

电子设备：如手机、平板、电脑等，可以方便地获取和阅读网络资源。

网络资源：如电子书、在线课程、网络文章等，可以方便地获取和阅读。

结合方式：通过电子设备与网络资源的结合，可以实现跨媒介阅读，如阅读电子书、在线课程、网络文章等。

应用场景：如学校、图书馆、家庭等，都可以实现跨媒介阅读，方便快捷地获取和阅读网络资源。

三、如何进行跨媒介阅读

1. 选择合适的阅读方式

纸质书籍：适合深度阅读，便于做笔记和思考。

电子设备：如 Kindle、iPad 等，适合携带方便，阅读体验较好。

网络资源：如网页、电子书等，适合快速获取信息，但容易分散注意力。

根据个人习惯和需求选择合适的阅读方式，提高阅读效率和效果。

2. 制订合理的阅读计划

时间安排：根据个人时间，制订合理的阅读计划，确保阅读时间充足。

内容选择：选择适合自己兴趣和需求的阅读材料，如书籍、文章、视频等。

目标设定：设定明确的阅读目标，如提高阅读速度、理解能力、写作能力等。

阅读方法：采用适合自己的阅读方法，如快速阅读、精读、泛读等。

反馈与调整：定期评估阅读效果，调整阅读计划，确保阅读效果达到预期。

3. 提高阅读质量

理解：阅读时，要理解文章的主旨、观点和逻辑，把握文章的核心思想。

思考：阅读时，要思考文章的观点是否正确，是否有道理，是否有新的启示。

总结：阅读时，要总结文章的主要观点和结论，形成自己的观点和看法。

实践：阅读时，要将学到的知识和技能运用到实际生活中，提高阅读的实用性。

四、跨媒介阅读的优缺点

1. 优点

跨媒介阅读可以快速获取信息，提高阅读效率。

跨媒介阅读可以提供多种形式的阅读体验，如文字、图片、音频、视频等。

跨媒介阅读可以拓展阅读视野，了解更多领域的知识。

跨媒介阅读可以激发读者的阅读兴趣，提高阅读效果。

2. 缺点

信息过载：跨媒介阅读可能导致信息量过大，难以消化和理解。

影响专注力：跨媒介阅读容易分散注意力，降低阅读效率。

对眼睛有害：长时间使用电子设备进行跨媒介阅读，容易导致眼睛疲劳和视力下降。

缺乏深度思考：跨媒介阅读容易导致浅层阅读，难以深入理解和思考问题。

【阅读理解】

(一)

当前，我国有2 100多种报纸、9 400多种杂志，数以千计的广播频率、电视频道和每年数以万计新增的图书和电子出版物，特别是异军突起的互联网。

面对市场经济条件下媒体的商业化运行，面对媒介数量的高速增长和传媒信息内容的无限量增加，如何引导或创造条件使公众科学、理性地接触和使用媒介，就成为一个现实问题。媒介素养教育因此提上日程。

所谓媒介素养，就是指人们对于媒介信息的选择、理解、质疑、评估的能力，以及制作和生产媒介信息的能力。媒介素养教育旨在培养人们对媒体本质、媒体常用的手段以及这些手段所产生的效应的认知力和判断力，使人们既了解媒体自身如何运作、媒体如何构架现实，也知道怎样制作传媒作品与媒介信息。

国际上许多国家如英国、加拿大、澳洲等，早已把媒介教育纳入正规教育体系中，例如，新西兰的学生在五年级课程中就已加入媒介素养的培训，日本文部科学省于2001年在中小学与高中设立的"综合教育"科目中纳入了媒介素养。然而，对我国公民而言，媒介素养还是一个较为陌生的名词，面对形形色色传媒的重重包围、面对汹涌澎湃的信息浪潮冲击，在强调"媒体传播要坚持正确导向，唱响主旋律"的同时，也必须加强国民的媒介素养教育。

首先，传媒应充分利用自身优势对公众进行媒介素养教育，帮助群众增进对周围世界的了解，特别应重视正确、理性地分析和认知客观事物的方法的教育，使公众做个既有责任心又有批判能力的公民。其次，要使社会成员也对传媒的职业规范有充分的了解，帮助群众形成对媒体的正确认知，比如，传媒的信息怎样采集又如何制作和传播、传媒的公益性和商业性应否分开又如何区分，从而增强社会公众对传媒信息及传播方式的判断能力，学会选择、识别良莠，形成拒斥不健康的媒体信息的自觉。再次，要加强媒介素养教育的社会组织建设，美国有旧金山的"媒介素养教育方略"、洛杉矶的"媒介素养教育中心"等传媒教育组织，智利有"教育普及中心""文化、艺术表达与研究中心"等组织，日本在20世纪70年代中期就成立了"儿童与公民电视论坛"等民间组织。这些组织以筹办会议、组织专题研究等形式大力倡导传媒教育，值得我们充分借鉴。

在媒介素养教育的推广中，还应尽快将其纳入正规教育体系。国外的媒介素养教育较为重视在未成年人中的推广，以系统化的课程或训练，培养青少年的媒介批判意识，使其能够辨别和抵御大众传媒的不良影响，成长为拥有媒体智慧的人。当前，我国中小学虽然开设了媒体课程，但主要侧重于多媒体网络技术的应用，较为忽视关于各类现代媒体信息的接受、鉴别能力的培养。青少年好奇心强、求知欲旺，人生价值观还未完全形成，将内涵更为全面的媒介素养教育纳入正规教育体系之中，对于青少年学生的健康成长将起到积极的促进作用。

（选自谭泓《媒介素养教育》，有删改）

1. 下列关于"媒介素养教育"的理解，不正确的一项是(　　)。

A. 市场经济条件下，媒体走向商业化运行，媒介数量高速增长，媒介素养教育意在引导人们科学、理性地接触和使用媒介。

B. 媒介素养教育不仅培养人们选择、理解、质疑、评估媒介信息的能力，而且包括制作、生产媒介信息的能力培养。

C. 媒介素养教育旨在培养媒体自身运作、构架现实的能力，以及制作传媒作品与媒介信息的能力。

D. 媒介素养教育在我国还处于尚未起步的阶段，而在国外许多国家早已将其纳入正规教育体系中。

2. 下列不属于"推广媒介素养教育"的途径的一项是(　　)。

A. 传媒要充分发挥自身优势，对公众进行正确、理性分析和认知客观事物的方法的教育，帮助公民成为既有责任心又有批判力的人。

B. 帮助公众了解传媒的职业规范和一些基本常识，增强人们对传媒信息及传播方式的判断能力。

C. 学习别国的经验，加强媒介素养教育的社会组织建设，通过筹办会议、组织专题研究等形式倡导传媒教育。

D. 在中小学开设媒体课程，以系统化的课程或训练，加强多媒体网络技术的应用指导，成长为拥有媒体智慧的人。

3. 下列表述不符合原文意思的一项是(　　)。

A. 传媒信息内容的无限量增加，必然导致公众对媒介信息失去科学、理性的判断，因而加强媒介素养教育刻不容缓。

B. 具有媒介素养的人，往往能够对繁杂的媒介信息做出合理的选择与评估，能自觉拒斥不健康的媒体信息。

C. 国外许多国家不仅注重在学校中渗透媒介素养教育，而且会通过社会组织来进行培训，这些做法值得我们学习。

D. 青少年正处于好奇心强、求知欲旺的阶段，忽视媒介素养教育可能会影响其对大众传媒的正确判断，影响其健康成长。

（二）

材料一：

"融媒体"是充分利用媒介载体，把广播、电视、报纸等既有共同点，又存在互补性的不同媒体，在人力、内容、宣传等方面进行全面整合，实现"资源通融、内容兼融、宣传互融、利益共融"的新型媒体。目前的融媒体环境，既有传统媒体与新媒体的合作共生，也有新旧媒体间内容、渠道、平台、经营和管理等多方面的融合，从本质上讲是以互联网新媒体为核心的多元化媒介环境。

融媒体语境下传统文化的传播特征主要体现在三个方面。一是时效性与实效性。融媒体拓宽了传统文化的传播路径，使其传播效率和传播效果获得显著提升。二是具有包容性与开放性。一方面，由于技术的变革创新，融媒体打破了旧媒介的生产方式和媒介间的壁垒，消融了传、受者之间的界限，体现了强大的包容性；另一方面，融媒体解构、颠覆了传统媒介的传播模式，使传统文化的传播范围更广、速度更快、效率更高。三是具有多维性。传统文化的传播由单向的传统媒介传播模式发展成为多维交互传播模式，网络上的任何个体皆可进行信息的生产、传递、共享及反馈。

中国孔子网融媒体平台，是基于"一网一台一馆"（中国孔子网、孔子网络台和儒家文化数字馆），以儒家文化为主题、以弘扬中华优秀传统文化为宗旨的新兴融媒体传播平台。自上线以来，该融媒体平台实现了网站、微信、纸媒、App 等交互媒体的深度融合、资源共享，打造了《儒学快讯》《儒学联播》《儒林论道》《孔子会客厅》《传承者》等多个品牌栏目。平台还利用线上线下，全面创新文化活动落地方式，成功举办了"全球同祭孔""中华经典吟诵大会"等大型主题活动，充分利用融媒体优势进行线上线下传播，用全新的手段和模式进行中华优秀传统文化的创新性尝试，取得了良好效果。

（摘编自李奕悦《融媒体语境下传统文化传播方式探析》）

材料二：

融媒体不同于过去单一媒体或者少量媒体的传播，它实现了多种媒体形态在不同媒介中的传播。在新时代综合运用融媒体技术对传统文化的宣传和弘扬有着积极的影响。融媒体能够有效记录和保存传统文化的原型，使宣扬传统文化有据可依。作为传统文化中物质文化代表的文物的保护越来越受到重视。《光明日报》刊登的《馆藏文物之痛：文物腐蚀的结与解》说明了我国馆藏文物腐蚀严重，像敦煌莫高窟这些暴露在露天环境中的文物遭受的侵蚀更为严重。同样，面对时间的洗礼，非物质文化更难传承全貌，例如陕西的社火表演、剪纸艺术、皮影戏、秦腔、木版年画、泥塑等，它们已经渐渐退出了历史舞台。但作为非物质文化，它们应该受到珍视和保护。融媒体可以通过图像、视频化、App、H5、虚拟现实等技术完整保存这些岌岌可危的传统文化。

融媒体能够拓宽宣扬传统文化的渠道，提升社会影响力。融媒体革除了报纸、杂志等传统媒体传播手段单一的弊病，将媒体的传播能力推向了一个新的高度。融媒体产品的多样化造就了其传播方式的多元化，其中，文字、图片不仅能在传统纸媒上完美展现，更能通过客户端、App等大放异彩；视频、音频可以通过互联网、移动互联网广泛传播；H5技术不仅在视听上满足了用户的需要，还能够兼顾交互性和趣味性；现场云技术革新了传统的采编发场景，使得"同步时空，还原现场"成为可能；虚拟现实技术在文物的数字化保护和复原工作中扮演了重要的角色；等等。

融媒体还能够使传统文化不断推陈出新，迸发出新的活力。融媒体宣扬传统文化不是简单的展示与场景再现，而是在全新文化产品中融入现代科技元素和创作者感情。例如，新华社陕西分社创新性推出"穿越秦朝，当你的品位遇上兵马俑"，H5让用户通过涂鸦的方式创作出自己心目中的彩色兵马俑，使得原本已经褪色的兵马俑重焕彩色新妆，重新回到了人们的视线。融媒体技术还可以搭建沟通的桥梁，让外来文化进入中国，同时让中国文化走向世界。

（摘编自王硕刚巨维博《融媒体视域下宣扬传统文化的几点思考》）

材料三：

目前，融媒体的发展呈现出良好的态势，各种新媒体技术、新文化理念营造出了全新、多元的文化传播环境。应该利用融媒体技术加大对传统文化的宣传力度。可以利用互联网等现代传播媒介，将优秀传统文化融入文学艺术、影视作品之中，激发民众对历史和文化的热情，实现优秀传统文化的大众化和全球化传播。

在多元化的融媒体时代，依照以前的发展模式传承传统文化，已经不能适应当代的文化发展潮流。须以创新的理念不断推陈出新，传统文化才能在日新月异的环境中得到更好的发展。

在泛娱乐化的今天，各大媒体为了追求利润不惜采用各种手段博取关注，众多娱乐节目让人眼花缭乱，各种变态邪恶的故事随处泛滥，网络上各种恶搞短视频屡见不鲜，普通民众的品位变得越来越低俗不堪，这就亟待精英群体集体发声。知识分子作为知识的传承者，更应该肩负起引导传统文化向着良好方向发展前进的义务。

在融媒体时代，传统文化只有与精英知识分子结缘，才能远离媚俗，才能准确地将传统文化的精神原貌传达出来，又兼具娱乐性，满足当代人对文化的高层次需求。

（摘编自张瑞丽《融媒体时代传统文化传承的问题及策略研究》）

1. 下列对材料相关内容的理解和分析，不正确的一项是(　　)。

A. 融媒体是一种新型媒体，它把不同的媒体进行全方位的整合，从而实现传统媒体与新媒体的合作共生和多方面融合。

B. 融媒体语境下，网络上的任何个体皆可进行信息的生产、传递、共享及反馈，因此传统文化的传播更具包容性和开放性。

C. 融媒体使中华传统文化不断推陈出新，迸发出新的活力，而传统文化与融媒体的关系也日益密切，二者相辅相成，互相依存。

D. 融媒体的发展呈现出良好态势，把传统文化融入文学艺术、影视作品，激发民众热情，就能实现传统文化的大众化传播。

2. 根据材料，下列说法不正确的一项是（　　）。

A. 新兴融媒体传播平台能实现交互媒体的深度融合、资源共享，能用全新的手段和模式传承优秀传统文化。

B. 社火表演、剪纸艺术等非物质文化更难传承全貌，利用融媒体保护非物质文化比保护物质文化难度更大。

C. 利用H5技术的交互性和趣味性，用户可以按照自己的想象参与创作，创作出自己心目中的全新作品。

D. 在融媒体时代，媒体过分追求利益、普通民众品位低俗等问题亟待解决，精英群体更应肩负起引导义务。

3. 下列说法中，不能作为论据来支撑材料二观点的一项是（　　）。

A. 媒体融合为传统文化传播提供了技术性的基础服务，创新了传统文化的传播方式，扩大了其传播的广度。

B. 将全息投影技术运用在傩文化的保护、展示、商业等多个方面，使傩文化能突破时空的限制得以传承。

C. 《中国诗词大会》一经播出，就引起人们的强烈关注，受到一致好评，并掀起了全社会对传统文化的学习热潮。

D. 借助"活力网格"融媒体平台，市民用手机App上报各类问题，网格管理中心第一时间收到信息，及时反馈。

4. 材料二在论证上有哪些特点？请简要说明。

5. 融媒体时代如何更好地传承传统文化？请结合材料二和材料三简要概括。

【写作表达】

1. 下图是电视剧《觉醒年代》的宣传海报，该海报以红色为主色调，以钢笔为主体，钢笔中间是紧握拳头的手臂。请阐释其内涵，并写在下面的横线处。

电视剧《觉醒年代》以 1915 年《青年杂志》问世到 1921 年《新青年》成为中国共产党机关刊物为贯穿，展现了从新文化运动、五四运动到中国共产党建立这段波澜壮阔的历史画卷。

_____

_____

2. 你所在的班级将于下周五参加学校的音乐广场汇演。预热在即，班委会现邀请你参与讨论班级音乐广场的跨媒介宣传推广方案。与会之前需提交一份宣传草案，请选用两种媒介，参考示例加以完善。

班级音乐广场跨媒介宣传策划方案

媒介一：校园海报

宣传思路：以排演时的趣图为底本制作主题鲜明的海报，张贴于教学楼各个楼层。

媒介二：_____

宣传思路：_____

_____。

媒介三：_____

宣传思路：_____

_____。

【语用提升】

阅读下面的文字，完成1~3题。

基于信息技术的_____，新型文艺样式不断涌现，数码艺术、闪客艺术、新媒体艺术等层出不穷，艺术新观念与新概念也如过江之鲫，令人_____。必须指出的是，这些新样式、新观念、新理论无不源于这样一个事实，那就是网络文艺的跨介质创作与即时性互动已成常态。(   )，向着渴求知识信息和心灵慰藉的人们飞翔，丰富着大众的文化选择，而大众也以_____的能动性参与到文艺生产传播中来。

需要注意的是，在人们为信息极为丰富的时代_____时，"潘多拉魔盒"也随之被悄然打开。各式各样的自媒体呼啸而来，图像、声音、文字的海量数据流纷纷涌向"云端"，人们对信息的追求永无止境：信息增长越快，欲望越是强烈。与此同时，信息高速公路的拓展速度与管理水准，却常常满足不了信息急剧增长所带来的需求。于是，"秩序混乱""交通阻塞"难以避免。在物质层面上，信息过载带来的是设备内存溢出或频繁死机；而在接受心理层面，信息过载使得信息接收者焦虑不安，无法冷静地搜索和取用对自身有用的信息，严重者甚至放弃自我判断力，淹没在信息的海洋里。如此一来，<u>信息过载成为阻挡人们获取有效信息的一大障碍，也促成了文艺生产和传播的隐患。</u>

1. 依次填入文中横线上的词语，全都恰当的一项是(   )。

A. 鼓动　应接不暇　空前绝后　喜闻乐见
B. 推动　目不暇接　前所未有　欢呼雀跃
C. 鼓动　目不暇接　空前绝后　欢呼雀跃
D. 推动　应接不暇　前所未有　喜闻乐见

2. 下列在文中括号内补写的语句，最恰当的一项是(   )。

A. 图像、声音、文字仿佛不受单一媒介限制，插上翅膀
B. 图像、声音、文字仿佛插上翅膀，不受单一媒介限制
C. 图像、声音、文字不受单一媒介限制，仿佛插上翅膀
D. 图像、声音、文字插上翅膀，仿佛不受单一媒介限制

3. 文中画横线的句子有语病，请修改。

【诗歌赏析】

阅读下面这首宋词,完成1~2题。

临江仙
晁补之

身外闲愁空满,眼中欢事常稀。明年应赋送君诗。试从今夜数,相会几多时。

浅酒欲邀谁劝,深情唯有君知。东溪春近好同归。柳垂江上影,梅谢雪中枝。

1. 下列对这首词的理解和赏析,不正确的一项是(　　)。
   A. 这首词真实描写了送别的场景,充分地表现出词人对朋友的眷恋之情。
   B. 词人时常感到缺乏快乐,而即将到来的离别又会强化这种愁闷的感受。
   C. 因不忍与朋友分别,词人更珍惜当下,数算还剩下多少时日可以相聚。
   D. 春天即将到来,词人希望与朋友同归东溪游览,共同欣赏春日的美景。
2. 词的结尾两句被后代评论家称赞为"绝妙",请简要分析其妙处。

【轻松一刻】

穿井得一人
《吕氏春秋》

宋之丁氏,家无井而出溉汲,常一人居外。及其家穿井,告人曰:"吾家穿井得一人。"有闻而传之者,曰:"丁氏穿井得一人。"国人道之,闻之于宋君。宋君令人问之于丁氏。丁氏对曰:"得一人之使,非得一人于井中也。"求闻之若此,不若无闻也。

翻译: 宋国有一户姓丁的人家,家中没有井,须到外面打水浇地,因此经常有一个人住在外面。等到他家打了一眼井之后,便对别人说:"我家打井得到一个人。"有人听到这话,传播说:"丁家打井打出了一个人。"都城的人都谈论这件事,一直传到宋国国君那里。宋国国君派人去问丁家人。丁家的人回答说:"得到一个人的劳力,并不是从井中挖出一个人来呀。"像这样以讹传讹、道听途说,还不如什么都没听到的好。

启示: 信息在传播过程中容易失真,我们切不可轻信流言,盲目听从。

三　跨媒介表达与交流

【内容结构】

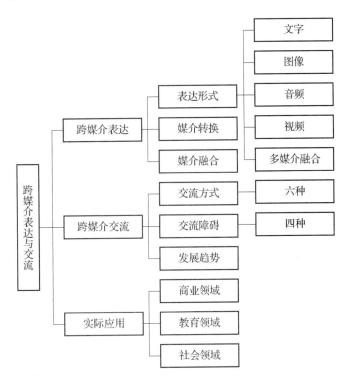

【相关链接】

一、跨媒介表达

1. 通过文字、图像、音频、视频等媒介形式表达。

如：通过文字表达思想、情感和信息，如文章、小说、诗歌等，通过图像表达思想、情感和信息，如图片、漫画、动画等，通过声音表达思想、情感和信息，如音乐、广播、语音等，通过动态图像和声音表达思想、情感和信息，如电影、电视剧、短视频等，通过多种媒介形式融合表达思想、情感和信息，如虚拟现实、增强现实、全息投影等。

2. 不同媒介之间的转换与融合。

媒介转换：将一种媒介的内容转换为另一种媒介的形式，如将文字转换为图片、视频等。

媒介融合：将多种媒介的内容融合在一起，如将文字、图片、视频等融合在一起，形成新的表达形式。

进行媒介转换与融合，需要掌握多种媒介的表达技巧，协调多种媒介之间的关系，处理不同媒介之间的冲突和矛盾。

二、跨媒介交流

1. 多样化的交流方式。

社交媒体：如 Facebook、Twitter、Instagram 等，用户可以通过发布、评论、点赞等方式进行交流。

即时通信：如微信、QQ、WhatsApp 等，用户可以通过发送消息、语音、视频等方式进行实时交流。

电子邮件：如 Gmail、Outlook 等，用户可以通过发送和接收电子邮件进行交流。

论坛和博客：如 Reddit、知乎等，用户可以通过发布帖子、评论等方式进行交流。

视频和音频平台：如 YouTube、TikTok、喜马拉雅等，用户可以通过发布和观看视频、音频等方式进行交流。

虚拟现实和增强现实：如 VR、AR 等，用户可以通过虚拟环境和现实环境的融合进行交流。

2. 影响跨文化、跨地域交流的因素。

语言障碍：不同语言之间的差异可能导致沟通不畅。

文化差异：不同文化背景可能导致误解和冲突。

地域差异：不同地域的差异可能导致交流不畅和误解。

技术障碍：技术限制可能导致交流不畅和误解。

3. 跨媒介交流的未来发展趋势。

技术融合：多种媒介技术融合，实现更便捷、高效的交流。

智能化：人工智能技术在跨媒介交流中的应用，提高交流效率和质量。

虚拟现实：虚拟现实技术在跨媒介交流中的应用，实现更真实的交流体验。

跨文化传播：跨媒介交流将促进不同文化之间的交流与传播，促进全球文化交流与融合。

三、跨媒介表达与交流在日常生活和工作中的应用

1. 社交媒体营销、品牌推广、广告投放、客户服务等商业应用。

2. 教育、培训等教育领域的应用。

3. 文化传承、知识传播、社会交流、信息传播等社会领域的应用。

第八单元

【阅读理解】

(一)

材料一：

在"互联网+"的时代背景下，以媒介为载体的信息交互网络正联结起越来越多的社会关系。阅读文本的生产、传播方式也发生了巨大变化，从平面纸质阅读到手机阅读、社交阅读等网络阅读，阅读媒介多样化趋势不可阻挡，这一发展趋势给传统的以纸质文本为中心的阅读教学带来新的机遇和挑战。为更好地应对这一机遇与挑战，《普通高中语文课程标准（2017年版）》将"跨媒介阅读与交流"加入学习任务群，使之正式成为语文教学的核心内容。

"媒介"一般指传播介质，如报纸、杂志、广播、电视、网络等，既包括静态的纸质文本、图片，也包括动态的声音、动画、视频等电子文本。由于文本内容呈现形式的多样性，"阅读"的内涵不再局限于对书面文字的识记、理解、鉴赏、评价，而是进一步拓展到对图片、表格、声音、视频等多元信息的获取、处理和应用。与传统的纸质阅读相比，跨媒介阅读具有参与度高、自主性强、多样、快捷、便利等特点，人人都可以成为生活事件的发现者、记录者、写作者、传播者和接受者。"跨媒介阅读与交流"的"跨"既强调"跨越"，更注重"整合"，不同的媒介形式特点各异，求同存异，将之有机整合并应用到语文课堂上来，可以丰富语文学习内容，加强语文学习与时代、与生活的联系。

"跨媒介阅读与交流"应围绕言语活动开展。阅读以不同媒介为载体的信息，首先应基于语言的建构与运用，引导学生理解多种媒介运用对语言的影响，将"跨媒介阅读与交流"作为培养学生核心素养的手段，而非目的。"跨媒介阅读与交流"活动应整合丰富的语料，锻炼学生在多样的信息来源中去伪存真、辨识媒体立场的能力，在言语实践中形成价值判断和文化心理。从本质上看，"跨媒介阅读与交流"实际上是要求学生具备信息时代的"媒介素养"，但这里所说的"媒介素养"不是新闻传播学范畴的，而是语文学科范畴的"媒介素养"，其出发点和落脚点是引导学生反思并适应媒介技术对母语习得的影响，在不断接触、分析、判断、评价的过程中实现媒介素养与语文核心素养的融合。

"跨媒介阅读与交流"学习任务群聚焦时代发展的前沿，彰显语文学科的自我成长，意义重大，但在当下的教育情境中"跨媒介阅读与交流"活动的开展，仍面临严峻的挑战，特别是如何抵御多元媒体对教学的干扰问题。新媒介的引入可以增加信息容量，提高信息传播速度，拓宽学生的阅读与交流空间，但集文字、音频、图片、动画、视频等于一体的超文本，也容易使学生注意力分散，游离于阅读内容之外。如果一味追求媒介的丰富，追求声、光、电的交响，而忽略了阅读的主体内容，则得不偿失。

"跨媒介阅读与交流"学习任务群在培养学生语文核心素养的过程中具有不可取代的

重要作用，目前虽然还面临很多挑战，但只要广大师生能积极面对时代发展给语文的"教"与"学"带来的机遇与挑战，努力拓宽跨媒介视野，创造性地开展"教"与"学"的实践，就有利于提高学生的语文素养。

（摘编自任明满、郑国名、王彤彦《"跨媒介阅读与交流"的内涵、实施策略与挑战》）

材料二：

2018年的世界读书日，国家图书馆进行"VR诵经典"古诗词虚拟现实体验等数字阅读的多媒介互动展示，而引人入胜的沉浸式体验让读者了解了全新的阅读方式。像这样的"VR+书"的跨媒介阅读场景正逐渐泛在化，并改变了我们的阅读"姿势"。

首先发生改变的是阅读习惯。读者开始习惯于多种媒介同时呈现在一个页面上，与阅读传统文字印刷的文本相比，阅读时读者眼球的转动速度是不一样的。另外，阅读形式也越来越协同化。所谓协同化，实质上就是个体阅读逐步发展成为社交型阅读。过去我们说阅读是很个体化的，一个人拿一本书，安安静静地在一个地方读。但是随着技术的进步，我们在阅读之前，总会先上网翻看网友的评价。那么如果某一个平台不推送某本书的相关信息，你还会不会关注它？这是不是影响了你的阅读习惯？当阅读入口开始发生改变，只要你愿意开放自己的"书架"，别人就可以看到你对这本书的批注，同理，你也可以看到很多不同人的批注、圈阅，这会不会影响你的阅读认知呢？

跨媒介阅读背后实质是思维的表达，一个成功的、良性的跨媒介阅读活动，植根于一种思维模式的构建。跨媒介阅读不能仅仅是一种表面上的形态改变。要想读懂思维之美，首先要读懂不同媒介语言之间是如何转化的。在跨媒介阅读中，比较容易形成的形态是文学阅读与影视阅读相结合，因为很多影视作品是由文学作品改编而成的，这种天然的"血缘"关系，使得影视阅读成为跨媒介阅读的首选。然而，"跨"之后如何成功地阅读才是关键，要知道，语文课中基于影视作品的跨媒介阅读和一些地区开展的影视教育活动是截然不同的。

思维之美的另一种体现是要注重阅读元素的分拆和关联，形成图谱化的个人阅读知识体系。跨媒介里面有很多元素，戏剧有戏剧表现语言，绘画有绘画表现元素，数字艺术更是元素众多，这恰恰是我们应该时时刻刻注意的。这种分拆和关联背后，实际上是分类思想，先分类再建立关联，然后重新将关联以后的知识结构化，形成一种思想，让阅读成为一个体系。跨媒介阅读不止于阅读浏览不同媒介信息，更要聚合思维和思想，形成新的跨媒介阅读知识图谱。

（摘编自吴钟铭《跨媒介阅读改变了什么》）

材料三：

经典名著具有多重教育价值，应列为课堂教学的重点之一。面对新媒介技术越来越大的影响力，以及我们被逐渐改变的思维方式和生活习惯，想要继续发掘经典名著的多重教育价值，就应该借助互联网、新媒介和新技术的力量。

传统媒介下的经典名著通常以印刷文字为载体，印刷文字有一定优势，如阅读印刷文字能够赋予人们想象力，能够养成缜密的逻辑思维。但在自媒体和"互联网+"的时代，经典名著想要经久不衰就要不断寻求新的理解媒介。我们应该了解新媒介的出现并没有完全取代传统媒介。20世纪原创媒介理论家麦克卢汉认为，新媒介的出现并不意味着传统媒介的消亡，而是会将传统媒介纳入自己的内容体系。传统媒介有其不可替代的独特价值，所以经典阅读在新时代下寻求新的理解媒介并不是要完全抛开传统媒介。

另一方面，要用跨媒介激活经典名著的新生命。经典名著因其独特的魅力和艺术价值被演绎成不同形式的作品，方便师生通过不同的媒介获取到不同形式的经典名著。与传统纸质阅读相比，跨媒介阅读具有参与度高、自主性强、多样、快捷、便利等特点，将经典名著的阅读与跨媒介结合起来，可以有效发挥两者优势。

以《水浒传》为例，随着广播、影视、网络等电子媒介的兴起，《水浒传》打破了原有的传播范围，拓宽了受众范围，增添了经典名著的表现形式。借助无线广播，《水浒传》在20世纪七八十年代的传播达到鼎盛状态。随之而来的是影视媒介对《水浒传》的影响，自从电视普及后，电视剧就超越了无线广播对《水浒传》的影响，随着拍摄技术的提高和对《水浒传》的解读越来越深刻，1998年中央电视台播出了自制剧《水浒传》，在全国掀起了一股观看《水浒传》电视剧的热潮。而在网络方面，有专以讨论《水浒传》及其相关作品为主要内容的贴吧，将解读的权利真正放到了大众手中。各类媒介对《水浒传》的解读与《水浒传》原著文本之间达到了"互文互读"，跨媒介阅读给经典名著注入了新的生命力。

(摘编自张砚妮《经典名著的跨媒介阅读与交流》)

1. 下列对材料相关内容的理解和分析，不正确的一项是(　　)。

A. 跨媒介阅读通过跨越整合传播介质，加强语文学习与时代、生活的联系。

B. 多元媒介对教学造成了许多干扰，可见开展跨媒介阅读实践活动面临严峻挑战。

C. 在跨媒介阅读中，读懂不同媒介语言间的转化过程，就能读懂思维之美。

D. 麦克卢汉强调新媒介兴起背景下的阅读不会完全抛弃传统媒介，更不会使其消亡。

2. 根据相关材料内容，下列说法不正确的一项是(　　)。

A. 跨媒介阅读与交流能够正式成为语文教学的核心内容，是在"互联网+"的时代背景下实现的。

B. 跨媒介阅读应培养学生辨别信息真伪及媒体立场的能力，在言语实践中形成价值判断和文化心理。

C. 跨媒介背景下的阅读会改变传统的阅读形式，使协同化程度加深，个体阅读逐渐发展成为社交型阅读。

D. 在跨媒介阅读中文学阅读与影视阅读结合是常态，影视作品对于理解文学作品具有不可替代的作用。

3. 下列做法中,不属于跨媒介学习的一项是(　　)。
A. 在学习苏轼的《念奴娇·赤壁怀古》后,学生将这首词用散文化的语言表述出来。
B. 观看完电影《我和我的祖国》,全班同学分组讨论后给剧中人物写一段颁奖词。
C. 教师用多媒体展示齐白石的名作《虾》,学生用诗歌的形式描绘自己看到的虾。
D. 看电视剧《红楼梦》中《林黛玉进贾府》片段,学生按事件发展顺序写剧本大纲。
4. 材料一是如何逐步展开论述的?请结合材料简要概括。

5. 在进行"跨媒介阅读与交流"学习时,应该规避哪些问题?请结合材料一和材料二,提出你的建议。

(二)

电子时代的阅读

许知远

① 你们还会读书吗?这是上一代对我们的忧虑。比起印刷媒体,我们读的更多的是电视与计算机的显示屏,我们阅读的更多的是图像,而不是文字。阅读正在发生变化,我们还无法确定它的优劣。印刷品的文字出现速率,铅字对于我们的眼睛与大脑的刺激程度,都证明了它是适合思考的,它给予大脑足够的从容去解构它。电子媒体似乎颠覆了这一切,跳跃的文字,不断出现的画面,它在抑制我们的思考机制吗?一个有关电视的实验,让我们这些被电视哺育大的人忧心。加拿大的两位科学家讲观看电视的人大脑神经与测试仪器连在一起,得出结论:电视主要是在和我们的身体而不是心智对话。具体来说,人类的心智至少需要半秒钟才能为复杂的刺激提供适当的感觉闭合。而电视拒绝给我们这半秒钟。媒体研究专家克卢格曼早在20世纪70年代就认为,书籍是与我们左脑交流,而电视是与我们的右脑交流,而左脑通常是负责理智的部分,电视使我们头脑中理智的部分休眠。因此,对于习惯电视画面的孩子来说,阅读印刷媒体是痛苦的,几乎令人无法忍受,它无法适应我们目光跳动的习惯。

② 电视使我们肤浅,为了迎合我们短暂的注意力,电视节目必须抛弃深度。一位评论家傲慢的结论无疑正戳中了我们的痛处:"电视正在向我们以前占统治地位的、有文化修养的精神气质发起挑战,并代之以自身触觉的和集体的口语状态。它威胁到了我们通过读写获得的神圣不可侵犯的自主权。"

③ 阅读是高贵的,这已经是上千年的传统了。在中世纪,高高的城墙将教士的生活与民众区分开,那些高贵的教士知道如何阅读,如何直接与上帝的训诫沟通。阅读的能力象征着权利。谷登堡的发明打破了这一切。经过谷登堡印刷术印刷出漂亮整洁的《圣经》,

打破了教会对于上帝的专一的诠解权。它或许还直接促进了中世纪的结束。但是阅读的高贵性和会阅读者自以为是的特权却保留了下来。无疑这种自以为是的特权传统是重要的，它保持了我们历史中最精华的东西得以流传下来。

④如今，电视正对这种传统进行一场几乎是颠覆性的嘲讽，并且大获成功。电视是一种口语化的，是更接近于我们日常生活的，也是更琐碎的。我们靠着"还珠格格"这样的东西成长，这是一个快乐却令人忧虑的成长过程。而接着呢，计算机将培养我们新的阅读习惯。这是世界上空前强大的图书馆，你可以找到各种五花八门的资料。它们参差不齐，同时你又没有足够的时间去鉴别它。比我们更小的孩子将依靠这些庞杂的资料成长。据说，计算机是对电视的一次逆反，计算机是互动的，它不像电视一样单向的流通信息，它可以让使用者有所反应。从这种意义上来说，互联网上的阅读是传统意义上阅读的一次真正革命，它融入了参与性。但这一切变化的前提依旧是，我们正从占支配地位的识字文化返回到口语文化。而传播学巨擘马歇尔·麦克卢汉则更加推断，在未来的电子社会中，对于由口语控制的信息体系来说，无知将成为一种有价值的商品。因为无知者更具有可塑性，他们不受过去的规范来限制，所以他们有更大的发挥空间，可以更容易地学习新技术。

⑤我们习惯上的阅读可能即将被唾弃。尽管，我们可能依旧在昏黄的灯光下，懒懒地躺在床上，拿着一本印刷精美的书籍，去享受印刷文字的快乐。但是，我们可能不得不承认这幅动人的图景可能即将像那些已经消失的古董一样让我们留恋。而我们的那些孩子们呢？我们还可能理直气壮地去指责他们，为什么不好好读书，为什么不读一读古典名著吗？

(选自《那些忧伤的年轻人》)

1. 从本文看，印刷品文字、电视和互联网上的阅读各有什么特点？

2. 第④段中加点的"这种传统"指代什么内容？其价值体现在哪里？

3. 作者举加拿大科学家和克卢格曼的例子有什么作用？

4. 阅读下面的新闻报道，结合上面的文章，探究儿童语言贫乏的原因。

据新华社郑州2月10日电（记者 訾红旗）一篇600字左右的小学生作文，其中使用了72个"死了"，如"热死了""烦死了"……整篇文章都是十分简单的词语，毫无文采可言。著名儿童文学作家秦文君指出，现在儿童语言变得越来越贫乏，不能不引起人们的担忧。

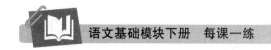

在去年郑州市组织的一次作文比赛中,阅卷老师看到,现在的孩子模仿能力很强,也越来越现实。小人说大人话现象十分普遍,说出来的话让你大吃一惊,却又无可奈何。

面对这种现象,儿童文学领域中最高奖项"国际安徒生奖"获得者秦文君颇有感触:在这个瞬息万变的时代,能够吸引孩子的东西实在太多,今天的小读者已经成长为视听的一代。

【写作表达】

(一)为弘扬和传承优秀的民族文化,推进文化校园建设,学校近期拟举办一次戏剧节。请为自己班级的节目拟写跨媒介宣传推广方案。请按要求完成下列活动。

1. 请小组讨论戏剧节宣传主题。

2. 为了宣传校园戏剧节,请小组确定设计选用媒介宣传种类。

3. 请根据学校特点,为戏剧节设计宣传语。

4. 请你为在校电视台播放的戏剧节宣传短片撰写画外音文稿。

5. 请你根据受众情况和媒介特点,选择戏剧节宣传信息的最佳发布时间。

6. 请根据学校的特点,为戏剧节设计宣传方案。

(二) 思考：在当今信息时代，我们应该具备怎样的媒介素养？以小论文的形式提交，不少于300字。

_____
_____
_____
_____
_____

【语用提升】

阅读下面的文字，完成1~2题。

数据主义将传统的学习金字塔彻底翻转。在这之前，大家认为数据只是智力活动这个漫长过程的第一步，我们要把数据转化为信息，信息转化为知识，___①___。而今天，___②___，人类已经无法直接处理海量数据并形成信息，更不用说将其转化成知识和智能。于是计算机算法接管了数据处理的工作，而之后得到的信息知识，也就随之成了计算机算法的收获，成了计算机的智能。实际上，这也代表着数据主义不太信任人类知识和智能，___③___。

1. 下列句子中的"之前"和文中画横线处的"之前"，用法不相同的一项是(　　)
A. 吃饭之前要洗手。
B. 一个月之前我还遇到过他。
C. 进考场之前要检查该带的东西是否已经带全了。
D. 期末考试至少要排在班级三个学霸中某位之前。

2. 请在文中横线处补写恰当的语句，使整段文字语意完整连贯，内容贴切，逻辑严密，每处不超过15个字。

答：_____
_____

【诗歌赏析】

阅读下面的作品，完成1~2题。

破阵子

陆游

看破空花尘世，放轻昨梦浮名。蜡屐登山真率饮，筇杖穿林自在行。身闲心太平。
料峭余寒犹力，廉纤细雨初晴。苔纸闲题溪上句，菱唱遥闻烟外声。与君同醉醒。

1. 下列对这首词的理解和赏析,不正确的一项是(　　)。
A. 词人以"空花""昨梦"喻指过往的虚无,"看破""放轻"宣示自己告别过去。
B. 词人着屐拄杖、登山穿林,一个远离尘世、悠游自在的山野隐逸形象跃然纸上。
C. 细雨初晴的春日,依然会使人感觉到寒冷,但这并没有影响词人的轻松自得。
D. 词人在最后表示,希望远方友人能与自己同饮共醉,表达了真挚的思念之情。
2. 这首词是如何表现人闲适心情的?请结合作品简要分析。

【轻松一刻】

某酒鬼嗜酒如命。他见酒就喝,一喝必醉;而且醉后或吵闹,或斗殴,搅得四邻不安,家中不和。于是他的外甥就以数字代文字给他写了一封信,巧借谐音劝舅舅戒酒。

99:8179,7954。76229,8406,9405,7918934。1.91817!

(舅舅:不要吃酒,吃酒误事。吃了二两酒,不是动怒,就是动武,吃酒要被酒杀死。一点酒也不要吃!)

> 痛苦这把犁刀一方面割破了你的心,一方面掘出了生命的新的水源。
> ——罗曼·罗兰
> 你若要为你的意义而欢喜,就必须给这个世界以意义。
> ——歌德
> 我发现了镭,但不是创造了它,因此它不属于我个人,它是全人类的财产。
> ——居里夫人

期末检测试题（一）

本试卷分卷一（选择题）和卷二（非选择题）两部分，满分 120 分，考试用时 120 分钟。

卷一（选择题　共 50 分）

卷一共 20 小题，在每小题给出的四个选项中，只有一项符合题目要求。

一、(本大题 10 个小题，每小题 2 分，共 20 分)

1. 下列词语中加点字的读音全部正确的是(　　)。
   A. 挑衅(xìn)　　炽烈(zhì)　　山脊(jǐ)
   B. 单薄(bó)　　弥漫(mí)　　眩目(xuàn)
   C. 褶皱(zhě)　　给予(gěi)　　纤细(xiān)
   D. 辗轧(yà)　　挟带(xiá)　　虔诚(qián)

2. 下列各组词语中没有错别字的是(　　)。
   A. 磨蹭　胳肢　黯淡　五彩缤纷　　B. 爆发　辉煌　峰壑　振耳欲聋
   C. 称诵　热衷　表彰　活血化瘀　　D. 赠予　启示　欣慰　震奋人心

3. 依次填入下列各句横线处的词语，最恰当的是(　　)

①不能有这样的想法：只要不_____所要表达的义理，材料的细节有点出入是无所谓的。

②韩非子是先秦法家学说的集大成者，他的_____思想对秦王朝的建立起了很大的作用。

③我国的教育法规定：任何组织和个人，不得以_____为目的创办学校及其他教育机构。

　　A. 妨害　法制　盈利　　　　　　B. 妨碍　法制　盈利
　　C. 妨害　法治　营利　　　　　　D. 妨碍　法治　营利

4. 下列句子中标点符号的使用正确的是(　　)。

A. 我想养只鸽子,让它生鸽蛋给小孩儿玩。可是目前严重的问题是,有没有壁虎,假定有了,会不会偷鸽蛋?

B. 上海电影译制片厂最有代表性的作品。如:《音乐之声》《王子复仇记》等等,为什么令人百看不厌?这首先还是归功于本子做得精彩。

C. 古语云:"仓廪实而知礼节,衣食足而知荣辱。(《管子·牧民》)"政治的清明和文化的复兴必须具备一定的经济基础。

D. 红丝带——艾滋病防治的宣传标识象征着我们对艾滋病患者、感染者的关心,象征着我们对生命的热爱,象征着我们要用"心"来参与预防艾滋病的工作。

5. 下列句子中加点成语的使用正确的是(　　)。

A. 除了几件旧衣服,他现在一文不名,为了糊口,必须出门挣钱。

B. 上次学业水平考试,多数同学的成绩比较理想,不合格者凤毛麟角。

C. 他演讲时联系现实生活,妙语连珠,巧舌如簧,给年轻人很多启发。

D. 河东的鞭炮响彻云霄,河西的鞭炮振聋发聩,两下争强斗胜,互不相让。

6. 下列句子中没有语病的是(　　)。

A. 我国宏观经济年均增速约7.3%左右,对全球经济增长贡献率超过30%。

B. 有人说,掌声是另一种语言,它既是情感的表达,也是情绪的反映。

C. 由于生活的压力和高强度的工作,让不少年轻人经历着"成长的烦恼"。

D. 这次活动之所以成功,原因是由于解决了"为了谁""依靠准"的问题。

7. 把下列句子组成语义连贯的语段,排序最恰当的一组是(　　)。

①生物节律是生物在进化的漫长历程中,在体内形成的一种近似钟的机构。

②生物节律产生的原因是一种复杂的生理过程,是生物体内化学变化和物理变化的结果。

③据分析,帮助生物体校正时间的因素可能很多,温度、光线、酶的化学活性、神经系统的调控、激素等都与之有关。

④它能够随着时间的变化,调节本身生理活动,使其在一定的时期开始、进行和结束。

⑤因此时间生物学在医学治疗上正在受到人们的重视,根据人体的内在节律,制定出最佳作息制度,防止疾病和事故的发生。

A. ②①④③⑤　　B. ①④②③⑤　　C. ②⑤③①④　　D. ①④②⑤③

8. 下列有关文学、文化常识的表述,正确的一项是(　　)。

A. 恩格斯是德国哲学家,马克思主义的创始人之一。斯蒂芬·茨威格是匈牙利小说家、诗人、剧作家、传记作家。

B. 叶圣陶是当代作家、教育家,有"优秀的语言艺术家"之称,郭小川是中国近代著名诗人。

C. 古代尊称对方的母亲为令堂,谦称自己的弟弟为舍弟。

D. 华阴由于地处华山北面而得名,汉阳则因位于汉水南面而得名。

9. 下面没有使用比拟手法的句子是( )。

A. 烟囱发出呜呜的声响,犹如在黑夜中哽咽。

B. 被暴风雨压弯了的花草儿伸着懒腰,宛如刚从睡梦中苏醒。

C. 远处林舍闪闪发亮,犹如姑娘送出的秋波,使人心潮激荡。

D. 偎依在花瓣、绿叶上的水珠,金光闪闪,如同珍珠闪烁着光华。

10. 下列对诗歌内容和艺术特色的分析鉴赏不恰当的一项是( )。

终南山

王维

太乙近天都,连山接海隅。
白云回望合,青霭入看无。
分野中峰变,阴晴众壑殊。
欲投人处宿,隔水问樵夫。

A. 诗旨在咏叹终南山壮景。全诗写景、写人、写物,动如脱兔,静若淑女,有声有色,意境清新、宛若一幅山水画。

B. 首联运用对比手法勾画了终南山的总轮廓。终南山与天帝居所相连接,突显其高峻;与海角相连,彰显其雄阔。

C. 颔联写诗人身在终南山中,一切都笼罩于茫茫"白云"、蒙蒙"青霭"之中,感受到了朦胧之美。

D. 尾联写为了入山穷胜,作者设想投宿山中人家,隔着深沟大海遥望询问樵夫。"隔水"二字点出了作者"远望"的位置。

二、(本大题6个小题,每小题3分,共18分)

阅读下面的文字,完成11~13题。

华夏千年一抹青

云海

古人崇尚青色,将其与许多美好的物象联系在一起。年轻人又被称为"青年",正当年少是"青葱岁月",廉洁奉公的官员是"青天",技艺高超为"炉火纯青",仕途亨通乃"平步青云""青云直上"。被重视或喜爱除了所谓受到"青睐",还可说成得到"青眼"

— 223 —

"垂青"。史书亦可谓"青史""汗青"，能够"名垂青史""留取丹心照汗青"，往往被古人视为无上的荣耀。世间有五光十色，古人为何独对青色分外垂青呢？

中国的先人们将天地万物的基本元素统一划分为"木火金土水"，即"五行"。人们对这五种自然物质的色彩加以观察和总结，由此产生了"青赤白黄黑"，即"五色"。《释名·释采帛》曰："青，生也。象物生时色。"《说文解字》解释："青，东方色也。"具体而言，青色五行属木，而木象征着具有生长特性的植物，关乎春季和东方。春季象征一年之始，东方则象征一日之始，故青色便象征着"生"的希望与开始。可以想象，与远古先民的环境最休戚相关的颜色就是青色——头顶青天，身傍碧水，放眼望去是郁郁葱葱的植被，无时无处不被青色所濡染和包围。在长久的无意识的共生中，青色浸染了古人的色彩观，并进一步影响了他们的审美观。对于建立在农耕文明基础上的中华民族来说，青色的寓意古朴、庄重而神圣。

"艺术是人类情感符号形式的创造"，当青色以文字、意象的形式融入艺术创作时，它就成了一个"有意味的形式"。

漫漫中华文学史亦可称为一部青色的"劳模史"。有人统计过陶渊明、李白、苏轼三位文豪共计2 800多首使用色彩词的诗歌，其中提及青色就有709处，数量居所有颜色之首。历代文人墨客撷草木之色，集山川之彩，铺陈设色，借色传情，或述一己之志，寄托人生理想，或抒一腔深情，感叹离愁别绪……乐此不疲地把各自对青色的推崇诉诸笔端，并将之巧妙地融于不同意境的创造，赋予青色独特且丰富的审美内涵。

"诗画本一律"，青色不仅是中国绘画艺术"丹青"之名的组成部分，而且在传统绘画中，无论是文人雅士创作的山水画，还是民间艺人创作的宗教壁画，艺术家们都格外关注颜料中的青、绿。在很长时间内，中国山水画的主色调就是青绿色。

作为中国文化名片的瓷器，也与中华民族"尚青"的传统密不可分。特别是宋代，青瓷制造发展至巅峰。宋人理性、沉静、悠远、淡泊的品格和青色冷静、阴柔、素雅、含蓄的特点完美契合，直观映照了色彩审美文化和民族性格的发展脉络。

此外，历史悠久且广泛应用于民间的蓝印花布，也和中国布衣"青衣蓝衫"的现象一起构成了中国古代服饰文化的"人多势众"，成为国人"尚青"观念的另一个注脚。

青色是中华民族特有的一种颜色，它温润而不虚浮，灵动而不张扬，清爽而不单调。随着时间的推移，青色也将陪伴着我们不断创造出更加多姿多彩的情感牵念。

(有删改)

11. 下列对古人崇尚青色原因的理解分析，符合文意的是(　　)。

A. 青色五行属木，属东方之色，代表生长，象征希望与开始。

B. 远古先民将情感寄托于色彩，其生存环境与青色休戚相关。

C. 在与青色的有意识共生中，青色成为人们审美中的重要色彩。

D. 青色是古代农耕文明的载体，其寓意影响着人们的价值观。

12. 下列对文中"有意味的形式"具体表现的解读，不正确的是(　　)。

A. 历代文人墨客借青色寄托人生理想，创设诗词意境，丰富审美内涵。

B. 宋代青瓷，反映出宋人的品格追求与青色本身色彩特点的完美契合。

C. 中国传统绘画主色调为青绿色，这是尚青审美情趣在绘画中的体现。

D. "蓝印花布"和"青衣蓝衫"一起承载着众多中国人崇尚青色的情感。

13. 下列对文段写作方法的分析，不正确的是(　　)。

A. 开门见山点明观点，论据充足，论证过程条理清晰。

B. 采用举例论证、引用论证等方法，论述古人尚青现象。

C. 感性表述和理性分析相结合，语言凝练、典雅、厚重。

D. 按照层层递进的方式组织材料，增强了文章的说服力。

阅读下面的文字，完成14~16题。

文学中有历史。当今历史学家大都认为，没有什么文献资料不是史料，不但文学作品，即如佛经、道藏、信札、家谱、账本、碑铭等也无一不是，而且随着史学研究领域的拓展，史料范围还在不断扩大。从"三言二拍"里可以看到晚明市井生活的真实面貌，这对于研究社会史的人几乎是一个常识。陈寅恪以诗证史，也为大家所熟悉。但在"五四"以前，史料范围并非如此宽泛，文学作品在大多数史学家眼里也并非史料，有些文献到底属于文学还是史学，一两千年来都没有一致的看法。神话传说就是如此，其中相当突出的例子是《山海经》。

神话传说是文学，史前时代，无文字可征，只有传说，暂当历史。三皇五帝至今未曾坐实，但"炎黄子孙"已经成为口头语，甚至成为历史共识。新的传说还会不断产生，能否成史颇为可疑，但以神话传说研究历史，却是一种重要的方法。在历史上，《山海经》究竟应归于文学还是史学，曾是死结。王国维《古史新证》说："而疑古之过，乃并尧、舜、禹之人物而变疑之，其于怀疑之态度及批评之精神不无可取，然惜于在于史材料未尝为充分之处理也。"这些古史材料就包括《山海经》《穆天子传》等文献。在《汉书·艺文志》里，《山海经》列于数术类。此后该书在目录学里的角色转换过几次，《隋书·经籍志》将《山海经》列于史部地理类，也就是将它看成史书了。

历史是讲真实的，《山海经》一般被视为荒诞不经，连司马迁写《史记》都不敢采用。虽然《山海经》里平实的山川地理内容应归于史部，但其中大量的神话故事却显然有悖信史，所以清人编《四库全书》，言其"侈谈神怪，百无一真，是直小说之祖耳"，将其改列于子部小说家类。这个死结直到"五四"以后才大致解开。解开的途径有二：一是将《山海经》分而治之，不把它看作一部成于一人一时之书，神话归神话，历史归历史；二是神话中也有历史的成分在，仍可以之证史或补史。分而治之者，以为《山海经》中的《五藏山经》是比较雅正的部分，谭其骧就写了《〈五藏山经〉的地域范围》一文，分析

《山经》写作时的地理知识水平。将历史成分发掘出来的，自然以王国维用《山海经》来印证甲骨文中殷商先王亥为最明显的例子。

　　上面说的是介于文学与史学之间的文献，至于纯粹的文艺作品，当然也能从中发掘史料。但发掘史料是一回事，把整个作品当成真史就很可虑了。《红楼梦》反映了清代前期的历史现实没有错，可是如果过分坐实到具体历史人物身上，就未免失之穿凿了。戏说之类当然是文学，但读者观众往往误以为是历史。如中俄签订《尼布楚条约》，张诚、徐日昇当时担任与俄国谈判的翻译，工作是以拉丁语作为中介的，而电视剧《康熙王朝》中他们说的却是俄语，观众看到这个情节时被误导也就难以避免了。

（摘编自周振鹤《历史中的文学与文学中的历史》）

14. 下列关于原文内容的表述，不正确的一项是(　　)。

A. 在当今历史学界，历史学家的研究领域不断地扩展，各种体裁的文学作品都有可能成为他们研究历史的资料。

B. 古代的史学家选取史料的范围比较狭窄，他们并未广泛采用"以诗证史"或将小说用于社会历史研究之类的方法。

C. 王国维在《古史新证》中认为，有些历史学家如果能充分利用史料，就不会"疑古"，怀疑尧、舜、禹等人物的真实性。

D. 历史学者对《山海经》有不同认知，《隋书·经籍志》把它列入史部，视为史书，王国维则把它作为古史材料看待。

15. 下列理解和分析，不符合原文意思的一项是(　　)。

A. 很多人认为《山海经》的记载荒唐夸张，与真实的历史差别较大，司马迁也持这种观点，因此《史记》并不采用《山海经》。

B. 《四库全书》的编者认为，《山海经》所记的神话传说并无真实可言，不宜归入史部，而应列入子部小说家类。

C. 谭其骧和王国维利用《山海经》研究历史的方法不同，前者是将神话和历史分而治之，后者则从神话中发掘史料。

D. 电视剧《康熙王朝》对历史事件和历史人物进行了虚构，其中部分情节与历史事实有出入，不能从这类作品中发掘史料。

16. 根据原文内容，下列说法不正确的一项是(　　)。

A. 即使在科学技术如此发达的今天，也会产生新的传说，这些传说将来会不会成为研究这个时代的史料也未可知。

B. "五四"之前，很多涉及历史的神话传说之所以没有成为广泛使用的史料，是因为这些作品在史学和文学归类问题上存在争议。

C. 在历史研究中，当代学者会把文学作品作为史料看待，在他们看来，《三国演义》

和《水浒传》的艺术手法差异并不重要。

D. 文学作品能否成为史料，取决于历史学家的眼光，而历史学家对文学与史学关系的认识在一定程度上受制于当时的学术背景。

三、(本大题4个小题，每小题3分，共12分)

阅读下面的文言文，完成17~20题。

夜缒而出，见秦伯，曰："秦、晋围郑，郑既知亡矣。若亡郑而有益于君，敢以烦执事。越国以鄙远，君知其难也，焉用亡郑以陪邻？邻之厚，君之薄也。若舍郑以为东道主，行李之往来，共其乏困，君亦无所害。且君尝为晋君赐矣，许君焦、瑕，朝济而夕设版焉，君之所知也。夫晋，何厌之有？既东封郑，又欲肆其西封，若不阙秦，将焉取之？阙秦以利晋，唯君图之。"秦伯说，与郑人盟。使杞子、逢孙、杨孙戍之，乃还。

17. 下列加点的词语与现代汉语相同的一项是(　　)。
  A. 行李之往来，共其乏困　　　　B. 若亡郑而有益于君，敢以烦执事
  C. 若舍郑以为东道主　　　　　　D. 微夫人之力不及此

18. 下列各句中与"何厌之有"句式不同的一项是(　　)。
  A. 吾谁与归　　B. 忌不自信　　C. 客之美我者　　D. 何罪之有

19. 下列各句中，与"顾不如蜀鄙之僧哉"中的"鄙"的意义相同的一项是(　　)。
  A. 齐孝公伐我北鄙
  B. 越国以鄙远，君知其难也
  C. 肉食者鄙，未能远谋
  D. 先帝不以臣卑鄙，三顾臣于草庐之中

20. 下列不是烛之武说服秦王退兵理由的一项是(　　)。
  A. 亡郑对秦有害无益。
  B. 舍郑对秦有益无害。
  C. 晋忘恩负义，贪得无厌，将损害秦。
  D. 以混乱相攻代替联合一致，不勇武。

卷二（非选择题　共70分）

四、(本大题3个小题，共10分)

21. 写出下列横线处空缺的名句。(限选三句)(3分)

许多诗人喜欢借古抒怀。李白在《行路难》中借南朝名将宗悫的典故，以"　①　，直挂云帆济沧海"表明心迹；杜牧在《泊秦淮》中慨叹"　②　，隔江犹唱《后庭花》"影射当时社会；苏轼在《念奴娇·赤壁怀古》中用"遥想公瑾当年，小乔初嫁了，

③　　　"对比自己的人生；辛弃疾在《永遇乐·京口北固亭怀古》中借"廉颇老矣，④　　　"抒发报国无门、壮志难酬的愤懑；毛泽东在《水调歌头·游泳》中吟咏的"子在川上曰：⑤　　　"饱含时不我待的紧迫感。

22. 用一句话概括下面语段的主要内容。要求：语言通顺，不超过20字。(3分)

纵观近年来的消费市场，国产品牌表现亮眼。新品牌崛起，国内的原创设计产品有了越来越多的粉丝；老字号走红，大白兔奶糖、雅霜雪花膏、回力运动鞋等陪伴了几代中国人的老品牌也在创新中焕发出新的活力。《2020中国消费品牌发展报告》显示，过去一年，中国消费者购物车里装着的，八成以上是国产品牌；另有数据显示，去年的"双11"，销售额过亿元品牌中，国产品牌占比近六成。

23. (4分)根据下面材料，写一张请假条。要求：格式规范，内容明确，语言简洁通顺。

2023年4月25日，学生马凌云跑操时不慎把脚扭伤，到医务室诊治，医生建议休养3天，他需要给班主任李老师写张请假条。

五、(本大题5个小题，共15分)

阅读下面的文字，完成24~28题。

家是生命中一盏橘黄的灯

王明亚

生命，是一个从荒芜到芳草萋萋的过程。在这个过程里，我们最不能忽略也无法忽略的，是家。

第一次，用一个婴儿的姿态蹒跚着走出家门，扑闪着一双好奇的大眼睛，愣愣地不知往哪里去。然后学着辨别家的方向——或许是一片半启的门扉，或许是廊前摇摆的衣架，或许是熟悉的猫的声音，或许是苦楝树下狗的饭盆，或许是一张永远等候在门口的笑脸……一点一滴，开始了一个人一生里对家的最深长的认识和依恋。

记得，上学后每天背着书包走在长长短短的田埂上的情景。有时是一个人，有时会有一个伙伴；有时风雨交加，有时斜阳万丈。不管是每一天的清晨，还是每一天的黄昏，总是那相似的没有改变的路。很多次想停步，因为疲惫，因为厌倦。

然后，一声近处的狗吠声，和着一句坚硬的吆喝；或是农舍上空袅袅腾腾的烟雾；或是与你擦身而过的某个同样匆匆的背影；或是某一家忽然亮起的橘黄的灯光，只一刹那，就勾起了内心深处软软的、切切的、对家的渴念。

于是急急地加快脚步。

因为知道，远处，那个属于我的家里，肯定也有这样一圈微黄的光晕正为我铺展；因为知道，在那光晕下，有一桌为我等候的饭菜。几双翘首期盼的焦灼的眼睛，那只永远摇着尾巴守在门口的大灰狗，那一份静谧的等候，在这昏黄的途中，延伸为最动人的诱惑。而那路上如水的月光，月光下裸露的荒坟，坟头上猫头鹰恐怖的窃笑声，都有了我熟悉的温暖与明亮。

学会漂泊的日子里，路依然遥无边际。滚滚红尘中，马不停蹄地往前赶。偶尔停下来，在陌生的街头，在夕阳将落未落的黄昏。尽管周围有人群，有房屋，有灯光，有让人追寻、让人迷恋的热闹，可是，只一瞬间就意识到，自己是多么彷徨、孤独，这所有的辉煌跟自己没有一点儿关系。忽然却步不前，只因记忆中那一面旧泥墙，爬在墙上的紫藤萝，几株香气四溢的栀子花树，花上碎碎点点的阳光，灶膛里星星点点的火焰，那每一缕袅然升起的炊烟，因炊烟的飞舞而呈现的风的姿态，狗的嘶哑的吠声，门前树下那条空凳子的孤单守候，父母亲满满的爱的牵挂……

于是，一刻也不能停缓地上路了。所有生命中匆匆放下了一段时间的所有，在推门的一刹那，都细细密密地回来了。

于是，怵然警觉：这一生一世里，不论路在何方，又将去向哪里，家是一个人永远也走不出的牵挂。黎明时出门的那一回头，黄昏时进门的那一颔首，在厚厚沉沉的生命里，攀成永远的常青藤。

尽管，我会由被人牵挂而变为牵挂别人，但这份对家的依恋依旧。我还是那个处在长途中的人，还是那个奔波忙碌、时常不知所措的人，还是那个茫茫然疲惫不堪的人。而家，永远在我的记忆里，在我的意识里，在醒来梦去的眸子里，清晰如昨。它们总是站在一个固定的方向、一个固定的地方，以它的一片馨香、明媚，温情地指引一颗心归来，洗尽那尘世中的种种铅华，让那颗心忘记漂泊路上的苦涩，从而撑起一片希望。只为明日又可以轻轻松松地上路。

"家是一个人点亮灯在等你。"记不得这样温馨的文字出自哪本书了。可是确实啊，从一个人生下来，家就是他生命中一束橘黄的灯光。因为有家，因为有深沉的牵挂，生命才不会因无根而枯萎；也正是因为有家，因为有如此深沉的牵挂，生命才会熠熠生辉。

24. 如何理解文中开篇所说的"生命是一个从荒芜到芳草萋萋的过程"？（2分）

25. 第二段中，哪些词语生动刻画了"婴儿的姿态"？加点词语在文中代表什么？（3分）

26. 文中画线句子表现了怎样的家庭气氛？（3分）

27. 漂泊在外的日子里，文中的"我"在感情上有怎样的变化？（3分）

28. 文章的结尾说，家是"生命中一束橘黄的灯光"，而有家"生命才会熠熠生辉"。结合全文谈谈你对此的理解。（4分）

六、(本大题45分)

29. 阅读下面的材料，根据要求完成作文。

好的故事，可以帮我们更好表达和沟通，可以触动心灵、启迪智慧；好的故事，可以改变一个人的命运，可以展现一个民族的形象……故事是有力量的。让我们一起讲好中国故事，传承千年文明，弘扬民族精神。让世界更好地了解中国，也让中国更好地融入世界。在我们的生活中，总有许多平凡却充满意义的时刻，让我们一起讲好身边的故事。对于故事，你有怎样的联想和思考？请写一篇文章。

要求：选准角度，确定立意，明确文体，自拟标题；不要套作，不得抄袭；不得泄露个人信息；不少于700字。

期末检测试题（二）

本试题分卷一（选择题）和卷二（非选择题）两部分，满分120分，考试用时120分钟。

卷一（选择题　共50分）

一、（本大题共10小题，每小题2分，共20分）

1. 下列加点字读音全正确的一项是(　　)。
   - A. 酾酒（shī）　　修葺（qì）　　江渚（zhǔ）　　正襟危坐（jīn）
   - B. 嫠妇（lí）　　愀然（qiǎo）　　舳舻（yóu）　　杳无音信（miǎo）
   - C. 壬戌（rén）　　窈窕（tiǎo）　　桂棹（zhào）　　冯虚御风（féng）
   - D. 匏樽（páo）　　枕藉（jí）　　传记（zhuàn）　　钟鼓馔玉（zhuàn）

2. 下列各组词语中，没有错别字的一项是(　　)。
   - A. 欢谑　度假　不绝如缕　螳螂捕蝉，黄雀在后
   - B. 浊酒　旋律　钟鼓馔玉　鞠躬尽悴，死而后已
   - C. 金樽　寂寥　万赖有声　人为刀俎，我为鱼肉
   - D. 协迫　潦倒　渚清沙白　老骥伏枥，志在千里

3. 依次填入下列各句横线处的词语，最恰当的一项是(　　)。
   - ①长江用甘甜的乳汁_____各族儿女。
   - ②他不顾朋友的劝阻，_____走入钱塘江观潮的禁区。浪头扑面而来，瞬间不见了他的身影。
   - ③在创业中，下岗工人备尝_____，但大家齐心协力，逐步获得成功。
   - ④随着末代港督的离去，这座古典风格的白色建筑成为历史的_____。
   - A. 抚育　径自　艰苦　遗迹　　　B. 哺育　径自　艰苦　陈迹
   - C. 哺育　径直　坚苦　陈迹　　　D. 抚育　径直　坚苦　遗迹

— 231 —

4. 下列句子中标点符号的使用，正确的一项是(　　)。

A. 每当疼痛发作，他就采用自己的"压迫止痛法"——用茶壶盖、烟嘴、玻璃球、牙刷把……顶住疼痛部位。

B. 人生在世，是追求纸醉金迷的物质享受？还是追求宁静淡泊的精神境界？

C.《春蕾杯》是由中国儿童少年基金会、中国红十字会总会主办，由首都师范大学《作文导报》承办的一个面向全国中小及各职高、中专学生的作文赛事。

D. 我特别喜欢杜甫的诗句"朱门酒肉臭，路有冻死骨，"因为它形象地揭示出贫富悬殊的社会现实。

5. 下列句子中加点成语的使用不正确的一项是(　　)。

A. 班主任老师用心记住每一位同学的生日，在同学生日那天送上祝福的话语，真可谓别具匠心。

B. 比赛即将开始，选手们一个个正襟危坐，静静地等待着那个激动人心的时刻。

C. 人民群众的智慧是无穷的，个人的才能只不过是沧海一粟。

D. 被誉为"湘东绿色明珠"的大围山山高林密，风景秀丽，气候宜人，游客络绎不绝。

6. 下列句子中，没有语病的一项是(　　)。

A. 语文学习不是一朝一夕的事，只要多读多写，日积月累，才能真正学好语文。

B. 怀疑不仅是积极方面建设新学说、启迪新发明的基本条件，而且是消极方面辨伪去妄的必要步骤。

C. 我们要培育和践行社会主义核心价值观，提倡爱家爱国相统一，弘扬爱国主义、集体主义和社会主义。

D. 著名艺术家王刚用欢快的语调朗诵了朱自清的《春》，让人仿佛看到了春风中摇摆的绿柳，嗅到了花草泥土的芳香。

7. 以下修辞手法判断有误的一项是(　　)。

A. 君不见高堂明镜悲白发，朝如青丝暮成雪。（夸张）

B. 那犀利无比的乐音，似银色星光的利箭。（通感）

C. 羁鸟恋旧林，池鱼思故渊。（拟人）

D. 何以解忧？唯有杜康。（反问）

8. 下列有关文学、文化常识的表述，不正确的一项是(　　)。

A. 苏轼是北宋时期著名的文学家，其散文与欧阳修并称"欧苏"，诗与黄庭坚并称"苏黄"，词与辛弃疾并称"苏辛"，是豪放派的创始人。

B. 朔：农历每月第一天。望：农历每月十五。既望：农历每月十六。晦：农历每月最后一天。

C. 古代表示官职变迁的词汇比较丰富，如"拜""授""封"等表示授官，"升"

"拔""擢"等表示升职,"贬""谪"等表示降职,"罢""免""除"等表示罢官。

D. 田园诗派是我国古代诗歌流派中的重要一支,鼻祖为东晋诗人陶渊明。他的诗大部分取材于田园生活,为古典诗歌开辟了一个新的境界,为唐代山水田园诗奠定了基础。

9. 下列场合的用语,得体的一项是(　　)。

A. [出版社有意请杨绛出席她的作品研讨会,她谢绝] 杨绛说:"我只是一滴清水,不是肥皂水,不能吹泡泡。"

B. [刘某买了戏票请张某一起去看戏] 张某说:"我是喜欢评弹的,您既然赏光,我就只好去了。"

C. [王医生送病人小张出院,告别时] 王医生说:"看到你恢复得这么好我很高兴,以后欢迎你常来。"

D. [某广播电台的广告] 戴××牌领带,使您的仪容更潇洒。

10. 下列这首词的赏析,不正确的一项是(　　)。

西阁夜①

[唐] 杜甫

恍惚寒江暮,逶迤白雾昏。

山虚风落石,楼静月侵门。

击柝②可怜子,无衣③何处村。

时危关百虑,盗贼尔犹存。

【注】①大历元年(776),诗人移居夔州,在西阁居住过一段时间。②击柝,敲梆子巡夜。③《诗经·秦风·无衣》:"岂曰无衣?与子同袍。"

A. 首联描绘江上初夜景色,颔联描绘山上夜里见闻,动静结合,景色相映成趣。

B. 前两联"暮""昏"着眼于时间,"风""月"着眼于景物,富有层次感。

C. 本诗善用修辞,如"白雾昏""风落石"用了比拟手法,使景物描写形象生动。

D. 尾联直抒胸臆,虽然"安史之乱"已经结束,但诗人仍关注时局,心忧百姓。

二、(本大题6个小题,每小题3分,共18分)

(一) 阅读下面的文字,完成11~13题。

项脊轩,旧南阁子也。室仅方丈,可容一人居。百年老屋,尘泥渗漉,雨泽下注;每移案,顾视无可置者。又北向,不能得日,日过午已昏。余稍为修葺,使不上漏。前辟四窗,垣墙周庭,以当南日,日影反照,室始洞然。又杂植兰桂竹木于庭,旧时栏楯,亦遂增胜。借书满架,偃仰啸歌,冥然兀坐,万籁有声;而庭阶寂寂,小鸟时来啄食,人至不去。三五之夜,明月半墙,桂影斑驳,风移影动,珊珊可爱。

然余居于此,多可喜,亦多可悲。先是庭中通南北为一。迨诸父异爨,内外多置小门墙,往往而是。东犬西吠客逾庖而宴鸡栖于厅庭中始为篱已为墙凡再变矣。家有老妪，尝居于此。妪，先大母婢也，乳二世，先妣抚之甚厚。室西连于中闺，先妣尝一至。妪每谓余曰："某所，而母立于兹。"妪又曰："汝姊在吾怀，呱呱而泣；娘以指叩门扉曰：'儿寒乎？欲食乎？'吾从板外相为应答。"语未毕，余泣，妪亦泣。余自束发读书轩中，一日，大母过余曰："吾儿，久不见若影，何竟日默默在此，大类女郎也？"比去，以手阖门，自语曰："吾家读书久不效，儿之成，则可待乎！"顷之，持一象笏至，曰："此吾祖太常公宣德间执此以朝，他日汝当用之！"瞻顾遗迹，如在昨日，令人长号不自禁。

轩东故尝为厨，人往，从轩前过。余扃牖而居，久之，能以足音辨人。轩凡四遭火，得不焚，殆有神护者。

余既为此志，后五年，吾妻来归，时至轩中，从余问古事，或凭几学书。吾妻归宁，述诸小妹语曰："闻姊家有阁子，且何谓阁子也？"其后六年，吾妻死，室坏不修。其后二年，余久卧病无聊，乃使人复葺南阁子，其制稍异于前。然自后余多在外，不常居。

庭有枇杷树，吾妻死之年所手植也，今已亭亭如盖矣。

11. 下列对文中画线部分的断句，正确的一项是（　　）。

A. 东犬西吠/客逾庖而宴/鸡栖于厅庭中/始为篱/已为墙/凡再变矣

B. 东犬西吠客/逾庖而宴/鸡栖于厅庭中/始为篱/已为墙/凡再变矣

C. 东犬西吠客/逾庖而宴/鸡栖于厅/庭中始为篱/已为墙/凡再变矣

D. 东犬西吠/客逾庖而宴/鸡栖于厅/庭中始为篱/已为墙/凡再变矣

12. 下列对文中相关内容的解说，不正确的一项是（　　）。

A. 笏，古代君臣在朝廷上相见时手中所拿的狭长板子，按品第分别用玉、象牙或竹制成，以为指画及记事之用。象笏，即象牙制的手板，可见作者先祖官阶不低。

B. 许多古人的年龄名称都与头发有关。如文中"余自束发读书轩中"的"束发"，类似的还有总角、垂髫、及笄、黄发等。

C. "三五之夜"指农历每月十五的夜晚。"十五"又称"望"，如"七月既望"，这是古人根据天上的月亮的圆缺来记时的方法，"晦"指每月的第一天，"朔"则是每月的最后一天。

D. "吾妻来归"中"归"指古代女子出嫁，古代把丈夫家看作是女子的归宿，故称"归"。如《桃夭》："之子于归，宜其室家。"

13. 下列对选文的理解和分析，不正确的一项是（　　）。

A. 本文是一篇抒情散文，通过记叙与自己的书斋项脊轩相关的人事变迁、家庭琐事来抒发悲喜之情。

B. 文章的叠词增加了形象性和音乐美，如用"寂寂"来烘托环境之清静，用"往往"来渲染门墙之杂乱，用"呱呱"来描摹小儿的哭声，用"默默"来状写作者攻读之刻苦。

C. 作者善于选取细节来表现深情，如写母亲的语言"大类女郎"，"儿之成，则可待乎",动作"比去,以手阖门","顷之,持一象笏至"等来表现对儿子深切的爱。

D. 文章用枇杷树做结,枇杷树本来是无思想感情的静物,但把它的种植时间与妻子逝世之年联系起来,移情于物。树长人亡,物是人非,光阴易逝,情意难忘。只说树在长,不说人在思念,不言情而情无限,言有尽而意无穷。

(二) 阅读下面的文字,完成14~16题。

人工智能靠什么走向大众

张少霆

随着人脸识别、语音识别和自动驾驶日益成为关注焦点,人工智能(AI)与社会、人类生活的融合程度正在快速演进。

人工智能走向大众,视觉AI技术将是发展方向。

人类70%到80%的信息获取来自视觉。对人工智能来说,视觉AI也被视为目前最具应用价值的AI技术。它能够让机器具备"从识人知物到辨识万物"的能力,从而看懂、理解这个世界,帮助我们提升处理信息的效率。

视觉AI就是研究如何让机器会"看",即用摄像机和电脑代替人眼对图像进行特征提取和分析,并由此训练模型对新的图像数据进行检测、识别等,建立能够从图像或者多模态数据中获取"信息"的人工智能系统。

源于深度学习的突破,视觉AI的识别能力突飞猛进,2012年的两个轰动事件,更被视为视觉AI的发展拐点。当时,由多伦多大学Geofrey Hinton领导的团队,在一项名为ImageNet的图像识别竞赛中,利用深度学习和GPU的强大计算能力,将错误率降低了10%,震惊学术界,因为之前这项错误率每年只会降低1%~2%。同年,"谷歌大脑之父"吴思达带领团队,用10亿参数的神经网络,在没有任何先验知识的情况下,仅仅通过观看无标注的YouTube视频,创造了一套猫脸识别系统——从海量照片里自动识别出猫脸。

视觉AI迅速成为人工智能领域最重量级的研究领域,源自其在安防、医疗、无人驾驶多个领域的应用前景。

在众多的视觉AI应用场景中,AI医学图像分析是近年来热度极高的一个细分领域。这主要得益于医院信息数字化建设的不断提速,以医学影像为核心的大数据不断丰富,为AI在医疗领域的发展提供了充足的养料。与此同时,优质医疗资源的稀缺和分配不均匀也不断催生着社会对人工智能的需求。

放眼未来,更多的应用前景都将贴上视觉AI的标签。比如,人脸识别技术有望在更多的物联网终端设备上应用,让安全便捷的身份认证无处不在;在AI+工业领域,工业机器人、物流机器人将更多替代传统劳动力;在AI+文化领域,基于AI的增强现实技术,可以逼真复原古代文物、古代场景;在AI+教育领域,利用视觉技术实现学生的注意力管理、跟踪学生的知识点掌握,实现真正的因材施教。

(有删改)

14. 下列对本文内容的理解，不正确的是（　　）。

A. 视觉 AI 技术是人工智能走向大众的唯一发展方向。

B. 视觉 AI 能够让机器看懂、理解这个世界。

C. 视觉 AI 识别能力的迅猛发展源自深度学习的突破。

D. 未来更多的应用场景都将贴上视觉 AI 的标签。

15. 不属于视觉 AI 研究内容的是（　　）。

A. 用摄影机和电脑代替人眼对图像进行特征提取。

B. 对提取的图像特征进行有效分析。

C. 训练模型对新的图像数据进行检测、识别。

D. 建立图像或者多模态数据库并获取信息。

16. 下列对本文说明方法的分析，正确的是（　　）。

A. 强调人类信息获取主要来源于视觉，使用列数字的方法。

B. 揭示视觉 AI 的研究本质，使用了下定义的方法。

C. 通过 2012 年两个事件的对比，解释视觉 AI 迅速发展的原因。

D. 用打比方的方法，形象说明视觉 AI 是人工智能的重要研究领域。

三、(本大题 4 个小题，每小题 3 分，共 12 分)

阅读下面的文言文，完成 17~20 题。

苏子愀然，正襟危坐而问客曰："何为其然也？"客曰："'月明星稀，乌鹊南飞'，此非曹孟德之诗乎？西望夏口，东望武昌，山川相缪，郁乎苍苍，①此非孟德之困于周郎者乎？方其破荆州，下江陵，顺流而东也，舳舻千里，旌旗蔽空，酾酒临江，横槊赋诗，②固一世之雄也，而今安在哉？况吾与子渔樵于江渚之上，侣鱼虾而友麋鹿，驾一叶之扁舟，举匏樽以相属。寄蜉蝣于天地，渺沧海之一粟。哀吾生之须臾，羡长江之无穷。挟飞仙以遨游，抱明月而长终。知不可乎骤得，托遗响于悲风。"

苏子曰："客亦知夫水与月乎？③逝者如斯，而未尝往也；盈虚者如彼，而卒莫消长也。盖将自其变者而观之，则天地曾不能以一瞬；自其不变者而观之，则物与我皆无尽也，而又何羡乎！且夫天地之间，物各有主，苟非吾之所有，虽一毫而莫取。惟江上之清风，与山间之明月，耳得之而为声，目遇之而成色，取之无禁，用之不竭，④是造物者之无尽藏也，而吾与子之所共适。"

17. 下列句子中加点词的解释，不正确的是（　　）。

A. 正襟危坐而问客曰　　端坐　　　　B. 山川相缪　　通"缭"，盘绕

C. 下江陵　　　　　　攻占　　　　　D. 而卒莫消长也　　消失

18. 下列各组句子中，加点词的意义和用法相同的是（　　）。

A. 侣鱼虾而友麋鹿　　去今之墓而葬焉

B. 举匏樽以相属　　以吾一日长乎尔

C. 则物与我皆无尽也　　于其身也，则耻师焉

D. 寄蜉蝣于天地　　又有若老人咳且笑于山谷中者

19. 下列对文段中画线句子的翻译，正确的是(　　)。

A. ①这不是曹孟德围困周瑜的地方吗？

B. ②本来是一代的英雄啊，可是怎么在（战争中失败）呢？

C. ③流去的（水）像这样（不断地流去），可是并没有流走。

D. ④这大自然无穷无尽的宝藏对我和你都很适合。

20. 下列对文段的理解和分析，不正确的是(　　)。

A. 客人的回答抒发了对曹操的仰慕之情，表达了老当益壮的决心和意志。

B. 苏子借水与月阐发万物和人生变与不变的哲理，表明他能辩证地看问题。

C. 苏子对清风、明月的看法和态度，体现了他旷达乐观的性格特点。

D. 文段多处运用对偶和比喻，句子长短错落，韵脚灵活多变。

卷二（非选择题　共70分）

四、（本大题3个小题，共10分）

21. 写出下列横线处空缺的名句。限选三句。（3分）

(1) 羁鸟恋旧林，_____。

(2) 人生得意须尽欢，_____。

(3) _____，百年多病独登台。

(4) _____，不尽长江滚滚来。

(5) 惟江上之清风，与山间之明月，耳得之而为声，_____。

22. 根据下列材料，写一则招领启事。要求：格式规范，内容完整。（4分）

王红同学今天早晨在学校操场上捡到了一个黑色的钱包，里面有185元现金和一张学生证。王红把它交到了学校办公楼二楼政教处。

_____

_____

_____

23. 在横线上补写句子。要求：句式基本相同，内容相关，使用嗅觉、听觉两种感觉。（4分）

初夏的齐鲁大地，一丛丛绚烂的野花开遍原野，_____，_____，一丝丝清凉的微风抚过心房，令人陶醉，令人向往。

五、(本大题 5 个小题,共 15 分)

阅读下面的文字,完成 24~28 题。

材料一:

人们生活所依赖的各种传播媒介不断变化。从家庭相册到"朋友圈"中的照片瀑布流,从影院观影到手机上的视频日志,当下的媒介传播条件和媒介使用状态今非昔比,文艺在社会生活中的呈现形态也不断更迭。

媒介环境变化,从一般意义上看,是一个技术演化的逻辑。正如印刷术的发展催生了近代报刊,无线电技术催生了广播电视,5G 通信、大数据和云计算等,是当今视频软件和社交应用场景的技术基础。分析上述过程可以发现,新媒介应用到社会生活中,从时间维度看,既有跳跃式迭代,如手机替代有线电话;也有渐进式递变,如手机屏幕的分辨率越来越高。从空间维度看,新媒介在文艺领域中扩散的轨迹,不是一勺糖撒到水中,很快就均匀分布、化于无形,更像是一滴墨汁滴入水中,有个氤氲开来的过程。

根据对新媒介秉持的态度来看,乐之者心驰神往,怨之者弃如敝屣。从印刷时代到电影时代,再到广电时代,也都曾出现类似情况。其中的关键问题有两点:新媒介文艺适应社会的速度与状态,以及每个人适应新媒介文艺的速度与状态。新媒介文艺如何适应社会生活?在实验室中、在图纸上,技术是中立的,但是一旦到不同群体当中,技术的使用难免有所偏向。例如,全世界都用社交软件,但不同文化背景的成员在社交软件上分享的内容各有特色。中国人习惯的各种"网络体"文章、东亚地区青年人中流行的"吃播视频",都体现了明显的区域和文化特色。

我们每个人又该如何适应新媒介?这与前一个问题其实是一枚硬币的两面。从整体上说,新媒介在一个社会扩散的速度,取决于海量个体的接受程度。由于人与人的禀赋、习惯不同,每个个体对新媒介的喜好和取舍也都不一样,但只要大家都认同"新媒介取代旧媒介,就像未来的新媒介必然取代今天的新媒介"这个观点,就应培养自己适应和使用新媒介的相应能力。就像 19 世纪末,随着照相术的成熟,人类进入图像时代,这打破了长期的文字传统。与阅读文字较为单一、线性的传播方式不同,图像时代的传播形态更多地呈现为多元化、非线性的形式。因此,百年前的先辈们克服对摄影术的恐惧、学会看电影,与今天我们学会拍视频本质上都是对媒介生态的适应。

也正是在 19 世纪后半叶,生物学的"适应"这一概念被引入西方早期社会学的研究领域,个体在与社会生存环境交互作用中的心理适应,即对文化、价值观念和生活方式的应对,被称为"社会适应"。20 世纪 60 年代以来,随着媒介产业和媒介研究的兴盛,个体对媒介生态的适应成为"社会适应"的重要内容,后来还创造了一个概念叫"媒介素养"。

(摘编自陈一《如墨汁滴入水中氤氲开来——谈新媒介在文艺领域的影响》)

材料二：

随着信息化的高速发展，人们逐渐意识到提高青少年媒介素养的重要性。

目前，我国青少年媒介素养水平偏低，一大原因是媒介素养教育存在一些误区。一方面，当前媒介素养教育更多地将媒介素养视为一种功能性的社会技能，其教育实践倾向于持工具主义的视角，较少强调青少年在媒介信息的接受和传播过程中应遵守媒介规范和道德准则，对学生的媒介辨识能力的培养不足；另一方面，此前教育体系对媒介素养的课程设计和考核不够重视，更多地满足于学生对理论知识的掌握能力，较少强调青少年媒介文化解构、媒介行动参与、媒介信息创造等能力的培养，对青少年借助媒介形成主体性人格以及人文素养的培养不够重视。

对此，我们可考虑从如下几个方面来加强对青少年媒介素养教育：

媒介素养教育作为一项长期而复杂的系统工程，需要通过全方位联动，在多场域同时开展教育实践。国家层面，政府和教育相关部门需要加大政策支持力度、强化资源配置和教育理念引导，以国家力量的介入推动媒介素养教育的全面实施。学校教育层面，从中小学到高等学校都需要将媒介素养教育融入课程学习和校园文化建设，并制定专门的实施配套方案和评价体系，保证落实效果。社会层面，将媒介素养教育融入日常教育活动、文化活动，利用知识讲座、交流活动、科普节目等喜闻乐见的方式提升学生媒介素养。

此外，还应提倡青少年在媒介传播中的自我教育。自我教育是一种自觉的行为，青少年作为媒介素养教育的主体，要积极地进行媒介知识的自我学习、媒介能力的自我培养和媒介品质的自我修养。在新媒介的参与中完成对新媒介的认知、对信息的判断、对道德的提升。

（摘编自张力、张凌然《媒介素养成为青少年教育的"必修课"》）

24. 下列对材料一相关内容的理解和分析，不正确的一项是（　　）。

A. 新媒介在文艺领域的应用和推广并不是一蹴而就，而是以点带面逐渐拓展，以渐进的方式推而广之，终至普及。

B. 由于新媒介技术本身是中立的，因而尽管使用者存在区域和文化背景的差别，但它在文艺领域里的使用并无不同。

C. 新媒介在社会中扩散的速度，取决于众多的个体对新媒介的接受程度，也与接受新媒体的个体的广泛度密切相关。

D. 媒介对信息的传播，经历了由文字到图像，从单一、线性的传播方式到多元、非线性的传播形式的发展过程。

25. 根据材料内容，下列说法不正确的一项是（　　）。

A. 如果新媒介取代旧媒介，媒介不断迭代是大势所趋，那么培养适应和使用新媒介的能力，进行终身学习，就显得十分必要。

B. 人类对社会上出现的新事物可能存在恐惧心理，但从生物学及社会学的范畴来看，学会适应才能融入社会得到更好发展。

C. "跨媒介阅读与交流"已纳入我国普通高中的学习课程，这是国家教育部门对提高青少年媒介素养这一热切需求的回应。

D. 背少年作为媒介素养教育的主体，在媒介的参与中如能自觉地进行自我学习、自我教育，就可以迅速地提升自身媒介素养。

26. 下列各项中，不适合作为论据来支撑材料一观点的一项是(　　)。

A. 大约在 20 年前，电影《哈利·波特与魔法石》中 3D 版"魔法报纸"，如今已演变为可用手机浏览的微信视频新闻。

B. LED 技术的研发助推"人脸识别"神器上线，并通过电子显示屏公布交通违规行为，有利于形成良好的交通环境。

C. 在当今这个"融媒体"时代，技术的革新迭代，倒逼广播、报纸、电视等不同媒体为求生存而进行全面整合升级。

D. 某手机厂商根据不同年龄段用户群的需求，向市场投放适合不同群体使用的多种类型的手机，受到消费者的欢迎。

27. 在媒介信息的接受和传播过程中应遵守什么准则？请结合材料二的内容和下面的漫画谈谈你的理解。

28. 请简要梳理材料一的行文脉络。

六、(本大题 45 分)

29. 阅读下面的材料，根据要求作文。

人们因技术发展得以更好地掌控时间，但也有人因此成了时间的仆人。

这句话引发了你怎样的联想与思考？请写一篇文章。

要求：选准角度，确定立意，明确文体，自拟标题，不要套作，不得抄袭，不得泄露个人信息。不少于 700 字。

语文基础模块下册每课一练-答案